Logik zur Einführung

Wilhelm Büttemeyer

Logik zur Einführung

JUNIUS

Junius Verlag GmbH
Stresemannstraße 375
22761 Hamburg
info@junius-verlag.de
www.junius-verlag.de

Umschlaggestaltung: Florian Zietz
Titelbild: Wilhelm Büttemeyer
Satz: Junius Verlag GmbH
Printed in the EU 2026
ISBN 978-3-88506-079-6
2., korrigierte Auflage 2026

Bibliografische Information der Deutschen Nationalbibliothek
Die Deutsche Nationalbibliothek verzeichnet diese Publikation
in der Deutschen Nationalbibliografie; detaillierte bibliografische Daten
sind im Internet über http://dnb.dnb.de abrufbar.

Zur Einführung …

… hat diese Taschenbuchreihe seit ihrer Gründung 1977 gedient. Zunächst als sozialistische Initiative gestartet, die philosophisches Wissen allgemein zugänglich machen und so den Marsch durch die Institutionen theoretisch ausrüsten sollte, wurden die Bände in den achtziger Jahren zu einem verlässlichen Leitfaden durch das Labyrinth der neuen Unübersichtlichkeit. Mit der Kombination von Wissensvermittlung und kritischer Analyse haben die Junius-Bände stilbildend gewirkt.

Seit den neunziger Jahren reformierten sich Teile der Geisteswissenschaften als Kulturwissenschaften und brachten neue Fächer und Schwerpunkte wie Medienwissenschaften, Wissenschaftsgeschichte oder Bildwissenschaften hervor. Auch im Verhältnis zu den Naturwissenschaften sahen sich die traditionellen Kernfächer der Geisteswissenschaften neuen Herausforderungen ausgesetzt. Diesen Veränderungen trug eine Neuausrichtung der Junius-Reihe Rechnung, die seit 2003 von der verstorbenen Cornelia Vismann und zwei der Unterzeichnenden (M.H. und D.T.) verantwortet wurde.

Ein Jahrzehnt später erweisen sich die Kulturwissenschaften eher als notwendige Erweiterung denn als Neubegründung der Geisteswissenschaften. In den Fokus sind neue, nicht zuletzt politik- und sozialwissenschaftliche Fragen gerückt, die sich produktiv mit den geistes- und kulturwissenschaftlichen Problemstellungen vermengt haben. So scheint eine erneute Inventur der

Reihe sinnvoll, deren Aufgabe unverändert darin besteht, kompetent und anschaulich zu vermitteln, was kritisches Denken und Forschen jenseits naturwissenschaftlicher Zugänge heute zu leisten vermag.

Zur Einführung ist für Leute geschrieben, denen daran gelegen ist, sich über bekannte und manchmal weniger bekannte Autor(inn)en und Themen zu orientieren. Sie wollen klassische Fragen in neuem Licht und neue Forschungsfelder in gültiger Form dargestellt sehen.

Zur Einführung ist von Leuten geschrieben, die nicht nur einen souveränen Überblick geben, sondern ihren eigenen Standpunkt markieren. Vermittlung heißt nicht Verwässerung, Repräsentativität nicht Vollständigkeit. Die Autorinnen und Autoren der Reihe haben eine eigene Perspektive auf ihren Gegenstand, und ihre Handschrift ist in den einzelnen Bänden deutlich erkennbar.

Zur Einführung ist in der Hinsicht traditionell, dass es den Stärken des gedruckten Buchs – die Darstellung baut auf Übersichtlichkeit, Sorgfalt und reflexive Distanz, das Medium auf Handhabbarkeit und Haltbarkeit – auch in Zeiten liquider Netzpublikationen vertraut.

Zur Einführung bleibt seinem ursprünglichen Konzept treu, indem es die Zirkulation von Ideen, Erkenntnissen und Wissen befördert.

Michael Hagner
Ina Kerner
Dieter Thomä

Inhalt

Vorbemerkung 10

1. Aussagenlogische Schlüsse vor der Aussagenlogik 12

1.1 Einige Schlüsse und logische Grundsätze bei Aristoteles 12
›und‹ – ›und‹ und ›und‹ – Seiendes und Wissenschaft. ›wenn-dann‹ – Der *modus ponens* und seine Verschachtelung – »Wenn die Schlussfolgerung nicht zutrifft« – ›nicht‹ – Zwei Grundsätze der Logik und die Kontraposition

1.2 Ein Schluss, der keiner sein kann: Parmenides (I) 32
Was ist ein Schluss? – ›oder‹ – Logische Geltung – Die Form des Schlusses: *modus tollendo ponens* – Eine Zusatzüberlegung

1.3 Ein MTP-artiger Schluss bei Philolaos 45
Die traditionelle Interpretation – Eine neue Deutung

1.4 Der indirekte Schluss: Parmenides (II) 53
Exkurs 1: Ein indirekter Schluss bei Melissos – Ein unvollständiger *modus tollens* – Exkurs 2: Zenon (und der Kettenschluss) – Ein indirekter Schluss bei Zenon – Ein indirekter Schluss bei Parmenides – Abschließende Bemerkungen

2. Assertorische Syllogistik 76

2.1 Aristoteles' assertorische Syllogistik 77
Ist Sokrates sterblich? Zur Form des Syllogismus – Aussagesatz und Term – Figur – Vierte Figur – Modus

2.2 Modi und ihre Zurückführung 91
Benennung der Satzarten und der Modi – Systematik der Modi – Subalterne, vollkommene und unvollkommene Modi – Zurückführung unvollkommener Modi

2.3 Syllogistik als »Sache der beweisenden Wissenschaft«.. 109
Vom Schluss zur Wissenschaft – Prinzipien der assertorischen Syllogistik – Interpretatorische Fragen – Beweise der assertorischen Syllogistik – Logische Grundlagen der assertorischen Syllogistik

3. Klassische Prädikatenlogik 123

3.1 Schlüsse mit quantifizierten Aussagen 126
Der Schluss aus Allgemeinem – Der Schluss auf Allgemeines – Schlüsse aus Existenzaussagen – Schlüsse auf Existenzaussagen

3.2 Syntax der Klassischen Prädikatenlogik 139
Syntax, Semantik und Pragmatik: Mehrdeutigkeit und Vagheit – Was ist eine Aussage? – Term, Prädikator, Quantor und Junktor – Prädikatenlogische Syntax – Kommentar

3.3 Ein Kalkül des natürlichen Schließens............... 161
Substitution, Markierung, Indizierung – Ableitungsregeln – Ableitung – Ableitung mit Quantoren – Indirekte Ableitung – Bedingte Ableitung – Ableitung logischer Gesetze

3.4 Semantik der Klassischen Prädikatenlogik 185
Interpretation – Wahrheitswerte und Wahrheitswerttafeln – Paraphrasierung – Übersetzung – Schwierigkeiten – Identität und Relation

3.5 Schluss und Fehlschluss 216
Schlüsse und ihre Gültigkeit – Was ist ein Fehlschluss? – Sprachliche Gründe – Nichtsprachliche Gründe – Logische Aspekte

3.6 Weitere Anwendungen 237
Syllogistik und Prädikatenlogik – Semantische Äquivalenz – Erfüllbarkeit – Allgemeingültigkeit – Widerspruchsfreiheit – Unabhängigkeit

4. **Ausblick** 254

4.1 Klassische Prädikatenlogik im Kontext 254

4.2 Metalogische Fragen 261
Unabhängigkeit – Widerspruchsfreiheit – Vollständigkeit – Widerspruchsfreiheit und Entscheidbarkeit

Anhang

Anmerkungen 272
Literaturhinweise 284
Einige Grundbegriffe der Mengenlehre 290
Symbol- und Fachwortverzeichnis 291
Über den Autor 296

Vorbemerkung

Die Logik ist nicht nur eine sehr alte Disziplin, deren Ursprünge unseres Wissens in der griechischen Antike liegen, sondern sie hat seit ihrer Erneuerung im 19. Jahrhundert auch eine rasante Entwicklung erfahren. Angesichts dieser Tatsachen kann eine knappe Einführung genau das nicht bieten, was man wohl von ihr erwartet: einen vollständigen historischen und systematischen Überblick über das Fachgebiet. Wer auf nur dreihundert Seiten in kleinem Format eine Einführung in die Logik geben soll, muss dies entweder auf Kosten der Verständlichkeit oder auf Kosten der Vollständigkeit tun. Da nur eine Einführung, die Verständlichkeit anstrebt, ihren Namen verdient, können angehende Logikerinnen und Logiker schon an dieser Stelle eine erste Schlussfolgerung ziehen.

Muss man somit Abstriche an der Vollständigkeit hinnehmen, dann mag es erstaunen, wenn ausgerechnet der uralten Syllogistik Platz eingeräumt wird. Letzteres hat zwei Gründe. Sie fehlt in den meisten Einführungen vergleichbaren Umfangs, eignet sich aber durchaus zur Aneignung grundlegender logischer wie metalogischer Begriffe und Methoden. Das setzt allerdings voraus, dass es nicht bei einer banalen Auflistung syllogistisch gültiger Schlüsse oder deren Darstellung mit Venn-Diagrammen bleibt. Vielmehr gilt es, die überzeitliche Bedeutung ihrer Systematik ins rechte Licht zu rücken. Darüber hinaus kann sie philosophisch Interessierten, die vermutlich mehrheitlich die Leserschaft dieses Buches bilden, eine Hilfe bei der Lektüre älterer, aber auch neuerer Texte sein. Denn in diesen werden die Grundbegriffe, Schlussweisen und Legitimationsformen der Syllogistik oft als bekannt vorausgesetzt. Wo, wenn nicht in einem Logik-Buch, soll man Ausdrücke wie ›Syllogismus‹, ›Modus Barbara‹ oder ›Mittelbegriff‹ kennenlernen? Welche Bedeutung haben zum Beispiel die »Obersätze« falsifizierender Schlüsse, von denen Karl R. Popper in seiner *Logik der Forschung* spricht? Was meint der Neopositivist Otto Neurath mit der »quaternio terminorum«? Worauf spielt Jean-François Lyotard in *La condition postmoderne* mit der Bemerkung an, Aristoteles habe die »Legitimität [seiner Schlussregeln] in einem Diskurs über das Sein (die Metaphysik)« untersucht?

Aus den angedeuteten Gründen weist das vorliegende Buch zwei Besonderheiten auf. Zum einen erinnert es immer wieder an seine historischen Bezugspunkte. Es besteht zwar Einvernehmen darüber, dass sich Philosophie nicht ohne die Berücksichtigung ihrer Geschichte, Philosophiegeschichte nicht ohne philosophierendes Denken betreiben lässt. Trotzdem überwiegen im Bereich der Logik rein systematische Darstellungen. Dieser Trend wird hier bewusst unterlaufen. Zum anderen geht die Darstellung nach Möglichkeit von einzelnen Beispielen tatsächlicher philosophischer Argumentation aus und stellt von da aus das erforderliche logische Handwerkszeug für deren Verständnis bereit. Logikgeschichtliche Anknüpfungen und philosophiegeschichtliche Beispiele verbinden sich hier also mit modernen Logikansätzen.

Dank schulde ich meinen Lehrern, die mich mit der Logik bekanntmachten – Ettore Casari, Maria Luisa Dalla Chiara und Hans Hermes –, den Autoren, deren Logik-Bücher ich konsultierte, den Studierenden, die meinen Logik-Kursen kritisch folgten, und Ralf Kozian, dessen gründlicher Lektüre der vorliegende Text zahlreiche Verbesserungen verdankt.

1. Aussagenlogische Schlüsse vor der Aussagenlogik

Die Aussagenlogik untersucht logische Beziehungen, die zwischen ganzen Aussagen bestehen. Ihre erste systematische Darstellung gaben – soweit wir wissen – die Stoiker im 3. Jahrhundert v. Chr. Doch schon vor ihnen wurden, beginnend bei Parmenides, Schlüsse aufgrund logischer Beziehungen zwischen Aussagen gezogen. Ein ganz klares Bewusstsein von der Bedeutung der Logik besaß vor allem Aristoteles, der in der Mitte des 4. Jahrhunderts v. Chr. mit der Syllogistik das allererste Logiksystem der abendländischen Tradition aufstellte. Er hat immer wieder eigene Behauptungen logisch begründet sowie Thesen und Begründungen anderer Philosophen aus logischer Sicht kritisch unter die Lupe genommen. Vor der systematischen Darstellung der Syllogistik und der neueren Logik sollen deshalb einzelne ältere Schlüsse im Hinblick auf ihre Form und die dahinter stehenden Grundsätze analysiert werden.

1.1 Einige Schlüsse und logische Grundsätze bei Aristoteles

Noch während Aristoteles (384–322 v. Chr.) sich an der Akademie seines Lehrers Platon in Athen aufhielt, verfasste er – etwa in den Jahren 351/350 – den *Protreptikos*, eine Schrift, mit der er die Leser von der Notwendigkeit des Philosophierens überzeugen wollte. Darin gibt es eine lange Passage, in der er das Philosophieren unter drei Gesichtspunkten untersucht. Er umschreibt sie folgendermaßen:

»Wir wählen alle dasjenige, was zugleich [A] erreichbar und [B] nützlich ist. Deshalb ist anzuerkennen, dass philosophisches Denken diese beiden Eigenschaften besitzt und dass [C] die Schwierigkeit, es zu erwerben, geringer ist als der Nutzen, den es gewährt«[1].

Seine anschließenden Ausführungen dienen dazu, die genannten drei Gesichtspunkte näher zu erläutern und zu begründen. Dementsprechend möchte Aristoteles erstens »nachweisen«, dass es *möglich* ist, philosophisches Wissen (»Wissen von der Wahrheit und Wissen von der Trefflichkeit der Seele«) zu erlangen (B 32-37). Am Ende des zweiten Abschnitts seiner Ausführungen glaubt er, im Hinblick auf die Frage nach der Nützlichkeit mit seinen Argumenten »bewiesen« zu haben, dass solches Wissen das *größte der Güter* darstellt (B 38-54). Die Ergebnisse seiner beiden Nachweise schreibt er mit der zusammenfassenden Bemerkung fest: »Nützlichkeit und Bedeutung des [erörterten] Gegenstandes scheinen mir nun hinlänglich nachgewiesen zu sein« (B 54). Drittens möchte er den Leser von der These »überzeugen«, man könne philosophische Erkenntnis *leicht erwerben* (B 54-56). Dieser ganze Gedankengang wird sodann mit der Bemerkung abgeschlossen:

»So ist also nachgewiesen, dass es möglich ist, sich der Philosophie zu widmen, und dass sie das größte aller Güter ist und dass sie leicht zu erwerben ist« (B 57).

Offensichtlich geht es Aristoteles darum, das am Anfang als anerkennenswert *Behauptete* und am Ende *Erschlossene* mit bestimmten (in unserer Wiedergabe des Gedankengangs nicht weiter berücksichtigten) *Gründen* irgendwie *nachzuweisen* oder zu *beweisen* und dadurch zu *überzeugen*. Vergegenwärtigen wir uns noch einmal seinen Gedankengang! An den Anfang stellt er die doppelte Behauptung (A) und (B) und schließt an sie die Behauptung (C) an. Er beweist diese drei Behauptungen dann nicht *en bloc*. Vielmehr liefert er für jede der drei Teilbehauptungen den entsprechenden Einzelnachweis. Als Zwischenbilanz hält er die Ergebnisse zu (A) und (B) vorab fest. Nach dem nun folgenden dritten Beweis fasst er das insgesamt Nachgewiesene schlussfolgernd (»also«) in einem einzigen Satz zusammen, der als Einlösung der ursprünglichen Behauptungen gemeint ist. Somit hat der Gedankengang diese Form:

Behauptung: (A und B) und C
Nachweis zu A
Nachweis zu B
Zwischenbilanz: A und B
Nachweis zu C
Schlussfolgerung: Also A und B und C.

Aus *logischer* Sicht interessiert nicht unbedingt, was Aristoteles im Einzelnen *inhaltlich* nachweist. Es geht hier vielmehr um das *Wie*, um *formale* Gesichtspunkte, um die Art des Schließens. Sicherlich könnte man sich auch seine drei Teilnachweise näher ansehen. Um die Sache aber nicht zu komplizieren, wollen wir an dieser Stelle nur den Übergang von drei einzelnen Aussagesätzen zu einem durch zweimalige Anwendung von ›und‹ gebildeten komplexen Satz betrachten.

Das, was allen der deutschen (oder der altgriechischen) Sprache Mächtigen trivial erscheint, eignet sich gerade wegen seiner Einfachheit zur Erläuterung der Herangehensweise der Logik. Sie fragt zum Beispiel: Gilt, wenn zwei oder drei einzelne Behauptungen nachgewiesen wurden, auch ihre Verknüpfung als nachgewiesen? Mit anderen Worten, überträgt sich der Wahrheitsgehalt der einzelnen Sätze auf die Satzverbindung? Und umgekehrt: Lässt sich jede Satzverbindung problemlos in die darin enthaltenen Einzelsätze auflösen? Wie steht es in diesem Fall mit der Wahrheit der Sätze? Was ist ein Schluss, was eine Schlussfolgerung? Diese Fragen sollen zunächst am Beispiel des Wortes ›und‹ erörtert werden.

›und‹

Betrachten wir zur Erläuterung einen Aussagesatz, der aus zwei anderen Aussagesätzen besteht, die mit Hilfe der Satzverknüpfung ›und‹ verbunden wurden, zum Beispiel: »Platon gründete seine Akademie in Sparta, und Aristoteles lehrte in Athen«. Die beiden Teilsätze sind unabhängig voneinander; sie haben unterschiedliche Subjekte, Prädikate und Objekte; grammatikalisch handelt es sich um nebengeordnete (parataktische) Aussagesätze. Für wahr hält man den Gesamtsatz nach dem gängigen Sprachverständnis dann und nur dann, wenn jeder der beiden Teilsätze wahr ist. Ist einer der beiden Teilsätze – wie in unserem Beispiel – falsch oder sind gar beide Teilsätze falsch, wird man den Gesamtsatz nicht wahr nennen. (Dabei überlässt die Logik die Klärung der Begriffe ›wahr‹ und ›falsch‹ der Erkenntnistheorie oder der Sprachphilosophie und setzt sie als bekannt voraus.)

Zwei Aussagesätze lassen sich demzufolge ohne Schwierigkeit mit ›und‹ zu einem neuen Satz zusammensetzen, dessen Wahrheit oder Falschheit eindeutig bestimmt ist und nur von der Wahrheit oder Falschheit der Ausgangssätze abhängt. Das gilt auch für Aussagesätze, die – wie im aristotelischen Beispiel – ein gemeinsames Subjekt (»die Philosophie«) bei wechselnden Prädikaten (»ist erreichbar«, »ist das größte der Güter«, »ist leicht erwerbbar«) besitzen oder die umgekehrt ein gemeinsames Prädikat verschiedenen

Subjekten zuordnen (»Platon ist ein Philosoph«, »Aristoteles ist ein Philosoph«). Diese Feststellung gilt, das ist das logisch Interessante, ganz allgemein für Schlussfolgerungen dieser Form – unabhängig vom Inhalt der einzelnen Sätze.

Es eignen sich übrigens keineswegs alle Aussagenverknüpfungen für den logischen Übergang von zwei einzelnen Aussagesätzen zu einem aus ihnen zusammengefügten Satz. Zu den ungeeigneten Aussagenverknüpfungen gehört zum Beispiel ›weil‹. Angenommen, die Wahrheit der beiden Sätze »die Philosophie ist leicht erlernbar« und »die Philosophie ist nützlich« wäre unabhängig voneinander erwiesen. Welchen Sinn hätte es dann zu behaupten: »Die Philosophie ist leicht erlernbar, *weil* sie nützlich ist«? Auch die Frage, ob dieser Satz wahr oder falsch ist, ließe sich bloß aufgrund der Wahrheit der Ausgangssätze nicht beantworten. Das ist, wie gesagt, bei Aussagesätzen, die durch ›und‹ miteinander verbunden werden, ganz anders. In diesem Fall ist der Übergang von zwei Einzelsätzen zu einem sie miteinander verknüpfenden Satz zulässig, und dessen Wahrheit oder Falschheit ist durch die Ausgangssätze eindeutig bestimmt.

Dasselbe gilt auch für drei oder mehr Sätze. Eine Schlussfolgerung, die aus drei durch zweifaches ›und‹ miteinander verbundenen Aussagesätzen besteht, gilt als bewiesen oder wahr, wenn die drei betreffenden Sätze bewiesen oder wahr sind. In diesem Sinne zieht – ähnlich wie Aristoteles – auch der vorsokratische Philosoph Melissos einen Schluss. Er beweist zunächst nach und nach, dass das, was ist, *ewig* ist, dass es ferner *unbegrenzt* ist und dass es außerdem *eins* ist. Dann fasst er seine drei Vorüberlegungen in dem einen Satz zusammen:

»So ist es denn ewig und unbegrenzt und eins«[2].

Vergleicht man die Schlussfolgerungen von Aristoteles und Melissos genauer miteinander, dann bemerkt man allerdings einen kleinen Unterschied: Aristoteles fasst jeweils zwei Sätze durch ›und‹ zusammen (A *und* B, – {A und B} *und* C), Melissos dagegen drei. Dahinter steht vielleicht Aristoteles' Überzeugung, eine Schlussfolgerung müsse sich, wie weiter unten erläutert, nach einem bestimmten Schema aus *zwei* Voraussetzungen ergeben. Seine Vorgabe wurde dann viele Jahrhunderte lang in der traditionellen Logik beibehalten, obwohl Aristoteles selbst, von diesem Schema abweichend, auch Schlussfolgerungen aus nur einer Voraussetzung gezogen hat. So bringt er als Beispiel für Sätze, die zwingend »logisch folgen«, dieses: »Dem Satz: jeder Mensch ist nicht-gerecht, [folgt] der Satz: kein Mensch ist gerecht«[3]. Zur besseren und genaueren Verständigung wollen wir im Folgenden für Schlüsse ein paar Fachausdrücke verwenden.

1.1-A	Man nennt die Sätze, aus denen etwas erschlossen wird, Voraussetzungen oder *Prämissen*, den Satz, auf den geschlossen wird, Schlussfolgerung oder *Konklusion* und den gesamten Zusammenhang von Prämissen und zugehöriger Konklusion *Schluss*.

›und‹ und ›und‹

Bisher haben wir die *Zusammensetzung* von Sätzen mit ›und‹ betrachtet. Man kann sich nun fragen, ob sich ein wahrer und-Satz auch in die Teilsätze *zerlegen* lässt, aus denen er besteht.

Geht man dieser Frage nach, dann erlebt man die erste Überraschung in dem Moment, in dem man sich fragt, aus welchen Teilsätzen denn ein solcher Satz besteht. In einem oft zitierten und ebenso oft unterschiedlich interpretierten Fragment sagt Parmenides: »Denn dasselbe ist Denken und Sein« (DK 28 B 3). Unabhängig von Übersetzung und Deutung lässt sich dieser Satz offensichtlich *nicht* nach gewohnter Art in die beiden folgenden

Sätze zerlegen: »Dasselbe ist Denken« und »dasselbe ist Sein«. Der Grund dafür liegt darin, dass hier nicht aufzählend derselbe Sachverhalt für Denken und Sein festgestellt wird, sondern eine *Beziehung* zwischen Denken und Sein ausgesagt wird, nämlich die, es handele sich bei beiden in irgendeiner Weise um dasselbe. Analoges gilt übrigens für den parmenideischen Satz: »Wenn Frau und Mann zusammen der Liebe Keime mischen ...« (DK 28 B 18).

Es ist in der Logik also notwendig, zwei Verwendungsarten des ›und‹ voneinander zu unterscheiden. In den Fällen, in denen das ›und‹ dazu dient, eine Beziehung auszudrücken, heißt es *relationales ›und‹*. In den anderen Fällen, die eine logische Zerlegung eines und-Satzes in zwei eigenständige Teilsätze zulassen, spricht man von dem *logischen ›und‹*.

Kommen wir nun auf die Frage zurück, ob ein wahrer Aussagesatz, der ein logisches ›und‹ enthält, sich in die Teilsätze zerlegen lässt, aus denen er besteht. Schon Aristoteles bejahte das für Sätze, die als zutreffend vorausgesetzt werden:

»wer sagt, alles sei wahr und alles sei falsch, der sagt auch das, was in jedem der beiden Halbsätze gesondert enthalten ist«[4].

Allerdings ist in diesem Fall – genau genommen – der Gesamtsatz »alles ist wahr, und alles ist falsch« nach dem gewohnten Sprachverständnis falsch, und die beiden Halbsätze »alles ist wahr« bzw. »alles ist falsch« sind es ebenfalls. Doch auch der Beispielsatz »Platon gründete seine Akademie in Sparta, und Aristoteles lehrte in Athen« ist falsch, während von den Teilsätzen nur einer falsch, der andere wahr ist. Einem und-Satz, der *falsch* ist, kann man die Wahrheit oder Falschheit der Teilsätze also nicht entnehmen; ein Teilsatz, aber auch beide Teilsätze können falsch sein. Dagegen sind, wie schon von Aristoteles angedeutet, im Fall eines *wahren* und-Satzes beide Teilsätze wahr.

Auf der Grundlage dieser Feststellungen ergeben sich die folgenden vier Schemata für die Verknüpfung oder Zerlegung von Aussagesätzen mit ›und‹:

1.1-B	und-Einführung I	und-Einführung II	
Prämisse 1	Satz 1	Satz 1	wahr oder falsch
Prämisse 2	Satz 2	Satz 2	wahr oder falsch
Konklusion	(Satz 1) und (Satz 2)	(Satz 2) und (Satz 1)	wahr, wenn Satz 1 und 2 beide wahr sind, sonst falsch

1.1-C	und-Zerlegung I	und-Zerlegung II	(TS ~ Teilsatz)
Prämisse	(TS 1) und (TS 2)	(TS 1) und (TS 2)	wahr
Konklusion	Teilsatz 1	Teilsatz 2	wahr

Die *Wahrheit* eines komplexen Aussagesatzes garantiert keineswegs bei allen Satzverknüpfungen, dass er sich in wahre Teilsätze zerlegen lässt. Zum Beispiel kann man wahre *oder*-Sätze nicht problemlos zerlegen. Es trifft bekanntlich zu, dass Platon oder Sokrates mit Xanthippe verheiratet war. Trotzdem darf man nicht einfach behaupten, Platon sei mit Xanthippe verheiratet gewesen. Dagegen ergeben sich aus einem *falschen* Aussagesatz mit der Verknüpfung ›oder‹ zwei falsche Teilsätze. Wir wissen, dass der Satz »Platon oder Aristoteles war mit Xanthippe verheiratet« falsch ist. Deshalb sind auch die Sätze »Platon war mit Xanthippe verheiratet« und »Aristoteles war mit Xanthippe verheiratet« beide falsch. Die Frage des Umgangs mit Satzverknüpfungen bedarf offensichtlich einer genaueren Analyse, die im dritten Teil nachgetragen wird.

Seiendes und Wissenschaft. ›wenn – dann‹

Aristoteles' *Metaphysik*, eine seiner Hauptschriften, enthält viele Musterbeispiele strenger Argumentation. Unter anderem bestimmt er die »Erste Philosophie« (oder Metaphysik) in dieser Schrift als Erkenntnis des Seienden, insofern es ist. Dann fragt er sich, ob es davon nur eine Wissenschaft oder mehrere Wissenschaften gibt und wie diese gegebenenfalls bei ihrer Arbeit vorgehen. Seine ausführliche, viele Nebengedanken berücksichtigende Erörterung dieser Fragen hat einen logischen Kern, der sich den folgenden Sätzen entnehmen lässt.

»Da nun die Wissenschaft des Philosophen vom Seienden handelt, insofern es ist – als Ganzes und nicht nur als Teil –, da ferner von ›Seiendem‹ nicht nur in einer Bedeutung, sondern in vielen Bedeutungen gesprochen wird: so gibt es, falls diese Bedeutungen nur den Namen gemeinsam haben, *nicht nur eine* Wissenschaft vom Seienden. [...] Falls diese Bedeutungen aber etwas [sachlich] Gemeinsames haben, so gibt es nur *eine* Wissenschaft vom Seienden. [...] Für jedes Seiende ergibt sich eine Zurückführung auf ein Eines und auf etwas [sachlich] Gemeinsames [...] Da nun alles Seiende trotz der vielen Bedeutungen, in denen man von ›seiend‹ spricht, doch von etwas her, das ein Eines und gemeinsam ist, ›seiend‹ genannt wird [...] und da all dies unter *eine* Wissenschaft zu fallen vermag, so dürfte das anfangs aufgeworfene Problem gelöst sein – nämlich das Problem, wie *eine* Wissenschaft viele und der Gattung nach verschiedene Dinge behandeln könne.«[5]

In diesem Zitat erinnert Aristoteles zunächst an seinen Ausgangspunkt: Gegenstand der Philosophie ist das Seiende, insofern es ist. Dann nennt er den Gesichtspunkt, der für die Entscheidung der Frage, ob es davon eine oder mehrere Wissenschaften gibt, ausschlaggebend ist: die sachliche oder nur nominelle Gemeinsamkeit der verschiedenen Bedeutungen dieses Seienden. Dessen unterschiedliche Bedeutungen besitzen, wie der weitere (hier übergangene) Verlauf seiner Untersuchung zeigt, tatsächlich etwas sachlich Gemeinsames. Somit läuft die Untersuchung letztlich auf eine einzige Wissenschaft hinaus. Formal betrachtet, haben Aristoteles' Ausführungen zur Frage nach der Einzigkeit der Wissenschaft vom Seienden, insofern es ist, die folgende Form:

1. Wenn die Bedeutungen des Seienden etwas [sachlich] Gemeinsames haben, dann gibt es davon nur eine Wissenschaft.
2. Die Bedeutungen des Seienden haben etwas [sachlich] Gemeinsames.
3. Es gibt davon nur eine Wissenschaft.

Der dritte Satz ist die Konklusion. Den zweiten Satz erweist Aristoteles im Verlauf der Untersuchung als zutreffend. Somit beruht die Überzeugungskraft seines Arguments wesentlich auf der Form des ersten der drei Sätze, der mit Hilfe der Aussagenverknüpfungen ›wenn‹ und ›dann‹ gebildet ist. Sie müssen deshalb etwas genauer unter die Lupe genommen werden.

Wenn-dann-Sätze sind logisch gleichwertig mit Sätzen, die mit ›falls‹, ›sofern‹ oder ›unter der Bedingung, dass‹ eingeleitet werden. Wir wollen sie im Folgenden *Bedingungssätze* nennen und hauptsächlich die Aussagenverknüpfungen ›wenn‹ und ›dann‹ verwenden. In Bedingungssätzen stellen die Aussagenverknüpfungen ›wenn‹ und ›dann‹ eine Beziehung zwischen zwei Teilsätzen her: zwischen dem wenn-Satz und seinem Gehalt (»die Bedeutungen des Seienden haben etwas Gemeinsames«) und dem dann-Satz und seinem Gehalt (»es gibt davon nur eine Wissenschaft«). Für diese Teilsätze gibt es die folgenden Bezeichnungen:

1.1-D	Bei Bedingungssätzen nennt man den wenn-Satz den *Vordersatz* (auch lat. *Antecedens*, das Vorhergehende) und den dann-Satz den *Nachsatz* (auch lat. *Consequens*, das Nachfolgende).

Zwischen dem Vordersatz und dem Nachsatz besteht eine Beziehung, für die beim üblichen Sprachgebrauch Folgendes gilt: Ist der im Vordersatz ausgesagte Sachverhalt gegeben, so soll auch der im Nachsatz ausgesagte Sachverhalt vorliegen oder eintreten. In unserem Beispiel: Wenn die Bedeutungen des Seienden tatsächlich etwas Gemeinsames haben, dann soll es davon nur eine Wissenschaft geben. Dagegen darf es nicht vorkommen, dass der im Vordersatz ausgesagte Sachverhalt (»Gemeinsames«) vorliegt, der im Nachsatz ausgesagte (»eine Wissenschaft«) aber nicht. Modern gesprochen: Ist der wenn-Satz wahr, soll auch der dann-Satz wahr sein; wäre der dann-Satz in diesem Fall falsch, so wäre der gesamte Bedingungssatz unzutreffend.

Der (Wahrheits-)Wert eines Bedingungssatzes hängt somit vor allem von der Wahrheit des Vordersatzes und dessen Beziehung zum Nachsatz ab. Die Frage, wie ein Bedingungssatz zu beurteilen ist, wenn sein Vordersatz sich als falsch herausstellt, ist entsprechend umstritten. Man kann, wie schon Philon aus Megara (um 300 v. Chr.), den Akzent auf die Wahrheit des Vordersatzes legen und es als nebensächlich und die Wahrheit des Gesamtsatzes nicht beeinträchtigend erachten, wenn der Vordersatz einmal falsch ist. Diese Auffassung des Bedingungssatzes heißt ›materiale Implikation‹. Nach antiken Quellen »sagte Philon, das Konditional erweise sich als wahr, wenn es nicht mit Wahrem anfange und mit Falschem ende, so dass sich ein Konditional nach ihm dreifach als wahr erweist, auf nur eine Art aber als falsch«[6]. Demnach ergibt sich die folgende Übersicht:

1.1-E	Vordersatz	Nachsatz	Bedingungssatz
	wahr	wahr	wahr
	falsch	wahr	wahr
	falsch	falsch	wahr
	wahr	falsch	falsch

Der Sachverhalt lässt sich anhand des folgenden Beispiels verdeutlichen. Angenommen, man geht ins Kino und erfährt, dass es einen Sektempfang mit dem Regisseur des vorgeführten Films gibt, wenn ein erhöhter Eintritt erhoben wird. Man kann nun die verschiedenen Möglichkeiten in Gedanken durchspielen und überlegen, wann man unter Berufung auf diese Mitteilung Grund zum Protest hat:

a) erhöhter Eintritt und Sektempfang: *kein Beschwerdegrund*;
b) kein erhöhter Eintritt, aber Sektempfang: *kein Beschwerdegrund*;
c) kein erhöhter Eintritt und kein Sektempfang: *kein Beschwerdegrund*;
d) erhöhter Eintritt, aber kein Sektempfang: *Grund zur Beschwerde*.

Der modus ponens *und seine Verschachtelung*

Aristoteles macht sich diese Zusammenhänge in seinen Ausführungen zur Wissenschaft vom Seienden stillschweigend zunutze. Am Anfang steht ein Bedingungssatz: *Wenn* die Bedeutungen des Seienden etwas Gemeinsames haben, dann ist nur *eine* Wissenschaft dafür zuständig. Es folgt der (hier nur im Ergebnis festgehaltene) Nachweis, dass die Bedeutungen des Seienden tatsächlich etwas Gemeinsames haben. Damit ist der wenn-Satz als zutreffend erwiesen. Aristoteles schließt nun auf den dann-Satz; mit anderen Worten, es gibt seiner Darstellung nach nur eine einzige Wissenschaft vom Seienden, insofern es ist.

Die logischen Beziehungen, die Aristoteles' metaphysischen Gedankengang zu strukturieren scheinen, sind in seiner Systematik der Logik nicht ausdrücklich berücksichtigt. Sie entsprechen aber einer später sehr häufig verwendeten Schlussform. Als formales Schluss-Schema werden sie wohl erst von den Stoikern angegeben. Sie erschließen »aus einem Konditionalsatz und dem Vordersatz den Nachsatz, z.B. ›Wenn Tag ist, ist Licht. Nun ist Tag. Also ist Licht‹«[7]. Spätestens in Joachim Jungius' *Logica Hamburgensis* (1638) wird für diese Schlussform der Name *mo-*

dus ponens verwendet bzw. nach einem späteren Vorschlag Moritz Wilhelm Drobischs der genauere Ausdruck *modus ponendo ponens*[8]. Das heißt, es handelt sich um diejenige Schlussform (modus), bei der man, indem man (unter Voraussetzung des Bedingungssatzes) eine Feststellung trifft (ponendo), zu einer zweiten Feststellung kommt (ponens). Sie wird mit ›MP‹ abgekürzt und hat die folgende Gestalt:

1.1-F		modus ponens (MP)
	Prämisse:	Wenn (Teilsatz 1), dann (Teilsatz 2)
	Prämisse:	Teilsatz 1
	Konklusion:	Teilsatz 2

Die Argumentation mit Schlussformen nach Art des *modus ponens* kann durch die Verschachtelung mehrerer Bedingungssätze noch komplexer ausfallen. Ein Beispiel für eine solche komplexere Variante findet sich ebenfalls schon bei Aristoteles – diesmal in seiner *Physikvorlesung*. Die These, der Weltprozess habe keinen Anfang, wird von ihm nämlich folgendermaßen begründet:

> »Wenn, wie gesagt, die Zeit Maßzahl in Bezug auf den Prozess oder selbst eine Art Prozess ist, dann besteht, falls die Zeit immer besteht, unweigerlich auch der Prozess immer. Hinsichtlich der Zeit aber [...] vertreten [alle Denker außer einem] ihre Anfangslosigkeit«[9].

Aristoteles beginnt die Begründung seiner These mit einem verschachtelten Bedingungssatz. Er formuliert einen ersten Vordersatz (Zeit ist Prozessmaßzahl oder Prozessart). Zugleich erinnert er daran, dass dieser Satz bereits früher nachgewiesen wurde (»wie gesagt«). Der nun folgende Nachsatz ist selbst ein Bedingungssatz; er besteht aus einem zweiten Vordersatz (Zeit besteht immer) und einem Teil-Nachsatz (Prozess besteht immer). Zur Abrundung der Argumentation wird der zweite Vordersatz, zumindest im Hinblick auf die Anfangslosigkeit der Zeit, bekräftigend als allgemein von den Philosophen vertretene Auffassung hingestellt. Dabei ist der Zusammenhang von Anfangslosigkeit und dauerndem Bestehen zu berücksichtigen. Denn nach griechischer Vorstellung hat etwas, das keinen Anfang besitzt, auch kein Ende, besteht also immer. Bezieht man bei der Analyse die Schlussform des *modus ponens* ein, dann ergibt sich für das Argument ausformuliert die folgende Struktur:

1.1-G	Prämisse (1):	Wenn (Vordersatz 1), dann (Nachsatz = wenn {Vordersatz 2}, dann {Nachsatz 2})
	Prämisse (2):	Vordersatz 1
[Zwischenschritt gemäß MP:		
		Also: Nachsatz = wenn {Vordersatz 2}, dann {Nachsatz 2}]
	Prämisse (3):	Vordersatz 2
Konklusion gemäß MP:		Nachsatz 2

Aristoteles beweist die Anfangslosigkeit des Weltprozesses also mit Hilfe eines Arguments, das einem verschachtelten *modus ponens* ähnelt. Dabei greift er auf drei Voraussetzungen zurück: den verschachtelten Bedingungssatz und die beiden Vordersätze.

»Wenn die Schlussfolgerung nicht zutrifft«

Die *Physikvorlesung*, die sich ebenso wie die *Metaphysik* durch strenge Beweisführung auszeichnet, enthält ein weiteres Beispiel für eine bemerkenswerte Argumentationsstruktur. Während Aristoteles Ähnlichkeiten und Unterschiede erläutert, die zwischen der Mathematik und der Naturwissenschaft bestehen, schreibt er unter anderem Folgendes:

»Weil nämlich die Gerade so und so beschaffen ist, darum hat das Dreieck notwendig eine Winkelsumme, die gleich zwei Rechten ist. [...] Und doch (gilt): Wenn Letzteres nicht zutrifft, dann handelt es sich nicht um die Gerade. [*Nach der Behandlung ähnlicher Verhältnisse in der Naturwissenschaft fügt er hinzu:*] so wie [im Fall der Mathematik], wenn die Schlussfolgerung nicht zutrifft, der Ausgangspunkt nicht gelten kann« (Phys. II 9, 200 a 16-22).

Diese Textstelle ist in zweifacher Hinsicht interessant: zum einen wegen des logisch strukturierten Beispiels selbst, zum anderen wegen der in diesem Fall ausnahmsweise mitgelieferten theoretischen Erläuterung.

Bei dem Beispiel, das Aristoteles heranzieht, handelt es sich um damals schon bekannte geometrische Sachverhalte. Die Gerade hat, wie man weiß, die Eigenschaft, dass die beiden von einem Punkt ausgehenden Halbgeraden auf jeder Seite der Geraden einen Winkel von 180° bilden.

Außerdem schneiden sich parallele Geraden nicht. Diese Beschaffenheit der Geraden erlaubt es, die Winkelsumme des Dreiecks zu bestimmen. Man braucht nur durch die Spitze eines ebenen Dreiecks eine zur Grundlinie parallele Gerade zu ziehen. Dann erkennt man, dass die beiden Winkel an der Grundlinie (α, β) als Wechselwinkel an der Dreiecksspitze wiederkehren und sich mit dem dortigen Winkel (γ) zu 180° ergänzen: $\alpha + \beta + \gamma = 180°$.[10] Das meint Aristoteles, wenn er in dem oben wiedergegebenen Zitat in knapper Andeutung schreibt: »Weil nämlich die Gerade so und so beschaffen ist, darum hat das Dreieck notwendig eine Winkelsumme, die gleich zwei Rechten ist«.

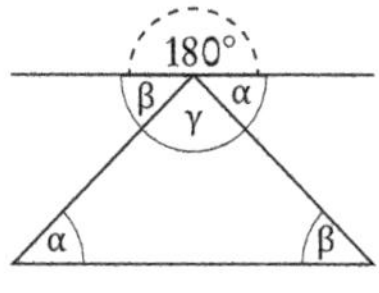

An diese allgemein bekannte geometrische Feststellung schließt der griechische Philosoph eine weitergehende Überlegung an. Er nimmt einen Fall an, in dem wir es mit einem dreiecksähnlichen geometrischen Gebilde zu tun haben, dessen Winkelsumme *nicht* 180° beträgt. Wenn dieser Fall eintritt, dann handelt es sich, so schreibt er, auch nicht um gewöhnliche Geraden. Es mag sein, dass dieses Ergebnis seiner Überlegungen nicht sofort plausibel wirkt. Hilft sein Kommentar weiter?

Nach Aristoteles' eigenen Worten haben wir es mit einem *Ausgangspunkt* (hier: der Beschaffenheit der Geraden) und einer daraus gezogenen *Schlussfolgerung* (hier: der Winkelsumme des Dreiecks) zu tun. Wenn nun der Fall eintreten sollte, dass die Schlussfolgerung *nicht* zutrifft, dann würde – so Aristoteles – auch die Voraussetzung, der Ausgangspunkt *nicht* gelten. Wie man sieht, verdeutlicht sein Kommentar nur die Struktur der Argumentation; er beinhaltet keine weitergehenden Erläuterungen. Obwohl er somit nicht dazu beiträgt, das Argument plausibler zu machen, ist dieser Kommentar doch bemerkenswert. Er ist als Beleg dafür zu werten, dass Aristoteles Argumentationsformen dieser Art (die durch die Syllogistik nicht erfasst werden) nicht bloß intuitiv angewendet hat, sondern ihre Strukturen – wie beim Kommentar zur Zerlegung von und-Sätzen – durchaus bedachte und durchschaute (so auch An. pr. II 4, 57 a 40-57 b 2).

Was nun die Plausibilität des zuletzt zitierten Schlusses betrifft, so hängt die Möglichkeit, die vorgegebene Folgerungsbeziehung in der beschriebenen Weise umzukehren, offenbar mit dem Gebrauch der Verneinung ›nicht‹ zusammen, die einer näheren Betrachtung bedarf.

›nicht‹

»Bejahung«, sagt Aristoteles, »ist eine Aussage, die einem etwas zuspricht, Verneinung ist eine Aussage, die einem etwas abspricht. [...] demgemäß ist offenbar jeder Bejahung eine Verneinung und jeder Verneinung eine Bejahung entgegengesetzt. Und dies, entgegengesetzte Bejahung und Verneinung, soll Kontradiktion sein.«[11]

Ein bejahender Aussagesatz (»die Winkelsumme beträgt 180°«) besagt demnach genau das Gegenteil des entsprechenden verneinenden Satzes (»die Winkelsumme beträgt nicht 180°«). Da außerdem gilt, dass »jede Bejahung und Verneinung entweder wahr oder falsch ist«[12], können wir ergänzen: Ist die bejahende Aussage (»die Gerade ist so und so beschaffen«) wahr, dann ist die verneinende Aussage (»die Gerade ist nicht so und so beschaffen«) falsch; und umgekehrt: Wenn die verneinende Aussage (»die Schlussfolgerung trifft nicht zu«) wahr ist, dann ist die zugehörige bejahende Aussage (»die Schlussfolgerung trifft zu«) falsch.

Dabei geht man davon aus, dass Bejahung und Verneinung die beiden einzigen Formen von Aussagesätzen, Wahrheit und Falschheit die beiden einzigen Möglichkeiten des Realitätsbezugs solcher Sätze sind. Anstelle von ›nicht‹ kann man auch logisch gleichwertige Ausdrücke verwenden, wie ›es trifft nicht zu, dass‹ oder ›es ist nicht der Fall, dass‹. Fassen wir das Gesagte zusammen, so ergibt sich das folgende Schema:

1.1-H	nicht:	Fall 1	Fall 2
	bejahende Aussage ›A‹:	wahr	falsch
	verneinende Aussage ›nicht A‹:	falsch	wahr

Das ist aber nicht notwendigerweise so. Man könnte sich nämlich vorstellen, dass es Aussagesätze gibt, deren Wahrheit oder Falschheit nicht eindeutig feststellbar ist. So sind im Laufe der Geschichte der Mathematik mehrere Sätze aufgestellt worden, für die es keine Lösungsstrategien gibt und die deshalb bis heute weder bewiesen noch widerlegt werden konnten. (Bis vor kurzem gehörte auch der publikumswirksame Satz von Fermat dazu.) Soll man derartige Sätze für wahr halten oder für falsch? Oder wäre es besser, in solchen nicht einschätzbaren Fällen als dritte Möglichkeit die Beurteilung ›nicht bestimmt‹ vorzusehen? In diesem Fall gäbe es, wenn die Wahrheit einer bejahenden Aussage verneint wird, *zwei* Möglichkeiten: Sie könnte ›falsch‹ oder aber ›nicht bestimmt‹ sein.

Man muss sich also irgendwie auf die Art und die Anzahl der Aussageformen und der Beurteilungsmöglichkeiten festlegen.

Zwei Grundsätze der Logik und die Kontraposition

Der Erste, der bemerkte, dass in der Frage der Aussageformen Bedarf einer näheren Bestimmung besteht, war anscheinend Aristoteles. Er hat gleich am Anfang seiner *Ersten Analytik* die folgende Festsetzung unter die Begriffsbestimmungen aufgenommen: »Ein Aussagesatz ist eine Rede, die etwas von etwas bejaht oder verneint«[13]. In der später verfassten *Metaphysik* hat er sich dann ausdrücklich die Frage gestellt, an welche Grundsätze man sich beim Schließen und Beweisen halten solle. Als ein Beispiel nennt er in diesem Zusammenhang den Grundsatz: »alles ist notwendigerweise entweder zu bejahen oder zu verneinen«. Er bekräftigt die Beschränkung auf die beiden Möglichkeiten der Bejahung und der Verneinung im weiteren Verlauf der Abhandlung und schließt damit zusätzliche Möglichkeiten aus. Seiner Darstellung nach kann es nämlich »zu einander widersprechenden Behauptungen auch kein Mittleres geben; vielmehr ist eines von einem immer entweder zu behaupten oder zu verneinen«[14]. Die traditionelle Logik hat diesen Grundsatz wegen seiner grundlegenden Bedeutung beibehalten.

1.1-I	Der Grundsatz, wonach es nur bejahende oder verneinende Aussagesätze, aber keine weitere Satzform dieser Art gibt, heißt *tertium non datur* (abgekürzt TND; »ein Drittes gibt es nicht«) oder *principium exclusi tertii*, auf Deutsch *Grundsatz vom ausgeschlossenen Dritten.*

Die durch Bejahung und Verneinung desselben Sachverhalts »einander widersprechenden Behauptungen«, die Aristoteles in dem letzten Zitat erwähnt, bezeichnet man auch als *kontradiktorischen Gegensatz.* Es stellt sich nun die Frage, ob solche kontradiktorischen Gegensätze, das heißt, Aussagen, die ein und denselben Sachverhalt bejahen und verneinen, gleichzeitig verwendet werden dürfen. Darf man sagen, die Winkelsumme im Dreieck betrage 180°, und gleichzeitig behaupten, sie betrage nicht 180°? Auf eben diese Problematik bezieht sich in der *Metaphysik* das zweite Beispiel für Grundsätze, an denen sich Schlüsse und Beweise orientieren sollen. Aristoteles betont, es sei »unmöglich, gleichzeitig Widersprüchliches von ein und demselben wahrheitsgemäß auszusagen« bzw. es sei »unmöglich, etwas wahrheitsgemäß gleichzeitig zu bejahen und zu verneinen« (Met. IV 6, 1011 b 15-17 u. 20-21). Auch dieser zweite aristotelische Grundsatz blieb weiterhin für die traditionelle Logik grundlegend.

1.1-J	Es gilt in der traditionellen Logik das *principium contradictionis*, auf Deutsch *Satz vom Widerspruch* oder – genauer – *Grundsatz vom ausgeschlossenen Widerspruch*. Es schließt aus, dass eine Aussage und zugleich ihre Verneinung als wahr angesehen werden.

Was ergibt sich aus dem, was über verneinende Aussagen und über die Grundsätze vom ausgeschlossenen Dritten und vom ausgeschlossenen Widerspruch gesagt wurde, für Aristoteles' geometrisches Beispiel und seinen diesbezüglichen Kommentar? In dem einen Fall soll aus der Beschaffenheit der Geraden die 180°-Winkelsumme des Dreiecks notwendigerweise folgen; in dem anderen Fall soll es nicht zutreffen, dass die Winkelsumme des Dreiecks 180° beträgt. Damit ergibt sich das folgende Problem. Würde die Gerade im zweiten Fall ihre gewohnte Beschaffenheit behalten, dann müsste die Winkelsumme des Dreiecks als Konsequenz 180° betragen. Dies soll im zweiten Fall aber gerade nicht der Fall sein. Somit würde sich ein kontradiktorischer Gegensatz (180° und nicht 180°) ergeben. Ein solcher Gegensatz wird durch den Grundsatz vom ausgeschlossenen Widerspruch aber für unzulässig erklärt. Es bleibt nur der Ausweg, die ursprüngliche Annahme, die Gerade sei so und so beschaffen, für den zweiten Fall aufzugeben. Zu der Aussage, die Gerade sei so und so beschaffen, gibt es nach dem Grundsatz vom ausgeschlossenen Dritten aber nur eine Alternative, nämlich: »Die Gerade ist *nicht* so und so beschaffen«.

Wir können die Folgerungsbeziehung zwischen dem Ausgangspunkt und der Schlussfolgerung durch einen Bedingungssatz ausdrücken (wie es Aristoteles selbst mehrfach getan hat[15]). Dann lässt sich sein Gedankengang schematisch durch die folgende Schlussform darstellen, die später den Namen *Kontrapositionsregel* erhalten hat:

1.1-K	Kontrapositionsregel Prämisse: Wenn (Teilsatz 1), dann (Teilsatz 2) Konklusion: Wenn nicht (Teilsatz 2), dann nicht (Teilsatz 1)

1.2 Ein Schluss, der keiner sein kann: Parmenides (I)

Logische Argumentationen lassen sich schon 150 Jahre vor Aristoteles nachweisen. Einer der ersten Philosophen, von denen nicht nur – wie im Fall des Pythagoras – berichtet wird, sie hätten sich logischer Argumente bedient, sondern von denen wir solche Argumente tatsächlich kennen, ist der griechische Philosoph Parmenides. Er lebte im süditalienischen Elẹa (dessen Ruinen sich bei der Gemeinde Ascea in der Provinz Salerno finden). Zwischen 500 und 480 v. Chr. verfasste er ein berühmt gewordenes Lehrgedicht, das leider nur in Teilen erhalten ist. Darin wird ein junger wissbegieriger Mann darauf hingewiesen, dass es neben bloßer Meinung auch »in sich stimmige Wahrheit« und »wahrhafte Gewissheit« gibt (DK 28 B 1, 29 u. 30). Dem nach Wahrheit Suchenden sollen sich zwei Möglichkeiten bieten. In dem einen Fall nehme er (vielleicht im Hinblick auf das Seiende[16]) an, dass »es ist«, und verstehe das, was nicht ist, als nichtseiend. In dem anderen Fall orientiere er sich an dem, was nicht ist. Diese zweite Möglichkeit wird aber sogleich verworfen, weil er das, was nicht ist, weder zu erkennen noch sprachlich auszudrücken vermöge.

Vor diesem Hintergrund scheint die erhaltenen Fragmente, deren Textgrundlage, Reihenfolge, Semantik und inhaltliche Details allerdings umstritten sind, der folgende Hauptgedanke zu durchziehen. Den Ausgangspunkt bilden die beiden schon erwähnten Möglichkeiten der Wahrheitssuche: *es ist*, oder *es ist nicht* (DK 28 B 2, 3 u. 5). Später folgt die Behauptung, man müsse sagen und denken, dass *Seiendes ist* (DK 28 B 6, 1). Zur Begründung wird zuerst – etwas repetitiv – angeführt, dass *Seiendes ist*, während *Nichtseiendes nicht ist* (DK 28 B 6, 1-2). Im nächsten Fragment folgt die Ergänzung, es lasse sich *niemals* zwingend nachweisen, dass *Seiendes nicht ist* (DK 28 B 7, 1). Schließlich wird festgestellt, dass *deshalb* allein der Erkenntnisweg des *es ist* übrig bleibt (DK 28 B 8, 1-2). – Schematisch dargestellt, hat diese Argumentation die folgende Form:

1.2-A	1. Es ist, oder es ist nicht.	Ausgangspunkt
	2. Seiendes ist.	Behauptung
	3. Denn es trifft nicht zu, dass es nicht ist.	Grund
	4. Deshalb ist es.	Schlussfolgerung.

Obwohl Parmenides noch längst nicht über das später entwickelte logische Handwerkszeug verfügte und sein Text keineswegs klar und stringent formuliert ist (gäbe es sonst so viele Deutungen?), wirkt sein Hauptgedanke auf mehrere Parmenides-Kenner wie ein typischer Schluss.[17]

Was ist ein Schluss?

Immer dann, wenn eine *Behauptung* auf bestimmte, noch näher zu erläuternde Weise *begründet* oder eine *Schlussfolgerung* nach gewissen, noch näher zu bestimmenden Regeln aus angegebenen *Voraussetzungen* erschlossen wird, spricht man von einem *Schluss*. Im Falle des Beispiels 1.2-A lautet die Behauptung: Es (bzw. Seiendes) ist. Dieser Satz steht im Schema 1.2-A einmal als Behauptung in der zweiten Zeile und einmal als Schlussfolgerung am Ende des Gedankengangs in der vierten Zeile nach dem ›deshalb‹. Die Begründung der Behauptung steht *vor* dem ›deshalb‹; sie stützt sich auf zwei Annahmen oder Gründe, nämlich »es ist, oder es ist nicht« in Zeile 1 und »es trifft nicht zu, dass es nicht ist« in Zeile 3.

Vergleicht man Parmenides' Gedankengang mit anderen Begründungen, dann fallen mehrere Abweichungen auf. An einer anderen Stelle seines Gedichts heißt es beispielsweise:

1.2-B »Auch teilbar ist es [das Seiende] nicht, weil es gänzlich gleichartig ist« (DK 28 B 8, 22).

Hier wird zwar ebenfalls etwas behauptet, nämlich die Nicht-Teilbarkeit des Seienden; und diese Behauptung wird damit begründet, dass das Seiende ganz und gar gleichartig ist. Vergleichen wir aber die Form der beiden Begründungen, dann fällt sofort die unterschiedliche Anzahl der vorausgesetzten Annahmen ins Auge. Bei dem letzten Beispiel (1.2-B) führt Parmenides ja nur einen einzigen Grund an. Auch solche, nur *einen* Grund enthaltenden Überlegungen wollen wir Schlüsse nennen, sofern sie den weiteren, noch anzugebenden Bedingungen genügen. Ja, in einem Schluss können – allgemein gesagt – beliebig viele, allerdings *mindestens einer und höchstens endlich viele Gründe* herangezogen werden. Diese Gründe heißen, wie schon gesagt (1.1-A), *Prämissen*, die erschlossene Behauptung *Konklusion.* Während es eine oder mehrere Prämissen geben kann, ist in einem Schluss nur eine Konklusion zulässig.

Nach dem bisher Gesagten besteht zunächst kein Grund, der parmenideischen Argumentation (1.2-A) die Bezeichnung ›Schluss‹ zu verweigern. Denn es wird *eine* Behauptung mit Hilfe *zweier* Prämissen *begründet.* Die Argumentation weist zwar nicht die Form eines der im vorigen Kapitel analysierten Schlüsse auf (und-Einführung bzw. -Zerlegung, Modus ponens oder Kontraposition), aber diese Liste ist ja überhaupt nicht erschöpfend.

Die weiteren Abweichungen sind aufschlussreich für den Aufbau von Begründungen und deren schematische Darstellung. So betrifft eine zweite Abweichung die Präsentation von Behauptung und Schlussfolgerung. Im Beispiel 1.2-A stellt Parmenides seine Behauptung zunächst auf und leitet sie dann als Schlussfolgerung her. Dagegen begnügt er sich im Beispiel 1.2-B mit der in der Schlussfolgerung enthaltenen Behauptung, ohne diese Behauptung ein zweites Mal ausdrücklich anzugeben. Um unnötige Wiederholungen zu vermeiden, werden wir uns im Folgenden bei der schematischen Darstellung von Schlüssen der Einfachheit halber ebenfalls auf die *Schlussfolgerung allein* beschränken und sie zugleich als Behauptung verstehen.

Mit der soeben erwähnten zweiten Abweichung hängt drittens die Reihenfolge von Begründung und Schlussfolgerung zusammen. Im ersten Beispiel (1.2-A) gehen die beiden Gründe der Schlussfolgerung voran, während der Grund im zweiten Beispiel (1.2-B) der Behauptung folgt. Aus Gründen der Übersichtlichkeit und Vergleichbarkeit werden wir im Folgenden die Form von Schlüssen bei deren schematischer Darstellung normieren. Wir vereinbaren, dass *die Gründe (oder Prämissen) vor der Schlussfolgerung (Konklusion)* stehen sollen.

Seine Konklusion leitet Parmenides im Beispiel 1.2-A mit dem die Schlussfolgerung verdeutlichenden Ausdruck »deshalb« (δὲ) ein. Dagegen ist ein solcher Ausdruck im Beispiel 1.2-B wegen der Stellung der Behauptung im Satz und der Einleitung der Begründung durch »weil« rein sprachlich nicht erforderlich. Will man bei Argumentationen die Schlussfolgerungen als solche kenntlich machen, lässt man sie auch mit anderen Ausdrücken beginnen, wie ›somit‹, ›mithin‹, ›folglich‹, ›infolgedessen‹, ›aus diesem Grund‹, ›daher‹, ›darum‹, ›also‹ oder dem lateinischen Wort ›ergo‹. Ein solcher Ausdruck heißt *Folgerungsindikator*, weil er auf den Zusammenhang von Gründen und Schlussfolgerung hinweist. Bei der normierten Form von Schlüssen werden wir *›also‹ als Folgerungsindikator* vorziehen. An die Stelle des ›also‹ kann bei schematischer Darstellung auch ein waagerechter Strich treten, der die Prämissen von der Konklusion trennt.

1.2-C	Ein *normierter Schluss* besteht aus – einer oder mehreren, höchstens endlich vielen Prämissen und – genau einer Konklusion. Die Konklusion folgt auf die Prämissen. Sie soll sich aus ihnen ergeben. Der schlussfolgernde Zusammenhang wird durch einen vor der Konklusion stehenden Folgerungsindikator (›also‹, Trennstrich) verdeutlicht.

Unter Berücksichtigung dieser Vereinbarungen lässt sich Parmenides' Gedankengang (1.2-A) ohne Bedeutungsverlust einfach dadurch in die normierte Form eines Schlusses überführen, dass man (1) die Behauptung der zweiten Zeile fortlässt und (2) den Folgerungsindikator ›deshalb‹ gegen ›also‹ austauscht. Es ergibt sich dann die folgende Form:

1.2-D	Prämisse 1:	Es ist, oder es ist nicht.
	Prämisse 2:	Es trifft nicht zu, dass es nicht ist.
	————	Also:
	Konklusion:	Es ist.

Es gibt noch einen weiteren bemerkenswerten Unterschied zwischen den beiden Schlüssen 1.2-A und 1.2-B. Er besteht darin, dass unklar ist, ob sich die Behauptung des zweiten Beispiels wirklich aus dem hierfür angegebenen Grund erschließen lässt. Inwiefern soll die Unteilbarkeit des Seienden aus seiner Gleichartigkeit folgen? Was dieser Unterschied besagt, wird klarer, wenn wir uns in 1.2-A Parmenides' Gründe und ihren Zusammenhang mit seiner Behauptung bzw. Konklusion näher ansehen.

Die erste Prämisse: ›oder‹

Im Schluss 1.2-D lautet die erste Prämisse: »Es ist, oder es ist nicht«. Hier werden zwei Teilsätze durch ›oder‹ miteinander verbunden. Dieser simpel erscheinende Sachverhalt erweist sich bei näherem Hinsehen als verhältnismäßig komplex, was sich ja schon oben bei der Frage nach der Zerlegbarkeit von oder-Sätzen andeutete. Fünf Teilaspekte lassen sich nun unterscheiden.

Nach unserem Sprachverständnis beinhaltet die Formulierung zunächst, dass wahlweise der eine oder der andere Teilsatz in Frage kommt. (Um dies zu verdeutlichen, ziehen wir ein unverfänglicheres Beispiel heran: »Karin kommt vorbei, oder Peter ruft an«. Karin und Peter können sich wegen des ›oder‹ aussuchen, welche der beiden Möglichkeiten sie umsetzen wollen.)

Unsere Formulierung beinhaltet auch, dass der eine Teilsatz gemeint ist, wenn der andere – aus welchen Gründen auch immer – als Möglichkeit entfällt. (Wenn Karin nicht vorbeikommt, ruft Peter an, und umgekehrt.)

Dem entspricht der Ausschluss des Rückgriffs auf weitere Möglichkeiten neben dem Einen und dem Anderen. Zwar wird die *tatsächliche Existenz* weiterer Möglichkeiten nicht ausgeschlossen. Aber solche weiteren Möglichkeiten dürfen bei der Argumentation nicht berücksichtigt werden. (So wird das tatsächliche Vorkommen anderer Kontaktmöglichkeiten, wie E-Mails oder Brieftauben, nicht verneint. Nur kann in Anbetracht jenes Satzes niemand erwarten, dass jemand den Computer startet oder das Fenster offen hält.) Man darf, wenn das Eine nicht in Frage kommt und einem das Andere nicht passt, nicht einfach auf etwas Drittes ausweichen, sondern muss mit dem Anderen vorliebnehmen.

Es wird außerdem ausgeschlossen, dass weder das Eine noch das Andere zutrifft. Mindestens eins von beiden muss zutreffen. (Es kann nicht sein, dass Karin nicht vorbeikommt und auch Peter nicht anruft.)

Allerdings können durchaus beide Möglichkeiten zutreffen. Dieser fünfte Aspekt des Satzes »das Eine oder das Andere« tritt bei einem Vergleich mit dem Satz »*entweder* das Eine *oder* das Andere« besonders deutlich hervor. In diesem Fall kann es nämlich nicht vorkommen, dass sowohl das Eine als auch das Andere zutrifft. Wenn *entweder* das Eine *oder* das Andere zutrifft, dann ist ausgeschlossen, dass beide zusammen zutreffen. Die beiden Teilsätze schließen sich durch das ›entweder – oder‹ wechselseitig aus. Einen solchen wechselseitigen Ausschluss beinhaltet das bloße ›oder‹ jedoch nicht zwangsläufig; die Formulierung lässt das gleichzeitige Zutreffen beider Teilsätze zu. (Es ist denkbar, dass Karin vorbeikommt und Peter zusätzlich anruft.) Um hier sprachlich Klarheit zu schaffen, unterscheiden wir das *einschließende* ›oder‹ vom *ausschließenden* ›oder‹. Beim einschließenden ›oder‹ können beide Teilsätze zutreffen. Das ist beim ausschließenden ›oder‹ im Sinne des ›entweder – oder‹ nicht der Fall.

1.2-E In der Formulierung »das Eine oder das Andere«, einschließend verstanden, stecken also genau genommen fünf Teilaspekte, nämlich:
1. wahlweise das Eine oder das Andere;
2. auf jeden Fall eins von beiden, d.h. wenn nicht das Eine, dann das Andere, und umgekehrt;
3. keine Berücksichtigung weiterer Möglichkeiten neben dem Einen und dem Anderen;
4. mindestens eins von beiden; Ausschluss des ›weder – noch‹;
5. die Möglichkeit, dass sowohl das Eine als auch das Andere zutrifft.

Die erste Prämisse: logische Geltung

Während die genannten fünf Aspekte für alle Verknüpfungen von Teilsätzen mit dem einschließenden ›oder‹ gelten, hebt sich die erste Prämisse des Schlusses 1.2-D von anderen oder-Sätzen durch ihre Form ab. Vergleichen wir den Satz »es ist, oder es ist nicht« beispielsweise mit dem Satz »Karin kommt vorbei, oder Peter ruft an«, so zeigt sich schnell seine besondere Qualität. Denn in dem zweiten Beispielsatz haben die beiden Teilsätze unterschiedliche Subjekte und Prädikate (Karin, Peter bzw. vorbeikommen, anrufen); sie sind somit als Teilsätze völlig unabhängig voneinander. Das ist bei dem Satz »es ist, oder es ist nicht« anders. In diesem Fall sind die beiden Teilsätze bis auf das Wort ›nicht‹ identisch; sie haben dasselbe Subjekt und dasselbe Prädikat und unterscheiden sich nur dadurch voneinander, dass der zweite Teilsatz verneint ist.

Anders als später bei Aristoteles finden sich bei Parmenides noch keine erläuternden Erklärungen – weder zur Verwendung der Verneinung noch zur Art und Anzahl der Aussagesätze. Trotzdem liegt seinem Jonglieren mit den Sätzen »es ist« und »es ist nicht« in dem Lehrgedicht offensichtlich der Gedanke zugrunde, es gebe nur zwei Arten von Aussagesätzen: bejahende und verneinende, aber keine weiteren. Wenn Parmenides den Satz »es ist, oder es ist nicht« nun ohne Erläuterung hinschreibt, dann wirkt das vor dem Hintergrund des späteren aristotelischen Grundsatzes vom ausgeschlossenen Dritten vielleicht dürftig. In Anbetracht der Tatsache jedoch, dass jener Grundsatz bis zum Zeitpunkt der Abfassung des Lehrgedichts noch gar nicht ausdrücklich formuliert wurde, muss Parmenides' Satz als grundlegend und bahnbrechend beurteilt werden.

Denn der Philosoph aus Elea hat nicht nur den Grundsatz vom ausgeschlossenen Dritten intuitiv erfasst; er hat auch – und wohl ebenfalls erstmals – einen aus rein logischen Gründen gültigen Satz schriftlich formuliert.[18] Um die Gültigkeit des Satzes »es ist, oder es ist nicht« zu erkennen, muss man keine Beobachtungen machen oder Experimente anstellen; man muss keine empirisch-statistischen Erhebungen durchführen oder Forschungsreisen unternehmen. Es genügt, sich auf der logisch-sprachlichen Ebene an das zu erinnern, was die Ausdrücke ›oder‹ und ›nicht‹ sowie der Grundsatz vom ausgeschlossenen Dritten beinhalten.

Das Gesagte sei anhand eines banalen Beispiels verdeutlicht. Wenn wir die Wahrheit des Satzes »es regnet« prüfen wollen, dann müssen wir aus dem Fenster sehen. Wenn es dagegen um die Geltung des Satzes »es regnet, oder es regnet nicht« geht, können wir bequem im Sessel sitzen bleiben und uns mit logisch-sprachlichen Überlegungen begnügen. In einem Café erläutert jemand seine Sicht der Dinge und fragt seinen Freund anschließend: »Ist es nun so, oder ist es nicht so?« Worauf dieser antwortet: »Du hast recht: Es ist so, oder es ist nicht so«.

Parmenides' Satz enthält also, wie von ihm gewünscht, eine von den Unsicherheiten der Wahrnehmung und der Erfahrung unabhängige »in sich stimmige Wahrheit« von »wahrhafter Gewissheit« (DK 28 B 1, 29-30). Dieser besondere Charakter logischer Sätze und der Logik im Allgemeinen als einer von der Erfahrung unabhängigen, gleichwohl unzweifelhaft gewissen Erkenntnisquelle wird uns im weiteren Verlauf dieser Einführung noch öfter begegnen.

Vor lauter Begeisterung über die Leistung des Parmenides dürfen wir eine Kleinigkeit nicht übersehen. Die beiden Teilsätze der Prämisse »es ist, oder es ist nicht« können nach dem, was oben über die Wahrheit und Falschheit von bejahenden und verneinenden Aussagen festgehalten wurde (1.1-H), nicht beide gleichzeitig zutreffen. Das heißt, wenn *es ist*, dann trifft »es ist nicht« nicht zu, und umgekehrt. Der Satz »es ist, *und* es ist nicht« erweist sich auf der Grundlage des Grundsatzes vom ausgeschlossenen Widerspruch (1.1-J) als unzulässig. Parmenides' erste Prämisse genügt demnach nicht dem letzten der fünf Teilaspekte der oder-Verknüpfungen (1.2-E, Nr. 5), der die Möglichkeit gleichzeitigen Zutreffens zuließ. Seine Prämisse müsste deshalb eigentlich lauten: »*Entweder* ist es, *oder* es ist nicht«. Aber das hat er nicht ausdrücklich so gesagt (obwohl besserwisserische Übersetzungen ihn dahingehend korrigieren). Da diese ungenaue Formulierung für die folgenden logischen Analysen der parmenideischen Argumentation unerheblich ist, wollen wir ihr über diese Bemerkung hinaus keine Beachtung schenken und der Einfachheit halber weiter das Wort ›oder‹ verwenden.

Die Form des Schlusses: modus tollendo ponens

Nachdem wir die erste Prämisse des Parmenides zugeschriebenen Schlusses eingehend analysiert haben, müssen wir nun die zweite Prämisse und den Zusammenhang der Prämissen mit der Konklusion ins Auge fassen.

Der Satz »es trifft nicht zu, dass es nicht ist«, die zweite Prämisse des Schlusses in der Formulierung 1.2-D, enthält zwei Verneinungen. Der verneinende Satz »es ist nicht« wird hier nochmals verneint. Das zeigt, nebenbei bemerkt, dass ›nicht‹ sich mehrmals nacheinander anwenden lässt. Dabei sind die für die Verneinung getroffenen Vereinbarungen (1.1-H) jedes Mal zu berücksichtigen.

Sehen wir uns jetzt die Form des gesamten Schlusses 1.2-D genauer an! In der ersten Prämisse eröffnen zwei Teilsätze, die durch ›oder‹ miteinander verbunden sind, alternative Möglichkeiten. Das schränkt die zweite Prämisse des Schlusses gleich ein. Denn als Verneinung des zweiten Teilsatzes der ersten Prämisse schließt sie diesen Satz und damit die zweite Möglichkeit aus. Nach dem zweiten der oben angegebenen fünf Teilaspekte der oder-Verknüpfung (1.2-E, Nr. 2) bleibt dann nur noch der erste Teilsatz übrig. Eben dieser macht die Konklusion aus.

Die Form derartiger Schlüsse wird – wohl erstmals – in einem vermutlich früh abgefassten Teil der aristotelischen *Physikvorle-*

sung angedeutet. Hier möchte der Autor die Zweckgerichtetheit (oder ›Finalität‹) der Natur nachweisen. Interessanterweise gibt er dabei zugleich die Struktur seiner Argumentation zu erkennen.

1.2-F »Wenn nun ein bloßes Resultieren aus Umständen oder aber eine Finalität gegeben zu sein scheinen, dann bleibt wohl nur Finalität übrig, sobald die andere Möglichkeit ausgeschieden werden muss, dass es sich [nämlich] um ein Ergebnis aus dem bloßen Zusammentreffen von Umständen oder um ein Zufallsereignis handeln könne.«[19]

Offenbar geht es auch hier um alternative, in einem oder-Satz angegebene Möglichkeiten, von denen die eine erschlossen wird, indem die andere ausgeschlossen wird. Und eben das sagt Aristoteles ausdrücklich. Ähnlich klar umschreibt er an anderer Stelle einen *modus tollendo ponens* aus einer *vierfachen* Alternative (Phys. IV 4, 211 b 5-212 a 6). Abstrakter beschreiben die Stoiker den Schluss: Er »folgert aus einer Disjunktion und dem kontradiktorischen Gegensatz eines der darin verbundenen Glieder das übrige Glied«[20].

Diese Schlussform, von alters her ›disjunktiver Syllogismus‹ genannt, trägt spätestens seit der Mitte des 18. Jahrhunderts den lateinischen Namen *modus tollendo ponens*[21]. Das heißt, es handelt sich um die Schlussform (modus), bei der man, indem man [durch Verneinung] etwas ausschließt (tollendo), eine Feststellung trifft (ponens). Abgekürzt wird der Name dieser Schlussform durch MTP.

Beim Vergleich der aristotelischen Argumentation 1.2-F mit dem parmenideischen Schluss 1.2-D zeigt sich, dass bei diesem der *erste* Teilsatz der Alternative als Schlussfolgerung übrig bleibt, nachdem die zweite Prämisse den zweiten Teilsatz der Alternative verneint hat. Bei Aristoteles bildet dagegen der *zweite* Teilsatz der Alternative das Resultat, während der erste Teilsatz ausscheidet. Da in oder-Sätzen keine der Alternativen gegenüber der anderen besonders ausgezeichnet ist, erhalten wir die beiden folgenden Schluss-Schemata (›TS‹ steht für ›Teilsatz‹).

1.2-G	MTP / Variante 1	MTP / Variante 2
Prämisse 1	(TS 1) oder (TS 2)	(TS 1) oder (TS 2)
Prämisse 2	nicht (TS 2)	nicht (TS 1)
———	Also	Also
Konklusion	Teilsatz 1	Teilsatz 2

Eine Zusatzüberlegung

Wir müssen den Schluss, der Parmenides zugeschrieben wird (1.2-A), noch einmal aus einem anderen Blickwinkel betrachten. Während es sich, wie schon bemerkt, bei der ersten Prämisse »es ist, oder es ist nicht« um einen von vornherein logisch gültigen Satz handelt, gilt dies nicht ohne Weiteres für die zweite Prämisse »es trifft nicht zu, dass es nicht ist«. Dieser Satz wäre nämlich nur dann logisch gültig, wenn die logische Gültigkeit von »es ist« vorausgesetzt werden könnte. Denn wenn »es ist« wahr wäre, dann wäre die Verneinung »es ist nicht« falsch; und der Satz »es trifft nicht zu, dass es nicht ist« wäre wiederum wahr. In diesem Fall würde sich die logische Gültigkeit von »es ist« also auf den doppelt verneinten Satz »es trifft nicht zu, dass es nicht ist« übertragen.

Hinter dieser Feststellung steht, das sei nebenbei bemerkt, das logische *Gesetz der doppelten Verneinung*. Setzt man den Grundsatz vom ausgeschlossenen Dritten (1.1-I) und die darauf beruhenden Festsetzungen für die Verwendung der Verneinung (1.1-H) voraus, dann erkennt man die logische Gleichwertigkeit einer Aussage mit der Verneinung ihrer Verneinung (im traditionellen Latein: duplex negatio est affirmatio – eine doppelte Verneinung entspricht der Bejahung).

1.2-H	Gesetz der doppelten Verneinung Aus einer Aussage A folgt deren doppelte Verneinung »es trifft nicht zu, dass nicht A« und umgekehrt folgt aus einer doppelt verneinten Aussage die einfache Aussage.

Zurück zu Parmenides! Ohne die verschiedenen Deutungen des »es ist« durch die Parmenides-Interpreten im Einzelnen berücksichtigen zu müssen, steht man aus logischer Sicht vor dem folgenden Dilemma:

Entweder ist zwar die erste, nicht aber die zweite Prämisse ein logisch gültiger Satz. Dann ließe sich die Konklusion »deshalb ist es« durchaus aus den beiden Prämissen ableiten, und der Schluss als ganzer würde die Form eines *modus tollendo ponens* aufweisen. Aber die Schluss*folgerung* »deshalb ist es« hinge in diesem Fall von der logisch nicht gesicherten zweiten Prämisse ab, nämlich von »es trifft nicht zu, dass es nicht ist« bzw. von deren ebenfalls ungesichertem logischem Äquivalent »es ist«. Wegen der logisch nicht gesicherten Geltung der zweiten Prämisse würde die Schlussfolgerung Parmenides' eigenem Anspruch auf unbezweifelbare Wahrheit nicht genügen.

Oder wir verstehen auch den Ausdruck »es ist« irgendwie als logisch gültige Aussage. (Dabei ist der – sprachliche oder ontologische – Grund für diesen Status des Satzes unerheblich.) Doch dann wäre eine umständliche logische Ableitung eben dieses ohnehin logisch gültigen Ausdrucks »es ist« als Konklusion eines Schlusses – habe er nun die Form eines *modus tollendo ponens* oder eine andere – völlig überflüssig.

Es liegt also nahe anzunehmen, Parmenides habe den ihm zugeschriebenen Schluss 1.2-A, der sich in dieser Form zudem nur mit Mühe aus den überlieferten Fragmenten herauslesen lässt[22], überhaupt nicht ziehen wollen. Statt dessen könnte er erstens die Aussage »es ist« als selbstverständlichen, unmittelbar einleuchtenden Satz aufgefasst haben und ihm zweitens den – ebenso selbstverständlich wirkenden – doppelt verneinten Satz »es trifft nicht zu, dass es nicht ist« gleichwertig an die Seite gestellt haben. Lässt er doch – gleich zu Beginn der inhaltlichen Ausführungen und vor den angeblichen logischen Operationen – eine Göttin selbstsicher über den ersten, einzig gangbaren Weg der Erkenntnis sagen:

> »der eine [Weg], dass es ist und dass Nicht-Sein nicht ist, ist die Bahn der Überzeugung, denn er richtet sich nach der Wahrheit« (DK 28 B 2, 3-4).

Noch weniger überzeugt die weitergehende Annahme, Parmenides habe zusätzlich zu den beiden Möglichkeiten der Wahrheitssuche auch die bloße Meinung einbezogen und sei von einer *dreifachen* Alternative ausgegangen: ›Sein oder Nichtsein oder Sein und Nichtsein zugleich‹. Er habe anschließend, so liest man[23], den zweiten und den dritten Bestandteil dieser Alternative wie beim *modus tollendo ponens* nach und nach eliminiert, so dass er am Ende nur noch das Sein übrig behielt. Aber diese Interpretation, die dem Gedankengang der erhaltenen Texte noch weniger entspricht, wäre auch keine Lösung. Denn die logischen Schwierigkeiten, die sich schon bei der einfachen Alternative zeigten, würden im Fall der dreifachen Alternative bei der Eliminierung des Nichtseins wiederum auftreten.

1.3 Ein MTP-artiger Schluss bei Philolaos

Wie sich im vorangehenden Abschnitt gezeigt hat, spricht nicht viel für die Annahme, Parmenides habe die Alternative »es ist« und »es ist nicht« als Ausgangspunkt für einen Schluss nach Art des *modus tollendo ponens* verwendet. Noch weniger überzeugte die weitergehende Annahme, Parmenides sei von einer *dreifachen* Alternative ausgegangen.

Eine solche dreifache Alternative als Prämisse eines Schlusses kommt jedoch bei Philolaos vor. Zwischen 470 und 440 v. Chr. in Kroton in Süditalien geboren, wirkte dieser Pythagoreer gegen Ende des 5. Jahrhunderts in Theben. Aus seiner Schrift mit dem Titel *Über die Natur* (oder *Über den Kosmos*), von der nur Fragmente erhalten sind, ist die folgende, als echt geltende Überlegung überliefert.

1.3-A »[1]Notwendigerweise sind die vorhandenen Dinge insgesamt entweder begrenzend oder unbegrenzt oder sowohl begrenzend als auch unbegrenzt. [2]Aber nur unbegrenzt sind sie nicht. [3]Da sie also offensichtlich weder aus lauter Begrenzendem noch aus lauter Unbegrenztem bestehen, so ist doch einleuchtend, dass die Welt und, was in ihr ist, sowohl aus Begrenzendem als auch aus Unbegrenztem zusammengesetzt ist.«[24]

Die traditionelle Interpretation

Schon der Altertumsforscher August Boeckh hat diese Textstelle als Schluss im Sinne des *modus tollendo ponens* verstanden, wenn er schreibt: »Nachdem nun Philolaos gesagt hatte, die Dinge müssten entweder aus Begrenzendem oder Unbegrenztem, oder aus beiden zusammen bestehen, musste er, weil er das letzte erweisen wollte, zunächst zeigen, dass sie weder alle begrenzend, noch alle unbegrenzt sein könnten«. Boeckh bemerkt zwar, dass Philolaos das, was er eigentlich hätte zeigen sollen, nicht beweist; denn der Teilnachweis dafür, dass die Dinge nicht alle begrenzend sind, ist nicht einmal in Ansätzen erkennbar. Da das Fragment aber seiner Meinung nach »ohne Zusammenhang und lückenhaft« ist, genügen ihm die Worte »nur unbegrenzt sind sie nicht« im zweiten Satz, die er als bloß auf das Unbegrenzte bezogene Schlussworte der »übrigen Beweisführung« auffasst.[25]

Hermann Diels, der Herausgeber der Fragmente der Vorsokratiker, hat die angedeuteten Schwierigkeiten durch einen kleinen (im Folgenden umgestellten) Zusatz im zweiten Satz des Textes zu umgehen versucht. Seine Textvariante ergibt übersetzt den folgenden Wortlaut:

1.3-B »[1]Notwendigerweise sind die vorhandenen Dinge insgesamt entweder begrenzend oder unbegrenzt oder sowohl begrenzend als auch unbegrenzt. [2]Aber [nur begrenzend oder] nur unbegrenzt sind sie wohl nicht. [3]Da sie also offensichtlich weder aus lauter Begrenzendem noch aus lauter Unbegrenztem bestehen, so ist doch einleuchtend, dass die Welt und, was in ihr ist, sowohl aus Begrenzendem als auch aus Unbegrenztem zusammengesetzt sind«[26].

In der Form 1.3-B wirkt der Gedankengang sehr geschlossen. Die Formulierung »da ..., so ist doch einleuchtend, dass ...« im dritten Satz des Zitats unterstreicht den schlussfolgernden Charakter. Sie verdeutlicht Philolaos' Absicht, mit Hilfe seiner Überlegung die Behauptung im letzten Halbsatz des Zitats zu begründen, nämlich: »die Welt und, was in ihr ist, sind sowohl aus Begrenzendem als auch aus Unbegrenztem zusammengesetzt«.

Außerdem stellt Philolaos durch die Wörter »da sie also offensichtlich« zwischen dem zweiten Satz und dem ersten Halbsatz des dritten Satzes einen Zusammenhang her, der in doppelter Hinsicht bedeutsam ist. Zum einen nimmt er denjenigen den Wind aus den Segeln, die – genau lesend – zwischen den *Eigenschaften*, begrenzend bzw. unbegrenzt zu sein (Satz 1 und 2), und der *Zusammensetzung* aus Begrenzendem bzw. Unbegrenztem (Satz 3) unterscheiden. Wirkt es doch so, als mache der Philosoph selbst (»also offensichtlich«) diesen Unterschied nicht. Zum anderen bezieht er das insgesamt Begrenzende bzw. insgesamt Unbegrenzte (Satz 3 Anfang) mit »da« und »also« auf die Aussage des zweiten Satzes zurück, so dass die ergänzende Konjektur in diesem Satz gerechtfertigt erscheint.

Schematisch dargestellt, erhält Philolaos' Schluss somit die folgende Form (da das Wort ›notwendigerweise‹ eher auf die Vollzähligkeit der angegebenen Eigenschaften der Dinge als auf eine modale Komponente abzielt, bleiben die Ausdrücke ›notwendigerweise‹ und ›wohl‹ sowie ein eventueller semantischer Unterschied zwischen der Welt und der Gesamtheit der Dinge unberücksichtigt):

Prämisse 1:	Die Dinge insgesamt sind entweder [nur] begrenzend oder [nur] unbegrenzt oder sowohl begrenzend als auch unbegrenzt.
Prämisse 2:	Die Dinge insgesamt sind nicht nur begrenzend oder nur unbegrenzt.
————	Also:
Konklusion:	Die Dinge insgesamt sind sowohl begrenzend als auch unbegrenzt.

Die so formulierte erste Prämisse des Schlusses bereitet jedoch in zweifacher Hinsicht Schwierigkeiten. Erstens wird ihr Verständnis durch eine syntaktische Mehrdeutigkeit beeinträchtigt. Soll man sie so verstehen, als bedeute sie

1.3-C »die Dinge insgesamt sind *entweder* begrenzend *oder* unbegrenzt oder sowohl usw.«, d.h. entweder A oder (B oder C)?

Oder ist damit gemeint

1.3-D »die Dinge insgesamt sind *entweder* begrenzend oder unbegrenzt *oder* sowohl usw.«, d.h. entweder (A oder B) oder C?

Ein Blick auf die zweite Prämisse und die Konklusion scheint für die zweite Variante (1.3-D) zu sprechen. Anscheinend beabsichtigt Philolaos, wie schon von Boeckh angenommen, aus der *ersten* Prämisse die zweite Hälfte herauszulösen, um sie als Konklusion behaupten zu können. Dazu könnte er auf die *zweite* Prämisse zurückgreifen, die die erste Hälfte der ersten Prämisse verneint, und einen Schluss nach Art des *modus tollendo ponens* ziehen, wenn ..., ja, wenn in der ersten Prämisse nicht ›entweder – oder‹ stünde.

Das ist die zweite der erwähnten Schwierigkeiten. Denn der *modus tollendo ponens*, wie er in 1.2-G eingeführt worden ist, bezieht sich auf das einschließende ›oder‹. Wie bereits deutlich geworden ist, darf man das ausschließende ›entweder – oder‹ nicht einfach wie das einschließende ›oder‹ behandeln. Man muss vielmehr berücksichtigen, dass es sich davon insofern unterscheidet, als die beiden Teilsätze nicht gleichzeitig wahr sind. Dieser Unterschied ist nun aber, wie sofort einleuchten dürfte, für die hier betrachtete Schlussweise unerheblich. Ja, der *modus tollendo ponens* wurde traditionellerweise sogar vorwiegend auf eine Prämisse mit ausschließendem ›oder‹ bezogen.

1.3-E	MTP / Variante 3	MTP / Variante 4	(TS ~ Teilsatz)
Prämisse 1:	entweder (TS 1) oder (TS 2)	entweder (TS 1) oder (TS 2)	
Prämisse 2:	nicht (Teilsatz 2)	nicht (Teilsatz 1)	
———	Also	Also	
Konklusion:	Teilsatz 1	Teilsatz 2	

Berücksichtigen wir von den beiden syntaktischen Varianten 1.3-C und 1.3-D nun die plausiblere zweite, dann lässt sich in Philolaos' Schluss die behauptete Konklusion ableiten. Nach einer erschöpfenden Auflistung sämtlicher Möglichkeiten wird die davon zutreffende ja durch den Ausschluss der nicht zutreffenden nachgewiesen. Dabei wird neben der Berücksichtigung der sprachlichen Bedeutung der Aussagenverknüpfung ›entweder – oder‹ und der Verneinung ›nicht‹ nur noch intuitiv von einer Schlussform Gebrauch gemacht, die wie die vierte Variante des *modus tollendo ponens* aufgebaut ist.[27]

1.3-F	Prämisse 1:	Die Dinge insgesamt sind *entweder* [nur] begrenzend oder [nur] unbegrenzt; *oder* die Dinge insgesamt sind sowohl begrenzend als auch unbegrenzt.
	Prämisse 2:	Die Dinge insgesamt sind nicht [nur] begrenzend oder [nur] unbegrenzt.
	————	Also:
	Konklusion:	Die Dinge insgesamt sind sowohl begrenzend als auch unbegrenzt.

Philolaos selbst nannte seine erste Voraussetzung »notwendig« (Satz 1 in 1.3-A), die zweite »offensichtlich« (ebendort, Satz 3) und seine Schlussfolgerung »einleuchtend« (Satz 3). Aus welchen Gründen er dies tat, welche Annahmen er für notwendig oder offensichtlich und welche Zusammenhänge er für einleuchtend hielt, wissen wir nicht. Äußerungen über notwendige oder offensichtliche Aussagen, über Folgerungsbeziehungen oder logische Schlussregeln sind von ihm oder aus seiner Zeit nicht überliefert. Andererseits lässt die Sicherheit und Zielgerichtetheit seiner auf das logisch Wesentliche beschränkten Argumentation durchaus vermuten, dass ihm die logischen Beziehungen und Regeln eines Schlusses nach Art des *modus tollendo ponens* irgendwie einleuchtend erschienen.

Eine neue Deutung

Carl A. Huffman hat die traditionelle Interpretation des Fragments von Philolaos vor einigen Jahren in Frage gestellt und eine Alternative vorgeschlagen (Huffman 1997: 102-107). Er weist in diesem Zusammenhang auf mehrere Ungereimtheiten jener Interpretation hin: (1) Anders als von der Form des unterstellten Schlusses gefordert, schließt der zweite Satz des Textes in der Originalfassung (1.3-A) nur das Unbegrenzte aus, aber nicht zusätzlich das Begrenzende. Diese Schwierigkeit wurde, wie erwähnt, schon früher bemerkt. Boeckh hat ihr durch die

Behauptung, das Fragment sei lückenhaft, ausweichen wollen, Diels durch die Konjektur im zweiten Satz. (2) Mit der Konjektur würde die erste Hälfte des dritten Satzes nur das im zweiten Satz schon Gesagte wiederholen, wäre also redundant und eigentlich überflüssig. (3) Es bleibt unverständlich, warum das Begrenzende bzw. Unbegrenzte einmal als *Eigenschaft* der Dinge (Satz 1 und 2) und einmal als *Bestandteil* der Welt und dessen, was sich in ihr befindet, aufgefasst wird. Ja, streng genommen ist der Unterschied zwischen Eigenschaft und Bestandteil der Stringenz des Schlusses abträglich. (4) Die angebliche Schlussfolgerung des Satzes 3 in 1.3-F, wonach die Dinge insgesamt sowohl begrenzend als auch unbegrenzt sind, steht im Widerspruch zu dem letzten, bisher überhaupt nicht in Betracht gezogenen Satz des Fragments. Hier kommen alle drei Denkmöglichkeiten nämlich wieder vor. Nach Huffman lässt sich der überlieferte Text in seiner Gänze so lesen:

»[1]Notwendigerweise sind die Elemente insgesamt entweder begrenzend oder unbegrenzt oder sowohl begrenzend als auch unbegrenzt; [2]aber nur unbegrenzt sind sie nicht. [3]Da die Welt und, was in ihr ist, ferner offenbar weder aus lauter Begrenzendem noch aus lauter Unbegrenztem bestehen, so ist doch einleuchtend, dass die Welt und, was in ihr ist, sowohl aus Begrenzendem als auch aus Unbegrenztem zusammengesetzt sind. [4]Das zeigt sich auch in der Praxis. [5]Denn das, was aus Begrenzendem besteht, ist begrenzend; das hingegen, was aus Begrenzendem und Unbegrenztem besteht, ist begrenzend und nicht begrenzt; das schließlich, was aus Unbegrenztem besteht, ist unbegrenzt.«

Dabei hat Huffman die folgenden redaktionellen Änderungen vorgenommen: Er gibt den Ausdruck »τὰ ἐόντα« im ersten Satz des Textes von Philolaos nicht durch ›die vorhandenen Dinge‹, sondern – einem vorsokratischen Wortgebrauch gemäß – durch ›die Elemente‹ wieder; er berücksichtigt das Semikolon zwischen dem ersten und dem zweiten Satz des ursprünglichen Textes; und er bezieht das unbestimmte Subjekt ›sie‹ in der ersten Hälfte des dritten Satzes auf »die Welt und, was in ihr ist« und ersetzt es dementsprechend.

In dieser Version gibt der erste Halbsatz drei denkbare Erscheinungsformen der Elemente an, von denen die mittlere, von anderen Vorsokratikern (Anaximander, Anaxagoras) behauptete im folgenden Halbsatz (2) sogleich als alleinige verneint wird. Im dritten Satz wechselt die Betrachtungsebene von der Erscheinungsform der Elemente zur Zusammensetzung der Dinge aus den Elementen. Philolaos stellt hier zunächst fest, dass die Welt und ihr Inhalt nicht nur aus Begrenzendem und auch nicht nur aus Unbegrenztem bestehen. Vor dem Hintergrund jener drei überhaupt denkbaren Fälle zieht er dann den Schluss, die Welt usw. müsse sich sowohl aus Begrenzendem als auch aus Unbegrenztem zusammensetzen. Dieses in der Theorie erlangte Ergebnis wird anschließend praktisch illustriert. Dabei zeigt sich, dass mit ›sowohl – als auch‹ (Satz 3) nicht bloß das gemeinsame Vorkommen von Begrenzendem und Unbegrenztem gemeint ist, sondern auch das Vorkommen einzelner begrenzender oder unbegrenzter Bestandteile bzw. Dinge. Damit erscheint ihm die Welt vielfältiger als denen, die die Dinge insgesamt ausschließlich *einer* der drei denkbaren Erscheinungsformen zuordnen wollen.

Auch dieser Interpretation des Fragments liegt eine logische Struktur zugrunde. Demnach geht Philolaos von einer dreifachen Alternative (Satz 1) und dem Ausschluss von zwei Arten der möglichen Bestandteile aus, nämlich den nur begrenzenden und den nur unbegrenzten (Satz 3 Anfang). Daraus schließt er auf die Zusammensetzung der Dinge sowohl aus begrenzenden als auch aus unbegrenzten Bestandteilen als einzig bleibende Möglichkeit (Satz 3 zweite Hälfte).[28] Das Subjekt der Sätze des Schlusses sind nun nicht mehr die ›Dinge‹, sondern die ›Elemente‹. Zudem befindet sich die negierende Prämisse nach Huffman im ersten Teil des *drit-*

ten Satzes, während sie nach der traditionellen Interpretation im zweiten Satz steckt. Das Schema seines Schlusses sieht so aus:

1. Die Elemente sind insgesamt entweder begrenzend oder unbegrenzt oder sowohl begrenzend als auch unbegrenzt.
2. Die Bestandteile der Welt (= Elemente) sind weder nur Begrenzendes noch nur Unbegrenztes.
3. [Also:] Die Bestandteile der Welt (= Elemente) sind sowohl Begrenzendes als auch Unbegrenztes.

In Philolaos' Schrift findet man demnach in dieser wie jener Interpretation eines der ersten Beispiele für eine Begründung nach Art des *modus tollendo ponens.* Dieses Ergebnis der logischen Analyse seines Fragments erlaubt es uns, zu einer weiteren Deutung dieses Textes Stellung zu beziehen – nämlich der Behauptung, bei seiner Argumentation handele es sich um einen indirekten Schluss, eine »reductio ad absurdum«[29].

1.4 Der indirekte Schluss: Parmenides (II)

Man hört und liest immer wieder und immer noch, der indirekte Schluss gehe auf Zenon aus Elẹa zurück.[30] Dieser Philosoph, ein Schüler des Parmenides, lebte wie sein Lehrer im 5. Jahrhundert v. Chr. in jener süditalienischen Stadt. Auch ein anderer, etwas jüngerer Anhänger des Parmenides hat indirekte Schlüsse verwendet, um seine Thesen zu beweisen: Melissos aus Samos, der nach Simplikios eine verloren gegangene Schrift mit dem Titel *Über die Natur oder über das Seiende* verfasste und nach Plutarch beim Kampf seiner Heimat um die Unabhängigkeit von Athen im Jahr 441 v. Chr. die samische Flotte befehligte.[31] Da seine Argumentation weniger komplex ist als die Zenons, soll sie zunächst als Beispiel für die logische Struktur eines indirekten

Schlusses vorgestellt werden. Erst nach ihnen kommt der mutmaßliche Urheber indirekter Schlüsse zu Wort: Parmenides.

Exkurs 1: Ein indirekter Schluss bei Melissos

In der erwähnten Schrift wollte Melissos – wie er zusammenfassend festhielt – unter anderem Folgendes zeigen: Das, was ist, ist »ewig und unbegrenzt und eins sowie ganz und gar gleichartig« (DK 30 B 7 [1]). Nachdem er sich zuerst damit befasst hat, die *Ewigkeit* und die *Unbegrenztheit* des Seienden nachzuweisen, steht als nächstes der Beweis für die *Einheit* des Seienden an. Seine diesbezügliche Vermutung, die er erhärten möchte, äußert er am Anfang des Fragments 6:

»falls es wäre, wäre es eins« (DK 30 B 6 [1]).

Die Begründung hierfür fällt im Fragment 5 denkbar kurz aus:

1.4-A »Wenn es nicht eines wäre, dann würde es gegen ein anderes eine Grenze bilden« (DK 30 B 5);

oder in der Formulierung des Fragments 6:

1.4-B »[1]falls es wäre, wäre es eins. [2]Wenn es nämlich zwei [Dinge] wären, [3]dann könnten sie nicht unbegrenzt sein, sondern bildeten gegen einander Grenzen« (DK 30 B 6).

Hinter den beiden äußerst knappen Argumenten steht offensichtlich die folgende Überlegung. Das Seiende ist, wie von Melissos schon bewiesen, unbegrenzt. Ist es dann auch eins? Statt das direkt nachzuweisen, schlägt Melissos einen *indirekten* Weg ein. Dass er diese Vorgehensweise gleichwohl als Begründung versteht, macht er durch »nämlich« (1.4-B, Satz 2: γάρ) kenntlich. Er nimmt vorläufig an, es – das Seiende – sei *nicht* eins. Diese Annahme ist als Verneinung der angestrebten Behauptung der kontradiktorische Gegensatz zu ihr. Insofern ist die Formulierung im Fragment 5 (1.4-A: »wenn es nicht eines wäre«) allgemeiner und logisch genauer als die Formulierung im zweiten Satz des Fragments 6 (1.4-B), wo er beispielhaft bloß von *zwei* Dingen spricht. Denn anstelle dieser beiden könnte man ja auch drei, vier oder mehr Dinge als Ausgangspunkt wählen. Allerdings würde sich in diesen Fällen, das ist zuzugeben, das schon bei zwei Dingen oder im allgemeinen Fall auftretende Hauptproblem ebenfalls stellen.

Worin besteht dieses Problem? Wenn das Seiende nicht eins wäre, dann gäbe es entweder überhaupt nichts Seiendes oder man müsste mit mehreren (mindestens mit zwei) Seienden rechnen. Den Gedanken, es gebe gar kein Seiendes, schließt Melissos (wohl in Anknüpfung an Parmenides' Ablehnung des Nichtseienden) von vornherein aus. Denn der Vordersatz seiner Vermutung (1.4-B, Satz 1: »falls es wäre«) führt die Existenz des Seienden als Annahme ein. Gäbe es somit Seiendes und wäre dieses nicht eins, das heißt, gäbe es mehrere Seiende, so würden sie sich nach Melissos' Ansicht irgendwie wechselseitig begrenzen. Das aber, so kann man ergänzen, stünde im Widerspruch zum schon bewiesenen Satz, wonach das Seiende unbegrenzt ist.

Die logische Analyse zeigt übrigens, dass es nicht nur unnötig, sondern für die Argumentation hinderlich ist, wenn das Wort ›unbegrenzt‹ (ἄπειρον) in den ersten Halbsatz des Fragments 6 eingefügt wird (»falls es unbegrenzt ist«), wie das – John Burnet und Hermann Diels folgend – noch in jüngster Zeit getan wurde.[32] Denn so fehlt die Annahme der Existenz des Seienden unter den Voraussetzungen.

Nach der Erläuterung der knappen Sätze von Melissos stellt sich die Frage, welcher logischen Mittel er sich bei seinem Nachweis bedient und was sich aus dem resultierenden Widerspruch für die angestrebte Behauptung ergibt. In welche Sätze kleidet er seine Überlegungen? Sind es bejahende oder verneinende, und-, oder-, wenn-dann-Sätze? In welchen logischen Beziehungen stehen diese Sätze zueinander? Kehren die schon erkannten Schlussformen darin wieder?

In seinen beiden Argumenten verwendet Melissos ausschließlich Bedingungssätze. Er behauptet nicht ausdrücklich, das Seiende sei nicht eins. Denn dies will er ja gerade als eine irrige Auffassung entlarven. Statt dessen stellt er seine Überlegungen unter der Bedingung an, das Seiende sei nicht eins. Er untersucht nur hypothetisch, was wäre, wenn das Seiende nicht eins wäre. Dazu kommen ihm die sprachlichen Ausdrucksmöglichkeiten der wenn-dann-Beziehung gelegen. Er kleidet die Annahme, das Seiende sei nicht eins, in einen wenn-Satz und nimmt ihr wegen der bloß hypothetischen Bedeutung dieses Satzes das ontologische Gewicht: »*wenn* es nicht eines wäre, ...« bzw. »*wenn* es zwei [Dinge] wären, ...«.

Der Nachsatz enthält eine Konsequenz, die sich nach Melissos ergibt, sobald man die Einheit des Seienden verneint, nämlich dessen Begrenztheit. Der inhaltlichen Frage, ob hier ein notwendiger Zusammenhang vorliegt, das heißt, ob mehrere Dinge nur in wechselseitig begrenzter Gestalt vorstellbar sind, muss der Logiker nicht nachgehen. Ihm genügt die Feststellung, dass Melissos den Zusammenhang von Nicht-Einheit und Begrenztheit als Prämisse einführt. Auf diese Weise ergibt sich in der Argumentation die folgende Konstellation:

(1) Angestrebte Behauptung: Das Seiende ist eins.
(2) Prämisse: *Wenn* das Seiende *nicht eins* ist, *dann* ist es begrenzt.

Der schon bewiesene, somit als wahr anzusehende Satz, wonach das Seiende *nicht* begrenzt ist, verneint den zur Prämisse gehörenden Nachsatz, das Seiende sei begrenzt. Der Nachsatz muss also – wegen der für die Wahrheit oder Falschheit von bejahenden und verneinenden Sätzen geltenden Sprachregeln (vgl. 1.1-H)

– falsch sein. Dann kann der Vordersatz dieser Prämisse – wegen der für wahre Bedingungssätze geltenden Sprachregeln (vgl. 1.1-E) – jedoch *nicht wahr* sein. Nach dem Satz vom ausgeschlossenen Dritten, dessen Grundidee sich schon bei Parmenides findet, ist der Vordersatz »das Seiende ist nicht eins« also *falsch*. Der gegenteilige Satz »das Seiende ist eins«, Melissos' Behauptung, erweist sich somit als wahr.

1.4-C	Die Begründung einer Behauptung, bei der man deren kontradiktorischen Gegensatz zunächst annimmt und dann widerlegt, heißt *indirekter Schluss* (auch ›indirekter Beweis‹ oder ›apagogischer Beweis‹).

Der indirekte Schluss, der Melissos' Gedankengang insgesamt zugrunde liegt, stützt sich auf logische und ontologische Voraussetzungen. Neben drei – logisch unbedeutenden – ontologischen Annahmen, nämlich der Existenz des Seienden, dessen Unbegrenztheit und dem Zusammenhang von Vielheit und Begrenztheit, benötigt er für die Schlussform selbst nur die folgenden sprachlogischen Hilfsmittel: zum einen die sprachlichen Konventionen der wenn-dann-Beziehung und der Verneinung, zum anderen logische Zusammenhänge, die – wie man seit Aristoteles sagen würde – dem Grundsatz vom ausgeschlossenen Dritten entsprechen. Sein Gedankengang besteht, zusammenfassend betrachtet, aus den folgenden drei Schritten:

1.4-D	Der indirekte Schluss bei Melissos:
1.	Melissos stellt eine bestimmte Behauptung B auf.
2.	Für den Nachweis, dass sie zutrifft, nimmt er hypothetisch die gegenteilige Aussage nicht-B an und erschließt aus ihr den Satz C, der den kontradiktorischen Gegensatz zu etwas schon Nachgewiesenem bildet.

	Die Formulierung »wenn nicht-B, dann C« stellt den Zusammenhang zwischen diesen Sätzen dar.
3.	Unausgesprochene Konsequenzen: a) Da nicht-C schon nachgewiesen wurde, stellt sich C – wegen der Regeln für die Verneinung – als falsch heraus. b) Wegen der Falschheit von C ist nicht-B (aufgrund der wenn-dann-Beziehung und des Grundsatzes vom ausgeschlossenen Dritten) ebenfalls falsch. c) So erweist sich die zur hypothetischen Annahme nicht-B gegenteilige Behauptung B als wahr.

Ein unvollständiger modus tollens

Melissos' verblüffend kurze Argumente erfordern einen so langen Kommentar, weil seine Argumentation – formallogisch betrachtet – unvollständig ist. Neben der Annahme der Existenz des Seienden im ersten Halbsatz des Fragments 6 (»wenn es wäre«) erwähnt er ja nur noch den Zusammenhang von Vielheit und Begrenztheit (»wenn es nicht eines wäre, dann würde es gegen ein anderes eine Grenze bilden«). Dagegen führt er den zuvor bewiesenen Satz, wonach das Seiende unbegrenzt ist, nicht mehr an, obwohl der Satz für die Argumentation von wesentlicher Bedeutung ist.

Derartige Begründungslücken kommen öfter vor. Manche Autoren scheinen bestimmte Annahmen oder Schlussfolgerungen für so selbstverständlich zu halten, dass sie meinen, sie nicht ausdrücklich angeben zu müssen. Das gilt, worauf Gottlob Frege aufmerksam gemacht hat, sogar für so bedeutende und gründliche Denker wie Euklid oder Leibniz. Sie setzten bei einigen ihrer Beweise Annahmen voraus, die sie weder unter den Prämissen angeführt noch zuvor bewiesen hatten, darunter das Assoziativgesetz der Addition $(a + b) + c = a + (b + c)$.

Aus logischer Sicht sollte aber Wert auf die Vollständigkeit der Prämissen und der schlussfolgernden Schritte gelegt werden; sei es, weil nur so eine korrekt gebildete Schlussform erkennbar ist, sei es, weil die Überprüfung des Schlusses andernfalls unnötig erschwert wird, oder sei es, weil man nicht wissen kann, aus welchen Gründen ein Autor die fehlenden Schritte ausgelassen hat, inhaltliche oder psychologische Analysen aber nicht zur Aufgabe des Logikers gehören. Der in die indirekte Argumentation eingebettete Kern des Schlusses von Melissos lautet – ergänzt und knapp formuliert – wie folgt:

Prämisse 1:	Wenn es nicht eines ist, dann ist es begrenzt.
Prämisse 2:	Es ist nicht begrenzt.
———	Also:
Konklusion:	Es trifft nicht zu, dass es nicht eines ist.

Der so ausformulierte Schluss weist eine häufig verwendete, klassische Form auf, den *modus tollens*:

1.4-E	modus tollens
Prämisse 1:	Wenn (Teilsatz 1), dann (Teilsatz 2)
Prämisse 2:	nicht (Teilsatz 2)
———	Also:
Konklusion:	nicht (Teilsatz 1)

Melissos' Argumentation ist – gerade wegen ihrer lückenhaften Darstellung – nur vor dem Hintergrund dieses Schluss-Schemas verständlich, auch wenn er es nicht ausdrücklich formulierte und erst recht nicht rechtfertigte. Erst die Stoiker erwähnten es später; sie erschlossen »aus einem Konditionalsatz und dem kontradiktorischen Gegensatz des Nachsatzes den kontradiktorischen Gegensatz des Vordersatzes, z.B. ›Wenn Tag ist, ist Licht. Es ist aber kein Licht. Also ist nicht Tag‹«[33]. Spätestens seit dem Erscheinen der *Logica Hamburgensis* von Joachim Jungius trägt diese Schlussform den Namen *modus tollens* bzw. nach einem späteren Vorschlag von Moritz Wilhelm Drobisch *modus tollendo tollens*[34]. Das heißt, es handelt sich um die Schlussform (modus), bei der man, indem man [durch Verneinung] etwas ausschließt (tollendo), auch das Andere ausschließt (tollens). Der Name dieser Schlussform wird mit ›MT‹ abgekürzt.

Der *modus tollens* und die Kontraposition weisen wegen der Verneinung des zweiten Teilsatzes einen ähnlichen argumentativen Hintergrund auf. Trotzdem müssen sie voneinander unterschieden werden. Die Kontraposition hat nur *einen* Bedingungssatz als Prämisse und schließt auf einen entsprechend umgestellten und in jedem Halbsatz negierten *Bedingungssatz*. Der *modus tollens* hat *zwei* Prämissen, nämlich einen Bedingungssatz und die Verneinung des Nachsatzes; und er schließt auf den verneinten *Vordersatz*.

Kontraposition	modus tollens
Wenn (Teilsatz 1), dann (Teilsatz 2)	Wenn (Teilsatz 1), dann (Teilsatz 2)
Also:	Nicht (Teilsatz 2)
Wenn nicht (Teilsatz 2),	Also: nicht (Teilsatz 1)
dann nicht (Teilsatz 1)	

Exkurs 2: Zenon (und der Kettenschluss)

Wie Melissos hat sich zuvor schon Zenon mit der Annahme auseinandergesetzt, es gebe mehr als ein Seiendes. Eines seiner Argumente, das durch Simplikios wörtlich überliefert vorliegt, ist das folgende:

1.4-F »[1]Wenn Vieles ist, ist es notwendigerweise genauso vieles, wie es ist, weder mehr davon noch weniger. [2]Wenn es aber genauso vieles ist, wie es ist, ist es wohl endlich. [3]Wenn Vieles ist, sind die seienden Dinge unendlich. [4]Denn es ist immer wieder Anderes zwischen den seienden Dingen und wieder Anderes zwischen

> diesem Anderen. [5]Auf diese Weise sind die seienden Dinge also unendlich«[35].

Die Frage, ob die Wörter ›endlich‹ und ›unendlich‹ in Zenons Argument sich auf die (räumliche oder zeitliche) Ausdehnung der Dinge oder auf deren Anzahl oder auf noch etwas Anderes beziehen, kann hier unerörtert bleiben. Aus logischer Sicht sind, wie erwähnt, nicht die Inhalte der Wörter und Aussagen von Bedeutung, die in den Sätzen eines Schlusses vorkommen; es zählen nur die *formalen Beziehungen* zwischen den Sätzen. So genügt es in unserem Fall zu wissen, dass der Satz mit dem Wort ›unendlich‹ als Verneinung des entsprechenden Satzes mit dem Wort ›endlich‹ aufzufassen ist. Unwichtig ist auch, welche konkrete (physikalische, geometrische oder arithmetische) Bedeutung die Behauptung haben könnte, es gebe zwischen zwei Dingen immer noch Anderes. Relevant ist hierbei nur die Annahme einer unendlichen Mannigfaltigkeit.

An Zenons Argument interessiert hier eigentlich bloß die logische Form. Aber das Argument enthält, so wie es überliefert ist, weder eine Behauptung noch eine eindeutige Konklusion. Deshalb stellt sich die Frage, was er damit nachweisen wollte. Darauf hat es Antworten gegeben, allerdings unterschiedliche. Der Redner Isokrates hat Zenon so verstanden, als wolle er mit Behauptungen der Art, dasselbe sei möglich und zugleich unmöglich, Widersprüchliches beweisen. Platon und Aristoteles stimmen dagegen darin überein, dass Zenon mit den paradoxen Ausführungen seines Buches die Thesen, das Seiende sei eines und es sei unbewegt, die bekanntlich auf Parmenides zurückgehen, stützen wollte.[36] Das mag für unsere Zwecke genügen.

Nehmen wir also zunächst mit Isokrates an, Zenon habe in 1.4-F widersprüchliche Sätze beweisen wollen. Die Behauptung, die er dort im zweiten Teil begründen möchte, formuliert er klar im Satz 3: »Wenn Vieles ist, sind die seienden Dinge unendlich«.

Aber welcher Satz des ersten Textteils widerspricht dem? Es findet sich dort ja nicht einmal der Satz: »Wenn Vieles ist, sind die seienden Dinge endlich«. Hat Isokrates somit Unrecht, oder ist der Sachverhalt komplizierter? Zenon macht sich im ersten Teil seines Arguments wohl stillschweigend eine Eigenschaft der wenn-dann-Beziehung zunutze, die bisher noch nicht zur Sprache kam: die *Transitivität.*

> **1.4-G** Eine Beziehung R heißt genau dann *transitiv*, wenn für je drei Objekte a, b und c Folgendes gilt: Besteht die Beziehung R sowohl zwischen a und b als auch zwischen b und c, dann stehen auch a und c zueinander in der Beziehung R.

Die Transitivität ist uns von der Gleichheit her geläufig. Ist nämlich a = b und b = c, dann gilt a = c. Ähnlich äußerte sich schon Aristoteles: »Für Dinge, die mit einem und demselben gleich sind, fordern wir, dass sie auch unter einander gleich sind« (Soph. el. 6, 168 b 31-32). Das heißt, wenn a = c und b = c ist, dann soll auch a = b sein. Übrigens haben durchaus nicht alle Beziehungen die Eigenschaft der Transitivität. Zu den *intransitiven* Beziehungen gehört zum Beispiel die Ungleichheit. Ist 2 ≠ 3 und 3 ≠ 2, so gilt keineswegs 2 ≠ 2. Auch die Mutter-Beziehung ist nicht transitiv: a mag die Mutter von b und b die Mutter von c sein; trotzdem ist a nicht die Mutter von c. Die vorhin erwähnte Transitivität der wenn-dann-Beziehung findet im *Kettenschluss* ihren Ausdruck:

1.4-H	Kettenschluss
Prämisse 1:	Wenn (Teilsatz 1), dann (Teilsatz 2)
Prämisse 2:	Wenn (Teilsatz 2), dann (Teilsatz 3)
———	Also:
Konklusion:	Wenn (Teilsatz 1), dann (Teilsatz 3)

Die logische Gültigkeit des Kettenschlusses ergibt sich aus den Prämissen und den Wahrheitsbedingungen für Bedingungssätze (1.1-E). Wenn der Teilsatz 1 nämlich wahr ist, dann soll nach dem dort Gesagten auch der Teilsatz 2 wahr sein; und wenn der Teilsatz 2 wahr ist, dann soll der Teilsatz 3 wahr sein. Deshalb muss, wenn der Teilsatz 1 wahr ist, der Teilsatz 3 ebenfalls wahr sein.

Wir wollen die Regel für den Kettenschluss nun auf die erste Hälfte des Arguments von Zenon anwenden. So erhalten wir (wenn wir modale Ausdrücke und rhetorische Schnörkel vernachlässigen) das folgende Ergebnis:

Prämisse 1:	Wenn Vieles ist, ist es genauso vieles, wie es ist.
Prämisse 2:	Wenn es genauso vieles ist, wie es ist, ist es endlich.
———	Also:
Konklusion:	Wenn Vieles ist, ist es endlich.

Damit wird der Widerspruch zu »wenn Vieles ist, sind die Dinge unendlich«, der die ganze Zeit in der Luft lag, greifbarer. Allerdings liegt der eigentlich erforderliche Gegensatz zu Satz 5 des Fragments, nämlich der Satz »Es trifft nicht zu, dass die seienden Dinge unendlich sind«, noch in weiter Ferne.

Ein indirekter Schluss bei Zenon

Steht es trotzdem 1:0 für Isokrates? Vor einer Antwort sollten wir prüfen, wie weit die Interpretationsvorschläge von Platon und Aristoteles tragen. Ihrer Ansicht nach möchte Zenon im obigen Fragment (1.4-F) zeigen, das Seiende sei eins. Das beweist er aber offensichtlich nicht direkt. Seine Vorgehensweise lässt sich höchstens als indirekter Schluss verstehen, bei dem er von der Annahme ausgeht, es gebe Vieles. Daraus folgert er dann, wie oben wiedergegeben, dass diese vielen Dinge sowohl endlich als auch unendlich sind. (Im Folgenden vernachlässigen wir den semantischen Unterschied zwischen den Ausdrücken »Vieles« und »die seienden Dinge«.) Wiederum ist zu fragen, welcher logischen Mittel Zenon sich bei seinem Nachweis bedient und was sich aus dem erhaltenen Widerspruch für die angestrebte Behauptung ergibt.

So wie Melissos behauptet auch Zenon in seinem Argument nicht ausdrücklich, dass es Vieles gibt. Auch er greift auf Bedingungssätze zurück, kleidet die vorläufige Annahme, es gebe Vieles, die er als eine irrige Auffassung entlarven will, in einen wenn-Satz und nimmt ihr damit das ontologische Gewicht: »*Wenn* Vieles ist, ...«. Von einem wenn-Satz hängt aber auch die Aussage ab, das Viele sei endlich (Satz 2). Es stehen sich also keineswegs zwei isolierte Sätze widersprüchlich gegenüber, wie »Vieles ist endlich« und »Vieles ist nicht endlich«. Vielmehr ergibt sich, wie schon ausgeführt, erst nach der Anwendung des Kettenschlusses das – von Zenon nicht ausdrücklich formulierte – Zwischenergebnis

»Wenn Vieles ist, ist es endlich«;

und dieses kontrastiert mit der Behauptung, welche die zweite Hälfte des Arguments 1.4-F von Zenon einleitet, nämlich:

»Wenn Vieles ist, sind die Dinge unendlich« [das heißt, nicht endlich].

Berücksichtigt man an dieser Stelle den Wechsel von Wahrheit und Falschheit bei bejahenden und verneinenden Sätzen (1.1-H), dann gilt offensichtlich: Ist der Satz ›es ist endlich‹ wahr, dann ist der Satz ›es ist nicht endlich‹ falsch, und umgekehrt. Dabei ist unerheblich, welcher der beiden Sätze tatsächlich der wahre, welcher der falsche Satz ist. Wichtig ist im Hinblick auf Zenons Argument vielmehr Folgendes: Ein und derselbe Vordersatz (nämlich »wenn Vieles ist«) verbindet sich mit Nachsätzen, die einmal eine wahre und einmal die gegenteilige, also falsche Aussage enthalten.

Nach dem, was über die Bedeutung von Bedingungssätzen gesagt wurde (1.1-E), folgen aus einem wahren Vordersatz stets nur wahre Nachsätze. Ergibt sich dennoch ein unzutreffender Nachsatz, so kann der zugehörige Vordersatz ebenfalls nicht zutreffen. Mit anderen Worten, der Satz »es gibt Vieles« ist falsch.

Was folgt daraus für die angestrebte Behauptung der Einheit des Seienden? Nun, hat der Satz »es gibt Vieles« sich als falsch herausgestellt, so ist (nach den Festlegungen für verneinende Sätze – 1.1-H) der Satz »es trifft nicht zu, dass es Vieles gibt« wahr. Das heißt, es gibt entweder gar nichts, oder es gibt nur ein einziges Seiendes. Nachdem Parmenides das Nichtseiende bereits verworfen hat (was Zenon aber nicht ausdrücklich erwähnt), erweist sich (vor dem Hintergrund des Satzes vom ausgeschlossenen Dritten) das Gegenteil zur vorläufigen Annahme als wahr, nämlich die These, das Seiende sei eines.

Vergleicht man diesen Gedankengang mit Melissos' indirektem Schluss, so stellt sich der zweite Schritt als unterschiedlich heraus. Melissos kommt zu einer Behauptung, die zu einem schon bewiesenen Satz im Widerspruch steht. Zenon argumentiert dagegen mit zwei Bedingungssätzen, deren Nachsätze einander widersprechen, obwohl die Vordersätze identisch sind. Aber auch so kann man, wie sich gezeigt hat, den kontradiktorischen Gegensatz zur vorläufigen Annahme im Vordersatz als zutreffend erweisen.

Ein indirekter Schluss bei Parmenides

Die logische Bedeutung der paradoxen, von Zenon vorgebrachten Argumente wurde bereits in der Antike erkannt und gewürdigt. Aristoteles nannte ihn in einer verloren gegangenen Schrift den Begründer der Dialektik (heute würde man sagen: der Logik); und nach Simplikios, der auf die Form der Argumente eingeht, war es Zenon, der zeigte, dass jeder, der die Existenz von Vielem annimmt, sich in Widersprüche verstrickt. Deshalb setzt sich nur langsam die Einsicht durch, dass schon Parmenides den indirekten Schluss verwendete.[37] Demnach übernahmen Zenon, Melissos und andere diese Argumentationsform von dem Begründer des Eleatismus.

Hat Parmenides in seinem Lehrgedicht die nach Wahrheit Suchenden zunächst auf den Weg dessen, was ist, verwiesen, so listet er im Fragment 8 eine Reihe von Merkmalen des Seienden auf, die man als Zeichen auf dem Weg der Erkenntnis vorfinden soll: Es sei nicht entstanden, nicht vergänglich, eines und so weiter. Für die einzelnen Merkmale des Seienden gibt er sodann Gründe an und erklärt sie aus diesen. Der leichteren Nachvollziehbarkeit wegen beschränkt sich die folgende Darstellung auf den Aspekt des Nichtentstehens. Nachdem Parmenides dies behauptet hat (Vers 3), bringt er die rhetorische Frage vor, welchen Ursprung man wohl andernfalls für das Seiende ausfindig machen könnte (Vers 6).

»[1] Allein noch die Darlegung des Weges, [2] dass es ist, bleibt übrig; auf diesem gibt es der Zeichen [3] recht viele: dass Seiendes nicht entstanden und unvergänglich ist [.../6] Was willst Du denn als seinen Ursprung suchen?«

Mit dieser Frage nach einem möglichen Ursprung des Seienden – so die neuere Deutung – wendet er sich ab von einem *direkten* Nachweis dafür, dass das Seiende nicht entstanden ist. Statt dessen bereitet er damit einen *indirekten* Nachweis vor. Das heißt, er bemüht sich im Folgenden, die Annahme der Seinsentstehung und deren verschiedene Möglichkeiten zu widerlegen, um so seine Behauptung der Nichtentstehung des Seienden zu stützen (V. 7-21). Die diesbezüglich angeführten Gründe macht er durch die Verwendung des Wortes γάρ (denn, weil, nämlich) als solche kenntlich oder kleidet sie in rhetorische Fragen. Am Ende steht eine mit τώς (somit, so) eingeleitete Schlussfolgerung, die die Behauptung – metaphorisch eingekleidet – bekräftigt. Im Gegensatz zum ersten Teil seines Gedichts, dessen Anfangspartie im Abschnitt 1.2 analysiert wurde, ist jetzt eine logisch begründende Gedankenführung durchaus erkennbar. Unter anderem verwirft Parmenides die These, das Seiende sei in der Vergangenheit entstanden.

»[15] Die Entscheidung hierzu liegt jedoch in Folgendem: [16] Es ist, oder es ist nicht. Entschieden ist nun aber – der Notwendigkeit gemäß –, [17] den einen Weg (er ist ja kein wahrer Weg) für unerkennbar, unbenennbar, [18] den anderen dagegen für gegeben und wirklich zu halten. [.../19] Wie sollte es wohl entstehen? [20] Denn wenn es entstand, dann ist es nicht [.../21]. So ist Entstehen ausgelöscht«.

Zur Verdeutlichung der Argumentation müssen wir zwei Teilaspekte berücksichtigen: zum einen den indirekten Beweis als Rahmen, zum anderen den Ausschluss einer Entstehung des Seienden speziell in der Vergangenheit. Wir wollen sie in umgekehrter Reihenfolge erörtern.

Das letzte Zitat, mit dem eine Entstehung in der Vergangenheit ausgeschlossen werden soll, läuft aus logischer Sicht auf den folgenden Schluss hinaus:

Vorüberlegung:	Es ist, oder es ist nicht. Dieses trifft nicht zu, jenes wohl. Das heißt, der Grundsatz »es ist« kehrt als versteckte Prämisse wieder.
Prämisse 1:	Es ist.
Prämisse 2:	Wenn das Seiende entstand, dann ist es nicht.
———	Also:
Konklusion:	Es trifft nicht zu, dass das Seiende entstand.

Welche (ontologischen) Gründe für die zweite Prämisse sprechen, ob diese sich zum Beispiel aus der Ewigkeit des Seienden, aus seiner ständigen Präsenz oder aus einer Indifferenz des Seienden gegenüber der Zeit und der Vergangenheit ergibt[38], kann hier außer Betracht bleiben. Uns genügt die Feststellung, dass der Nachsatz der zweiten Prämisse die erste Prämisse verneint. Da das »es ist« nach Parmenides aber unumstößlich gewiss sein soll, kann der verneinende Nachsatz nicht zutreffen. Folglich ist – wie schon mehrfach bemerkt – auch der Vordersatz falsch; das heißt: Das Seiende entstand nicht.

Parmenides formuliert dieses Zwischenergebnis zwar nicht ausdrücklich, aber die schlussfolgernde Absicht ist vor dem Hintergrund der rhetorischen Frage »Wie sollte es wohl entstehen?« (Vers 19), des begründenden »denn« (Vers 20) und der verallgemeinerten These, wonach »Entstehen ausgelöscht« ist (Vers 21), unverkennbar. Die Form dieses Teilschlusses entspricht einer Variante des *modus tollens*:

1.4-I		Variante des *modus tollens*
	Prämisse 1:	Wenn (Teilsatz 1), dann nicht (Teilsatz 2)
	Prämisse 2:	(Teilsatz 2)
	————	Also:
	Konklusion:	Nicht (Teilsatz 1)

Diejenigen, denen die Variante nicht auf Anhieb einleuchtet, können sich ihre logische Gültigkeit mit Hilfe der doppelten Verneinung (1.2-H) klarmachen. Teilsatz 2 ist ja aus der Sicht der traditionellen Logik mit dem Ausdruck »es trifft *nicht* zu, dass *nicht* (Teilsatz 2)« gleichbedeutend. Ersetzt man die zweite Prämisse in dieser Weise, so erhält der Schluss eine dem *modus tollens* entsprechende Gestalt:

Prämisse 1:	Wenn (Teilsatz 1), dann nicht (Teilsatz 2)
Prämisse 2:	Es trifft nicht zu, dass nicht (Teilsatz 2)
Konklusion:	Nicht (Teilsatz 1)

Zugleich mit dem Nachweis dafür, dass das Seiende nicht in der *Vergangenheit* entstanden ist, wird die Möglichkeit seiner *künftigen* Entstehung mit der gleichen Argumentation widerlegt.[39] Letztlich möchte Parmenides die generelle These, Seiendes sei nicht entstanden, durch eine Widerlegung der Entstehensalternativen indirekt beweisen. Dass er das nicht in allen Punkten logisch stringent tut, ändert nichts an unserer Feststellung: Grundstruktur seines Gedankengangs ist ein indirekter Schluss, der mit dem Gegenteil der Behauptung als rhetorischer Annahme einsetzt und der zwei Schlüsse nach Art des *modus tollens* (1.4-I) zwecks Ableitung negierender Teilergebnisse enthält.

Der *modus tollens* wird, wie in diesem Fall, oft zur Begründung verneinender Behauptungen verwendet. Man kann ihn aber auch einsetzen, um eine *bejahende* Schlussfolgerung herzuleiten. Hierfür findet sich ein frühes Beispiel in Aristoteles' *Metaphysik*, wo er sich mit unterschiedlichen Auffassungen vom Aufbau der Zahlen aus der Eins beschäftigt. Einige Gelehrte waren nämlich der Meinung, dass sich »die Einsen in der einen Zahl von den Einsen in der anderen Zahl unterscheiden, nicht aber auch die Einsen innerhalb ein und derselben Zahl«. Um diese Auffassung zu widerlegen, möchte Aristoteles zeigen, dass sich dann auch die Einsen innerhalb der Zahl Zehn unterscheiden würden. Diesen Nachweis führt er indirekt und mit Hilfe eines Schlusses nach Art des *modus tollens*:

Es »unterscheiden sich auch die Einsen innerhalb der Zehn.
Denn wenn sie sich nicht unterscheiden, so unterscheiden sich auch nicht die Fünfen, aus denen die Zehn besteht; da sich diese aber unterscheiden, so unterscheiden sich auch die Einsen [in der Zehn]«[40].

So erhalten wir, wenn wir die doppelte Verneinung auch auf den negierten Vordersatz anwenden, eine weitere Variante des *modus tollens*.

1.4-J		2. Variante des *modus tollens*
	Prämisse 1:	Wenn nicht (Teilsatz 1), dann nicht (Teilsatz 2)
	Prämisse 2:	(Teilsatz 2)
	———	Also:
	Konklusion:	(Teilsatz 1)

Abschließende Bemerkungen

Ob Parmenides der Erste war, der sich des indirekten Schlusses bediente, ist nicht klar. In einigen Quellen wird nämlich Hippasos aus Metapont als derjenige genannt, der die Inkommensurabilität von Seite und Diagonale eines Quadrats (heute würden wir sagen: die Irrationalität von $\sqrt{2}$) erkannte – eine Einsicht, die indirekt bewiesen wird. Dazu nimmt man die Kommensurabilität von Quadratseite und Diagonale (oder $\sqrt{2}$ als rational) zunächst an und zeigt dann, dass *ungerade* Zahlen unter dieser Annahme widersprüchlicherweise *gerade* sein müssten. Leider ist über das Leben und Wirken des Hippasos, der als Schüler von Pythagoras vermutlich in der ersten Hälfte des 5. Jahrhunderts v. Chr. in Süditalien lebte[41], wenig bekannt. Deshalb lässt sich seine Entdeckung nicht in ein klares zeitliches Verhältnis zu Parmenides' Lehrgedicht setzen, und die Frage nach der Priorität von Hippasos oder Parmenides bleibt unbeantwortet.

Unabhängig von der Prioritätsproblematik stellt sich die Frage, welche logikgeschichtliche Bedeutung den in diesem Kapitel analysierten Schlüssen zukommt. Haben die Autoren bloß von ihrem gesunden Menschenverstand Gebrauch gemacht, wie manchmal behauptet wird? Zweifellos macht es schon einen großen Unterschied aus, ob ein Philosoph nur mehr oder weniger kühne Behauptungen aneinanderreiht und diese womöglich noch in Mythen oder metaphorischer Sprache verbrämt oder ob er seine Auffassungen zu begründen versucht. Einen weitergehenden Schritt stellt eine Systematik der Begründungsformen dar. Die strapazierte Formel »vom Mythos zum Logos«[42] kommt in Erinnerung. Immerhin enthalten die indirekten Schlüsse der Eleaten eine Reihe formallogischer Bezüge: die sprachlogischen Gepflogenheiten für den Gebrauch bejahender, verneinender und Bedingungssätze, den Grundsatz vom ausgeschlossenen Dritten, den *modus tollens* und den Kettenschluss.

Bekanntlich wurden derartige Regeln des Sprachgebrauchs und Schlussformen in diesem frühen Stadium der Philosophie in philosophischen Texten noch nicht als solche angegeben. Das geschah erst später: selten bei Platon, häufiger bei Aristoteles, systematisch bei den Stoikern. Man kann sich höchstens fragen, ob diese (in den Texten stillschweigend benutzten) Regeln und Schlussformen bereits so geläufig waren, dass die Eleaten ihre ausdrückliche Erwähnung für überflüssig hielten, oder ob sie sie eher intuitiv erahnten. Vermutlich war Letzteres der Fall. Darauf deutet die Unvollständigkeit des *modus tollens* bei Melissos ebenso hin wie das Überspringen des Kettenschlusses bei Zenon oder das Fehlen des Zwischenergebnisses bei Parmenides. Andererseits käme der gesunde Menschenverstand wohl kaum auf den Gedanken, eine Behauptung indirekt zu begründen.

Bei einem indirekten Schluss genügt es im Allgemeinen, die hypothetische, zur eigentlichen Behauptung gegenteilige Annahme irgendwie zu widerlegen. Man kann zum Beispiel zeigen, dass sie Unmögliches nach sich zieht oder ihre Konsequenzen nicht im Einklang mit bekannten Tatsachen stehen. Die ersten Äußerungen zum »Schluss durch das Unmögliche«, wie Aristoteles diese Schlussform nannte, stammen wiederum von dem genialen Platon-Schüler. Er erklärt diesbezüglich, dass man hierbei »das kontradiktorische Gegenteil der Konklusion [als Annahme] setzt, eine andere Prämisse hinzu nimmt« und sie dann »auf das Unmögliche zurückführt«. Mit anderen Worten, beim indirekten Schluss dient »das zur Voraussetzung, was er umstoßen will, indem er es auf ein anerkannt Falsches zurückführt«. Denn »wenn ein Jedes entweder zu bejahen oder zu verneinen ist, so knüpft sich an den Beweis, dass die Verneinung nicht wahr ist, logisch die Folge, dass die Bejahung es ist; und ebenso: nimmt man die Bejahung nicht als wahr an, so ist es naheliegend, dass die Verneinung es ist«. Deshalb werde es am Ende »nötig, eine der Voraussetzungen aufzugeben«[43]. Im Vergleich mit Aristoteles' Bezugnahme auf das »Falsche« zeichnen sich die Schlüsse der drei Eleaten und des Hippasos dadurch aus, dass sie auf formale Widersprüche hinauslaufen. Ein so geführter indirekter Schluss heißt heute *reductio ad absurdum* (Zurückführung auf Absurdes) oder *reductio ad impossibile* (Zurückführung auf Unmögliches).

> **1.4-K** Ein indirekter Schluss, bei dem die Widerlegung der hypothetischen, zur Behauptung gegenteiligen Annahme durch einen formalen Widerspruch (X und nicht-X) erfolgt, heißt *reductio ad absurdum* (auch *reductio ad impossibile*).

Die Ergebnisse dieses Kapitels zusammenfassend, lässt sich die *reductio ad absurdum* durch die folgenden vier Schritte charakterisieren:

> **1.4-L** Um eine bestimmte Behauptung B mittels *reductio ad absurdum* nachzuweisen, geht man folgendermaßen vor:
> 1. Man nimmt die gegenteilige Aussage nicht-B hypothetisch an.
> 2. Man leitet aus dieser Annahme einen Widerspruch ab. Dieser kann
>
> 2.a aus nicht-B allein resultieren (indem man zum Beispiel, wie Zenon, Sätze der Art ›wenn nicht-B, dann C‹ und außerdem ›wenn nicht-B, dann nicht-C‹ herleitet) *oder*

2.b dem Gegensatz zwischen nicht-B und einem unbezweifelbaren Grundsatz sich verdanken (wie beim Rückgriff auf das parmenideische »es ist«) *oder*

2.c aus nicht-B und schon bewiesenen Sätzen folgen (wie bei Melissos) *oder*

2.d aus nicht-B und weiteren geeigneten Voraussetzungen sich in der Form ›C‹ und ›nicht-C‹ (bzw. ›C *und* nicht-C‹) ergeben (wie bei Hippasos).

3. Da der zweite Schritt in jedem Fall etwas logisch Unhaltbares beinhaltet, stellt sich nicht-B (aufgrund der wenn-dann-Beziehung und des Satzes vom ausgeschlossenen Dritten) als falsch heraus.

4. Deshalb erweist sich die zur hypothetischen Annahme nicht-B gegenteilige Behauptung B als wahr.

Die bisher erarbeiteten Kenntnisse erlauben uns, die Frage erneut aufzugreifen, die sich am Ende des Kapitels 1.3 stellte. Hat die Argumentation in Philolaos' zweitem Fragment die Form eines indirekten Schlusses? Wie sich gezeigt hat, ist beim indirekten Schluss weder eine Prämisse in der Form eines oder-Satzes noch eine weitere Prämisse erforderlich, die eines der Glieder einer solchen Alternative verneint. Gerade dies ist aber für den Schluss von Philolaos ebenso wie für den *modus tollendo ponens* charakteristisch. Was beim indirekten Schluss (hypothetisch) verneint wird, ist die angestrebte Konklusion selbst; doch davon ist bei Philolaos nicht die Rede. Deshalb kann die Frage, ob jene Argumentation die Form eines indirekten Schlusses aufweist, nun verneint werden. Philolaos' Schluss entspricht eher der Form des *modus tollendo ponens* als der des indirekten Schlusses.

Wir können jetzt auch Behauptungen überprüfen, die sich in der einschlägigen Parmenides-Literatur finden. So deutet Uvo Hölscher nicht nur die Disjunktion von Seiendem und Nichtseiendem bei Parmenides als »Prämisse eines Beweisganges, der über die Ausschließung der zweiten Möglichkeit zum Beweis der ersten gelangt«, sondern fügt noch hinzu: »Die Form des Disjunktivbeweises wird von Parmenides ebenso bei der Bestimmung des Seienden angewendet, in Fragment 8.6-21«[44]. Diese Anwendung soll sich auf zwei Möglichkeiten des Entstehens von Seiendem beziehen: das Werden aus Nichtseiendem und das Werden aus Seiendem. Aber Parmenides' Beweis verläuft gerade nicht so, dass er das Entstehen aus Nichtseiendem zugunsten der Alternative einer Entstehung aus Seiendem ausschließt oder umgekehrt. In Wirklichkeit kommt *keine* der beiden Möglichkeiten in Betracht: Seiendes ist *nicht* entstanden; und dies wird indirekt nachgewiesen.

Vielleicht hat Hölscher das selbst bemerkt und sich nur mehrfach missverständlich ausgedrückt. An späterer Stelle schreibt er bei der Detailanalyse des Fragments 8 mit Bezug auf den Gegensatz von Werden aus Nichtseiendem und Werden aus Seiendem: »Die kontradiktorische Disjunktion [...] tritt hier in die Funktion des totalen Ausschließungsbeweises«.[45] Das Wort ›Ausschließungsbeweis‹ ist nun höchst ungeeignet, weil mehrdeutig. So schließt der *modus tollens* den Vordersatz der wenn-dann-Prämisse aus. Doch an diese Schlussform denkt Hölscher überhaupt nicht. Er bezieht sich vielmehr ausdrücklich auf eine »Disjunktion« als Prämisse. Auch der *modus tollendo ponens* schließt etwas aus, nämlich eine der beiden Alternativen der oder-Prämisse. Aber Parmenides' Argumentation entspricht, wie oben gezeigt, gerade nicht dieser Schlussform. Wo Hölscher das Wort ›total‹ verwendet, meint er wohl, Parmenides gehe von verschiedenen Möglichkeiten aus, die er in einem oder-Satz insgesamt angibt, und schließe dann sämtliche Möglichkeiten nach und nach aus.

Um uns nicht im undurchdringlichen Dickicht einer mehr als hundertjährigen Tradition konkurrierender philologisch-philosophischer Parmenides-Interpretationen zu verlieren, sei hier nur Folgendes festgestellt. Von einem solchen oder-Satz fehlt bei Parmenides jede Spur. Außerdem streiten sich die Gelehrten, weil der Text diesbezüglich wenig hergibt, über die Anzahl der verworfenen Entstehensformen. Deren Anzahl müsste bei einer »totalen Ausschließung« doch wohl feststehen. Geht es nur um (1) Entstehen aus Nichtseiendem und (2) Entstehen aus Seiendem oder zusätzlich um (3) einen notwendigen Anlass für das Entstehen, (4) eine Art Seinszuwachs, (5) Entstehen in der Vergangenheit oder (6) Entstehen in der Zukunft? Gegen die von Hölscher im Anschluss an Karl Reinhardt favorisierte erste Alternative spricht (neben dem »brutalen Manöver«[46] eines Eingriffs in den überlieferten Text, bei dem ›Nichtseiendes‹ durch ›Seiendes‹ ersetzt wird) ein logischer Schnitzer. Will man das Nichtentstehen des Seienden nachweisen, indem man aufgrund einer »Disjunktion« alle Möglichkeiten des Entstehens »ausschließt«, dann dürfte die Prämisse nicht »es entsteht aus Nichtseiendem, oder es entsteht aus Seiendem« lauten. Erforderlich wäre für den *modus tollendo ponens* eine Prämisse der Form »Seiendes entsteht nicht, oder es entsteht so, oder es entsteht so« bzw. für den *modus tollens* eine Prämisse der Form »Wenn Seiendes entsteht, dann entsteht es so oder es entsteht so«.

2. Assertorische Syllogistik

Auf dem Gebiet der Logik war die aristotelische, um 350 v. Chr. konzipierte Theorie mit den nach und nach hinzugefügten Ergänzungen bis ins 19. Jahrhundert hinein die vorherrschende Lehre. Zwar wurde in die neuzeitliche Kritik an der aristotelischen Physik und Metaphysik auch die Syllogistik einbezogen, weil sie mehr der Wissensvermittlung als der Gewinnung neuer Erkenntnisse zu dienen schien. Aber noch Schopenhauer sah in der überlieferten Logik eine »abgeschlossene, für sich bestehende, in sich vollendete, abgerundete und vollkommen sichere Disziplin«[47]; und einige traditionell orientierte Autoren griffen sogar im 20. Jahrhundert auf sie zurück.

Aristoteles entwarf die Logik in sechs, im *Organon* (dem »Werkzeug« der Philosophen und Wissenschaftler) zusammengefassten Schriften. Darin behandelte er die Kategorien, den Satz und verschiedene Arten von Schlüssen und Fehlschlüssen, darunter in der *Ersten Analytik* Schlüsse aus behauptenden (assertorischen) bzw. notwendigen oder kontingenten (modalen) Prämissen.

Der überlieferte Aufbau des *Organons* entspricht vermutlich weder der Reihenfolge, in der die Schriften entstanden sind, noch ihrer ursprünglichen Anordnung. So ging Aristoteles wohl eher vom Ganzen aus und untersuchte anschließend die durch Analyse gewonnenen Bestandteile, kam also vom Schluss über den Satz zu den Wörtern und Kategorien. Dagegen hat die traditionelle Logik – sich mehr an die schriftliche Überlieferung als an die dahinterstehende analytische Idee haltend – die umgekehrte Richtung bevorzugt. Zudem hat sie die Darstellung von der sprachlichen auf die gedankliche Ebene verlagert; das heißt, sie behandelt anstelle von Satz und Wort zunächst den »Begriff«, dann das »Urteil« und schließlich den Schluss.

Typisch hierfür ist das Standardlehrbuch *La logique ou l'art de penser* von Antoine Arnauld und Pierre Nicole, das 1662 in Paris erschien und immer wieder aufgelegt wurde. Schon sein Titel »Kunst des Denkens« macht den Bezug aufs Gedankliche deutlich. Außerdem folgt es nicht mehr der sechsteiligen Gliederung des *Organons*. Seine vier Teile haben vielmehr, vom Vorstellen, Urteilen, Schließen und Anordnen als Tätigkeiten des Denkens ausgehend, die klassische Einteilung der traditionellen Logik in die Lehre vom »Begriff« (oder von der »Idee«), die Lehre vom »Urteil«, die Lehre vom Schluss und die – manchmal zusätzlich aufgenommene – Lehre von der Methode angeregt.

Die folgende Darstellung beschränkt sich aus Platzgründen auf *assertorische* Schlüsse. Deren Systematisierung durch Aristoteles, die assertorische Syllogistik, ist nicht nur das erste uns bekannte Logiksystem, sondern verblüfft außerdem durch ihre Vollständigkeit und theoretische Geschlossenheit.

2.1 Aristoteles' assertorische Syllogistik

Alle Menschen sind sterblich.
Sokrates ist ein Mensch.
Also ist Sokrates sterblich.

Dies ist das traditionelle, oft verwendete Beispiel für einen Syllogismus (von συλλογισμός – Schluss). Im Vergleich mit den (aussagenlogischen) Schlüssen des ersten Teils fällt auf, dass es sich um drei kurze Aussagesätze handelt, in denen außer dem Folgerungsindikator ›also‹ kein Bindewort (›und‹, ›oder‹ usw.) vorkommt. Außerdem scheint sich die Plausibilität des Schlusses aus den Beziehungen zwischen den Wörtern ›Mensch‹, ›Sokrates‹ und ›sterblich‹ zu ergeben. Dagegen beruhte die Plausibilität der im ersten Teil behandelten aussagenlogischen Schlüsse auf den Beziehungen zwischen den Sätzen – als ganze betrachtet. Ein wesentlicher Unterschied zwischen der Aussagenlogik und der Syllogistik besteht tatsächlich darin, dass Letztere neben der Form des gesamten Schlusses den inneren Aufbau der einzelnen Sätze mitberücksichtigt.

Ist Sokrates sterblich? Zur Form des Syllogismus

Das traditionelle Beispiel weicht allerdings, worauf Jan Łukasiewicz (1951) und Günther Patzig (1959) aufmerksam gemacht haben, in wichtigen Punkten von den Syllogismen ab, auf die sich Aristoteles in den Anfangskapiteln seiner Schrift *Erste Analytik* (= Analytica priora) bezieht.

Eine Abweichung betrifft schon die Form des Schlusses insgesamt. Anstelle der drei einzelnen Sätze (oder ›Urteile‹) verwendet Aristoteles hier nämlich *einen Bedingungssatz*, in dem drei Ausdrücke zueinander in Beziehung gesetzt sind. Im Vordersatz verbindet er die beiden Prämissen durch ›und‹ miteinander; die Konklusion bringt er im Nachsatz unter:

Wenn (Prämisse 1) und (Prämisse 2), dann (Konklusion).

Auf diese Weise entzieht er sich dem Ansinnen, *inhaltlich* nachweisen zu müssen, dass die Prämissen tatsächlich zutreffen. Er kann sich mit dem *formalen* Zusammenhang begnügen, wonach, *wenn* die Prämissen zutreffen oder zumindest anerkannt sind, dann auch die Konklusion zutrifft oder anerkannt werden muss. Mit seinen eigenen Worten:

»Ein Schluss (Syllogismus) ist eine sprachliche Äußerung (Logos), in der, wenn Einiges vorausgesetzt wird, sich etwas von dem Vorausgesetzten Verschiedenes mit Notwendigkeit ergibt, weil jenes [vorausgesetzt] ist« (An. pr. I 1, 24 b 18-20).

Aristoteles macht in diesem Zitat den rein formalen, doch notwendigen Zusammenhang von Voraussetzungen und Schlussfolgerung deutlich (lässt dagegen die Anzahl der Voraussetzungen und die Art der Verknüpfung von Voraussetzungen und Schlussfolgerung zunächst noch offen). Durch die Forderung, das Erschlossene müsse sich von dem Vorausgesetzten unterscheiden, schließt er außerdem triviale Schlüsse vom Typ »Wenn (Satz 1), dann (Satz 1)« aus.

Eine zweite Abweichung betrifft die Form der einzelnen Teilsätze. Im traditionellen Beispiel weisen die drei Sätze (wenn wir ›S‹ für das Subjekt und ›P‹ für das Prädikat verwenden) die Form ›S ist P‹ auf. Aristoteles bevorzugt dagegen die Formulierungen *›P wird von S ausgesagt‹* oder *›P kommt S zu‹*. Er möchte nicht auf die faktenbezogene Einzelbehauptung hinaus, dass Sokrates sterblich ist. Vielmehr geht es ihm um die sprachbezogene Feststellung, dass das Prädikat der Sterblichkeit dem Subjekt Sokrates zukommt, falls die beiden im Vordersatz genannten Voraussetzungen erfüllt sind. Die Wortfolge »P wird von S ausgesagt« bringt diese Absicht am deutlichsten zum Ausdruck. Aber aus Gründen der Übersichtlichkeit wird im Folgenden die knappere Formulierung »P kommt S zu« verwendet. Ändern wir das traditionelle Beispiel nun unter Berücksichtigung der beiden Abweichungen ab, dann erhält es diese Form:

> Wenn Sterblichkeit allen menschlichen Wesen zukommt und menschliches Wesen dem Sokrates zukommt, dann kommt Sterblichkeit dem Sokrates (notwendigerweise) zu.

Der Schluss wirkt in dieser Version durch die kaskadenartig abfallende Allgemeinheit (Sterblichkeit – menschliches Wesen – Sokrates) unmittelbar einleuchtend. Das ist bei der traditionellen Formulierung nicht der Fall. Denn die Zick-Zack-Abfolge der Ausdrücke in den Prämissen (Mensch – sterblich – Sokrates – Mensch) erschwert die Einsicht in die logischen Zusammenhänge, so dass die Konklusion nicht sofort plausibel wirkt.

Das traditionelle Beispiel erweckt drittens den Eindruck, *singuläre* Ausdrücke, die ein Einzelding (wie Sokrates) bezeichnen, gehörten zur Standardform des Syllogismus. Gegen die standardmäßige Einbeziehung singulärer Ausdrücke spricht, dass Aristoteles die Syllogismen vor allem als Beweismittel einsetzen möchte, um möglichst *allgemeine* wissenschaftliche Ergebnisse zu erschließen. Mit den Eigenschaften von Einzeldingen, wie Sokrates, Pittakos, Mond oder Heilkunst, beschäftigt er sich sehr viel seltener – vorwiegend in erläuternden Beispielen. Im konkreten Fall würde er sich also eher darum bemühen herauszubekommen, was sich über alle Athener oder über alle Griechen aussagen lässt, als eine Aussage über das Individuum Sokrates zu erhalten.

Die vierte Abweichung hängt mit einer bahnbrechenden Neuerung zusammen, die Aristoteles eingeführt hat. Anstelle der inhaltlich bedeutsamen, aber logisch weniger wichtigen Einzelausdrücke in den Sätzen verwendet er nämlich erstmals in der Philosophiegeschichte *Variablen*, die beliebige Subjekt- oder Prädikatausdrücke vertreten. Dafür benutzt er Großbuchstaben des griechischen Alphabets (A, B usw.) und ersetzt gleiche Wörter durch gleiche Buchstaben. Bei Bedarf tauscht er die Buchstaben nachträglich gegen passend gewählte konkrete Ausdrücke aus. Ein aristotelischer Syllogismus, der dem obigen Beispiel entsprechen würde, hätte also die folgende Form:

2.1-A »Wenn A von jedem B und B von jedem C ausgesagt werden, dann wird A notwendigerweise von jedem C ausgesagt« (An. pr. I 4, 25 b 37-39).

Aussagesatz und Term

Unser Syllogismus-Beispiel wirkt aus mehreren Gründen plausibel. Zum einen kommt ein Ausdruck in *beiden* Prämissen vor (in unserem Fall ›menschliches Wesen‹ bzw. ›B‹). Er stellt so einen Bezug zwischen den Prämissen her. Dadurch ergibt sich auch ein indirekter Zusammenhang zwischen den beiden anderen darin vorkommenden Ausdrücken (›Sterblichkeit‹ und ›Sokrates‹ bzw. ›A‹ und ›C‹); und gerade sie werden in der Konklusion aufeinander bezogen. Eine notwendige Bedingung für die Plausibilität eines Syllogismus besteht offenbar darin, dass genau *drei* Ausdrücke zueinander in Beziehung gesetzt werden (An. pr. I 25). Aus vier unabhängigen Ausdrücken (A und B in der ersten Prämisse sowie C und D in der zweiten Prämisse) ließe sich ja nichts Neues folgern.

Auffällig ist nun, dass das Wort, das in den Prämissen doppelt vorkommt, das eine Mal an der Stelle des Subjekts erscheint, das andere Mal an der Stelle des Prädikats. Die Wörter ›Subjekt‹ und ›Prädikat‹ sind folglich nicht geeignet, die Form eines Syllogismus zu charakterisieren. Wie Aristoteles verwenden wir deshalb einen neutralen Ausdruck: ›Term‹.

2.1-B	»*Term* nenne ich das, in das der Aussagesatz sich zerlegen lässt, nämlich das, was [als Prädikat] ausgesagt wird, und das, von dem [als Subjekt] es [das Prädikat] ausgesagt wird.« (An. pr. I 1, 24 b 16–17)

Terme sind bei Aristoteles also nicht die Ausgangspunkte, aus denen die Sätze in einem zweiten Schritt zusammengefügt werden. Es ist vielmehr umgekehrt so, dass die Terme sich durch die Zerlegung oder Analyse eines gegebenen Aussagesatzes ergeben. Ihrer Stellung im Satz entsprechend werden wir auch die Ausdrücke *Prädikatterm* und *Subjektterm* verwenden.

Aber was ist ein Aussagesatz? Sehen wir uns diesbezüglich auch das folgende Beispiel eines Syllogismus an, das unsere Palette an Aussagesätzen erweitert:

2.1-C Wenn Unsterblichkeit keinem Menschlichen zukommt
und menschlich einigen Lebewesen zukommt,
dann kommt Unsterblichkeit einigen Lebewesen
(notwendigerweise) nicht zu.

Aussagesätze *sagen etwas von etwas aus*. Zum Beispiel lässt sich die Sterblichkeit von den Menschen aussagen, die Menschlichkeit von einigen Lebewesen. Aussagesätze besitzen folglich – so kann man sagen – eine prädikative Struktur; das heißt, ein Prädikatterm (der für eine Eigenschaft, eine Tätigkeit oder Ähnliches steht) steht zu einem Subjektterm (der eine Person oder einen Gegenstand im weitesten Sinne bezeichnet) in Beziehung.

Eine solche Aussage erfolgt *bejahend* oder *verneinend*. (Zum Beispiel: »Sterblichkeit kommt ... zu«, »Sterblichkeit kommt ... nicht zu«.) Sie kann sich, wie die Beispiele für Syllogismen zeigen, auf ›alle Menschen‹ oder auf ›keinen Menschen‹ oder auf ›einige Lebewesen‹ beziehen. Das heißt, ein Aussagesatz kann *allgemein* gemeint sein und sich – bejahend oder verneinend – auf *jedes* bzw. *kein* Ding einer bestimmten Art beziehen (»Sterblichkeit kommt allen Menschen/jedem Menschen zu«, »Unsterblichkeit kommt keinem Menschen zu«). Er kann aber auch *eingeschränkt* gelten oder in quantitativer Hinsicht *unbestimmt* bleiben. Der eingeschränkte oder *partikuläre* Aussagesatz bezieht sich auf *irgendetwas* oder auf *irgendetwas nicht* bzw. auf einige Dinge, aber nicht auf jedes Ding. In diesem Sinne gehören die Sätze »Menschsein kommt einigen Lebewesen zu« und »Unsterblichkeit kommt einigen Lebewesen nicht zu« zu den partikulären Sätzen. Dagegen ist der Satz »tugendhaft kommt der Mäßigung zu« ein unbestimmter Aussagesatz (ohne quantitative Bestimmung).

Man kann etwas von etwas als *notwendig* ihm zukommend aussagen (»Existenz kommt dem Unbeweglichen notwendigerweise zu«) oder als *möglich* oder als *wirklich* (»wenn Gott möglich ist, dann ist er wirklich«). Von diesen drei Arten, Sachverhalte sprachlich zu beschreiben, wird im Folgenden nur der letzte Fall betrachtet. Ein Aussagesatz, der etwas von etwas als wirklich zutreffend oder als nicht wirklich zutreffend aussagt, heißt *assertorischer Aussagesatz* (von lateinisch ›asserire‹ – beilegen, behaupten). Das Wort ›assertorisch‹ wird im weiteren Sinne auch für Syllogismen mit assertorischen Prämissen und für die Syllogistik assertorischer Aussagesätze verwendet. (Statt des Wortes ›assertorisch‹ ist aber auch ›kategorisch‹ in Gebrauch.) Dagegen gehört die formale Untersuchung von Schlüssen mit notwendigen oder möglichen Prämissen zur Modallogik.

Assertorische Aussagesätze lassen eine weitere Unterscheidung zu – je nachdem, ob man sie für bare Münze nimmt oder nicht. Für die Frage, ob ein bestimmtes Prädikat einem bestimmten Subjekt zukommt, gibt es nämlich drei Vorgehensweisen. Man kann sich (1) fragen, ob es ihm überhaupt zukommt: »Sind fleischfressende Pflanzen Tiere?« Eine solche Frage wäre der Einstieg in eine grundsätzliche (dialektische) Erörterung: Kommt das Prädikat dem Subjekt zu, oder kommt es ihm nicht zu? – Wer dagegen (2) einen Beweis führen will, hat sich schon für eine der beiden Seiten dieses Gegensatzes entschieden. Er hält das Eine (oder das Andere) für wahr und möchte dies nachweisen. – Will man (3) einen Schluss ziehen, dann geht man weder so vor, dass man die Prämissen des Schlusses erst einmal (dialektisch) in Frage stellt, noch so, dass man sie von vornherein für zutreffend hält. Man führt vielmehr den betreffenden Aussagesatz als Prämisse ein, um seine Konsequenzen zu erschließen, und lässt dabei offen, ob er tatsächlich wahr oder falsch ist. Ein Aussagesatz, der als assertorischer etwas Sachhaltiges (nicht etwa Möglichkeiten oder Notwendigkeiten) aussagt, seine Aussage aber unabhängig von der Feststellung der Wahrheit oder Falschheit des Ausgesagten macht, heißt *syllogistischer Aussagesatz*.

2.1-D	Ein *syllogistischer Aussagesatz* sagt etwas feststellend (assertorisch) von etwas aus – und zwar bejahend oder verneinend, allgemein, partikulär oder unbestimmt –, verbindet damit aber nicht den Anspruch, die Aussage sei wahr oder falsch.

Für *Aussagesätze* im Allgemeinen ergibt sich nach dem Gesagten die folgende Einteilung:

(Qualität)	(Quantität)	(Modalität)	(Assertion)
bejahend verneinend	allgemein partikulär unbestimmt	notwendig möglich wirklich (assertorisch)	dialektisch apodiktisch[48] syllogistisch

Wenn wir das zur Form des Syllogismus Gesagte berücksichtigen und die Definitionen des Terms (2.1-B) und des syllogistischen

Aussagesatzes (2.1-D) heranziehen, dann lässt sich jetzt auch der assertorische Syllogismus genauer beschreiben:

2.1-E	Ein *assertorischer Syllogismus* besitzt bei Aristoteles die Form eines Bedingungssatzes, der aus drei syllogistischen Aussagesätzen besteht. Sein Vordersatz verbindet zwei dieser Sätze als Prämissen durch ›und‹ so miteinander, dass sich prädikative Beziehungen zwischen drei Termen ergeben. Sein Nachsatz stellt eine Beziehung zwischen den beiden Termen her, die in den Prämissen nicht doppelt vorkommen, und ergibt sich als Konklusion mit Notwendigkeit aus den beiden Prämissen.

Figur

2.1-F »Wenn Jungfräulichkeit allen dem Lamm Gottes Folgenden zukommt, aber Jungfräulichkeit keinem Verheirateten zukommt, dann kommt ›dem Lamm Gottes folgen‹ keinem Verheirateten zu.«

Dieser aristotelisch gewendete Syllogismus kommt in Martin Luthers *Zirkulardisputation über das Recht des Widerstands gegen den Kaiser* in traditioneller Formulierung vor.[49] Der Reformator hat – wie viele Zeitgenossen – nicht nur wiederholt Syllogismen verwendet, sondern auch ausdrücklich erklärt, er gebe seiner Argumentation »syllogistische Form«, weil sie dadurch »deutlicher« werde (Werke 39, I, 52). Seine verblüffende Konklusion, die von der problematischen ersten Prämisse herrührt, wird von dem Reformator selbstverständlich bestritten. Hier interessiert aber wieder nicht der theologische Gehalt des Schlusses, sondern dessen Form. Fällt in dieser Hinsicht etwas auf? Wird die formale Besonderheit deutlicher, wenn die Terme durch Variablen ersetzt sind?

2.1-G Wenn A allen B zukommt und A keinem C zukommt, dann kommt B keinem C zu.

Der Term, der in den Prämissen doppelt vorkommt (»Jungfräulichkeit« bzw. »A«), nimmt – abweichend von den bisherigen Beispielen – beide Male die Stelle des Prädikats ein. Eine Theorie assertorischer Syllogismen muss solche Besonderheiten berücksichtigen und ganz allgemein untersuchen, wie die drei Terme in einem Syllogismus angeordnet sein können. Diese Anordnung heißt bei Aristoteles »Schema« (An. pr. I 4, 26 a 13 u. ö.). In der deutschen Logik-Literatur wird dafür im Anschluss an die lateinische Tradition der Ausdruck *Figur* verwendet.

Bei der *ersten Figur* nimmt der Term, der in den Prämissen doppelt vorkommt, die mittlere Stelle ein. Er steht also einmal an der Stelle des Subjekts, das andere Mal an der Stelle des Prädikats. Lassen wir die Qualität und die Quantität der Aussagesätze bei dieser schematischen Darstellung zunächst noch unberücksichtigt, so ergibt sich für die erste Figur die Termfolge A – B / B – C. Sie ist uns von den Beispielen 2.1-A und 2.1-C her bekannt.

Aristoteles nennt den Term, der in beiden Prämissen vorkommt, den *mittleren* Term, die beiden anderen den *ersten* und den *letzten*. Diese beiden fasst er auch als *Außenterme* zusammen (An. pr. I 4, 25 b 32-37). In der traditionellen Logik werden statt dessen die Ausdrücke ›Mittelbegriff‹ (terminus medius), ›Oberbegriff‹ (terminus maior) und ›Unterbegriff‹ (terminus minor) verwendet. Wie schon erwähnt, weisen die Sätze hier die Form ›S ist P‹ auf. Dadurch entgeht einem Schluss (wie »Alle Menschen sind sterblich. Alle Griechen sind Menschen. Also sind alle Griechen sterblich«) nicht nur, wie schon erwähnt, die unmittelbar einleuchtende Plausibilität, die der aristotelischen Formulierung eignet, sondern es ergibt sich noch eine weitere nachteilige Konsequenz. Der Schluss erhält unter diesen Bedingungen nämlich die Form ›S_1 – P. S_2 – S_1. Also S_2 – P‹. Der doppelt auftretende Term steht hier am Anfang der ersten Prämisse und am Ende der zweiten, womit das Wort ›Mittelbegriff‹ jeden Sinn verliert.

In der *zweiten Figur* nimmt der Term, der in den Prämissen doppelt vorkommt, beide Male die Stelle des Prädikats ein; die beiden anderen Terme sind die Subjekte der Prämissen. Ein Beispiel hierfür gibt 2.1-F ab.

In der *dritten Figur* fungiert der bewusste Term beide Male als Subjekt, während die anderen Terme die Prädikate bilden.

2.1-H	Ein assertorischer Syllogismus mit festgelegter Termfolge heißt *Figur*.	
	Termfolge der ersten Figur:	A – B / B – C
	Termfolge der zweiten Figur:	B – A / B – C
	Termfolge der dritten Figur:	A – B / C – B

Für die Schlüsse der einzelnen Figuren ergeben sich somit die folgenden Formulierungen:

1. Figur: Wenn A (Quantität) (Qualität) B zukommt
und B (Quantität) (Qualität) C zukommt,
dann kommt A (Quantität) (Qualität) C zu.

2. Figur: Wenn B (Quantität) (Qualität) A zukommt
und B (Quantität) (Qualität) C zukommt,
dann kommt A (Quantität) (Qualität) C zu.

3. Figur: Wenn A (Quantität) (Qualität) B zukommt
und C (Quantität) (Qualität) B zukommt,
dann kommt A (Quantität) (Qualität) C zu.

Vierte Figur

Es ist bemerkenswert, dass Aristoteles sich nicht damit begnügte, *einzelne* Syllogismen als gültige Schlussformen oder Aussageformen anzugeben. Allein die Erwähnung solcher Schlussformen wäre im Vergleich mit seinen Vorgängern bereits ein großer Fortschritt im Bereich der Logik gewesen. Aber er bemühte sich offensichtlich, über solche Einzelangaben hinauszugehen und eine allgemeine Systematik zu entwickeln, indem er die einzelnen Syllogismen bestimmten Figuren mit spezifischer Termfolge zuordnete. Vor diesem Hintergrund musste es allerdings überraschen, wenn er in der *Ersten Analytik* an späterer Stelle weitere Syllogismen nachtrug (An. pr. I 7, 29 a 21-26; II 1).

Schon sein Schüler und Nachfolger Theophrast sah sich bemüßigt, hier nachzubessern. Er ordnete fünf Syllogismen, die Aristoteles zusätzlich erwähnt hatte, der ersten Figur zu, obwohl ihre Konklusionen von der Termfolge A – C abwichen. Weniger willkürlich wirkt der Vorschlag, die Systematik durch eine vierte Figur zu ergänzen. Diese Ergänzung wird manchmal dem hellenistischen Arzt und Philosophen Galenos (2. Jh. n. Chr.) zugeschrieben, weshalb sie auch »Galenische Figur« genannt wird. Ihre Einführung erfolgte aber wohl erst sehr viel später.[50]

In der *vierten Figur* steht der doppelt vorkommende Term in der ersten Prämisse an der Stelle des Prädikats, in der zweiten Prämisse an der Stelle des Subjekts. Vergleicht man die vierte Figur mit der ersten, dann sind der Prädikat- und der Subjektterm in beiden Prämissen vertauscht. In der Konklusion bleibt die Termfolge A – C aber unverändert. So ergibt sich für die vierte Figur die folgende Formulierung:

4. Figur: Wenn B (Quantität) (Qualität) A zukommt
und C (Quantität) (Qualität) B zukommt,
dann kommt A (Quantität) (Qualität) C zu.

Es ist wiederholt die Frage erörtert worden, warum Aristoteles nicht selbst eine vierte Figur berücksichtigte. Hat er sie »übersehen«[51]? Das ist angesichts der Tatsache, dass er die zugehörigen Modi erwähnte, kaum anzunehmen. Hat seine Beschränkung auf drei Figuren einen bestimmten Grund? Nun, dieser Grund könnte darin liegen, dass er für die Prämissen keine unabänderliche Reihenfolge vorsah. Zwar scheint die Benennung der Terme der ersten Figur als erster, mittlerer und letzter eine bestimmte Abfolge der Prämissen zu implizieren; aber in seinen Ausführungen zog er die Prämissen gelegentlich so heran, wie es ihm gerade passte.[52] Unter dieser Bedingung gibt es für den doppelt vorkommenden Term nur drei Möglichkeiten: Er kann die Stelle von Subjekt und Prädikat einnehmen oder beide Male die Stelle des Prädikats oder beide Male die Stelle des Subjekts (An. pr. I 23, 41 a 13-18). Dies entspricht den erstgenannten drei Figuren. Aber eine Syllogistik dreier Figuren mit zusätzlichen Syllogismen ist keine runde Sache.

Nach der Abrundung der Systematik durch eine vierte Figur war ein so freier Umgang mit den Prämissen nicht mehr zulässig. Das schlug sich auch in der Benennung nieder. Die erste Prämisse, die den ›Oberbegriff‹ enthält, bekam den Namen *Obersatz* (propositio maior), die zweite Prämisse mit dem ›Unterbegriff‹ den Namen *Untersatz* (propositio minor).

Modus

Bei der Charakterisierung der Figuren sind der quantitative und der qualitative Aspekt der syllogistischen Aussagesätze bisher unberücksichtigt geblieben. Doch erst wenn man diese Aspekte einbezieht, erschließt sich die Vielzahl der Syllogismen, und ihre Geltung wird prüfbar. Ein so ergänzter und logisch gültiger Syllogismus heißt im Anschluss an die mittelalterliche Terminologie *Modus* (im Plural: Modi). Als Beispiele für Modi in diesem Sinne können die Sätze 2.1-A und 2.1-G dienen.

2.1-I Ein *Modus* ist ein Satzschema, das die folgenden Bedingungen erfüllt:
(1) Es geht aus einer der drei (bzw. vier) Varianten für die Anordnung der Terme in einem assertorischen Syllogismus

hervor, indem die Quantität und die Qualität angegeben werden;
(2) seine Konklusion ergibt sich mit Notwendigkeit aus den Prämissen.

Man kann sich schnell klarmachen, dass die Anzahl syllogistischer Satzschemata keineswegs gering ist. Ein syllogistischer Aussagesatz kann ja bejahend oder verneinend, allgemein oder partikulär sein. (Quantitativ unbestimmte Aussagesätze bleiben außer Betracht.) Für die erste Prämisse einer Figur gibt es also vier Möglichkeiten, die – mit den vier Möglichkeiten der zweiten Prämisse kombiniert – zu 16 verschiedenen Prämissenkombinationen führen; und jede dieser Kombinationen kann sich mit vier verschiedenen Konklusionen verbinden. Zu jeder Figur gehören folglich 64 syllogistische Satzschemata. Bei drei Figuren ergeben sich auf diese Weise 192 Schemata, bei vier Figuren 256.

Aristoteles' Verdienst besteht nun nicht nur darin, eine Systematik syllogistischer Schlüsse entwickelt zu haben. Er hat aus der Vielzahl syllogistischer Satzschemata auch alle logisch gültigen Modi auf Anhieb erfasst. Nur fünf Modi lässt er unberücksichtigt. Sie haben eine partikuläre Konklusion, ergeben sich aber, wenn man bei den Modi mit derselben Prämissenkombination, die zu einer allgemeinen Konklusion führen, eben diese allgemeine Konklusion einschränkt. Ist »A kommt allen C zu« eine solche Konklusion, so folgt daraus selbstverständlich »A kommt irgendeinem C zu«; und aus »A kommt keinem C zu« folgt ebenso selbstverständlich »A kommt irgendeinem C nicht zu« – Abschwächungen, die durch die aussagestarken Konklusionen implizit mit abgedeckt sind. Vermutlich war Aristoteles der Meinung, der partikuläre Fall sei durch den allgemeinen Fall bereits miterfasst.

2.2 Modi und ihre Zurückführung

Am Anfang der *Ersten Analytik* behandelt Aristoteles die Modi der assertorischen Syllogistik auf höchst konzentrierte Weise. Dabei bedient er sich einer Sprache, die noch kaum auf fachspezifische Bedürfnisse zugeschnitten ist. Der Text wirkt deshalb alles andere als leicht verständlich. Als die Logik unter dem Namen ›Dialektik‹ im Mittelalter im Rahmen des Trivium in die Lehre an den Hochschulen einbezogen wurde, mussten die Dozenten den Stoff didaktisch aufbereiten, damit er sich leichter darstellen und behalten ließ. So entstand im Laufe des 13. Jahrhunderts eine Reihe von Logik-Lehrbüchern, darunter die Traktate von Lambert von Auxerre, William of Sherwood und Petrus Hispanus,[53] der als Papst Johannes XXI. besonders einflussreich war. Überraschenderweise werden die neuen Fachausdrücke und Symbole darin mit größter Selbstverständlichkeit verwendet. Daher drängt sich die Vermutung auf, es gebe eine ältere, noch nicht aufgefundene Quelle, in der sie ursprünglich eingeführt wurden. Mit anderen Worten, der eigentliche Urheber der didaktischen Verbesserungen ist uns (noch) nicht bekannt.

Benennung der Satzarten und der Modi

Bekanntlich kann man sich über Sachverhalte am bequemsten verständigen, wenn man sie nicht umständlich beschreiben muss, sondern einfach benennen kann. Deshalb war es eine große Hilfe, als die mittelalterlichen Autoren Namen für die verschiedenen Satzarten und Modi einführten.

Da ein syllogistischer Aussagesatz allgemein oder partikulär, bejahend oder verneinend formuliert sein kann, müssen (wenn quantitativ unbestimmte Sätze wieder außer Betracht bleiben) vier Satzarten berücksichtigt werden. Dabei beginnt man mit dem allgemeinen, genauer: mit dem allgemeinen bejahenden Satz und schreitet nach und nach bis zum partikulären verneinenden Satz fort. Die Benennung der Sätze greift auf die ersten Vokale des Alphabets zurück (a, e, i, o). Als Gedächtnisstütze kamen später die beiden lateinischen Merkwörter ›affirmo‹ (ich behaupte) und ›nego‹ (ich verneine) in Gebrauch. Ihre Vokale a und i bzw. e und o entsprechen im bejahenden bzw. verneinenden Fall dem allgemeinen oder dem partikulären Aussagesatz.

2.2-A Die Merkzeichen der syllogistischen Aussagesätze:

a – allgemeiner bejahender Aussagesatz
AaB ~ A kommt allen B zu
Beispiel: Sterblichkeit kommt allen Menschen zu.

e – allgemeiner verneinender Aussagesatz
AeB ~ A kommt keinem B zu
Beispiel: Jungfräulichkeit kommt keinem Verheirateten zu.

i – partikulärer bejahender Aussagesatz
AiB ~ A kommt irgendeinem B zu
Beispiel: Menschlich kommt einigen Lebewesen zu.

o – partikulärer verneinender Aussagesatz
AoB ~ A kommt irgendeinem B nicht zu
Beispiel: Unsterblichkeit kommt einigen Lebewesen nicht zu.

Mit Hilfe dieser Namen für die syllogistischen Aussagesätze lassen sich die syllogistischen Schemata und Modi einfach und übersichtlich darstellen. Sehen wir uns dazu noch einmal (aristotelisch umformulierte) Syllogismen an, die Luther in seinen Disputationen erörtert.

2.2-B »Wenn Schmerz wegen der Sünde jedem Gläubigen zukommt und gläubig den Heiligen Drei Königen zukommt, dann kommt Schmerz wegen der Sünde den Heiligen Drei Königen zu.«[54]

Wir wollen dem ›Schmerz wegen der Sünde‹ den Buchstaben A, ›gläubig‹ den Buchstaben B und den ›Heiligen Drei Königen‹ den Buchstaben C zuordnen. So erhalten wir die Termfolge A – B / B – C // A – C, die Termfolge der ersten Figur. Da der erste Teilsatz eine allgemeine bejahende Aussage über jeden Gläubigen enthält, können wir ihn durch AaB darstellen. Auch der zweite Teilsatz macht eine allgemeine bejahende Aussage, diesmal über alle drei Könige, und ebenso der dritte. Sie lassen sich durch BaC und AaC wiedergeben. Für den gesamten Syllogismus ergibt sich das Schema: »Wenn AaB und BaC, dann AaC«.
Sehen wir uns ein zweites Beispiel an:

2.2-C »Wenn Gesetzesvorschriften keinem Gerechten zukommen und gerecht allen Christen zukommt, dann kommen Gesetzesvorschriften keinem Christen zu«[55].

Diesmal ordnen wir den Buchstaben A den ›Gesetzesvorschriften‹, B dem Wort ›gerecht‹ und C den ›Christen‹ zu. Wieder erkennen wir die Termfolge der ersten Figur: A – B / B – C // A – C. Aber da der erste Teilsatz ein allgemeiner verneinender Satz ist (›keinem‹, also AeB), haben wir es mit einem anderen Modus zu tun. Für ihn erhalten wir das Schema: »Wenn AeB und BaC, dann AeC«.

Nach der Benennung der Aussagesätze stellte die Benennung solcher Modi durch die mittelalterlichen Autoren eine weitere Erleichterung dar. Der erste Modus erhielt den Namen ›Barbara‹, der zweite den Namen ›Celarent‹. Die Namen der Modi bestehen aus drei Silben; diese entsprechen in der gegebenen Reihenfolge den drei Teilsätzen des betreffenden Modus: der ersten Prämisse, der zweiten Prämisse und der Konklusion. Die Vokale in den Silben greifen die Kennzeichen der syllogistischen Aussagesätze auf; sie geben die Quantität und die Qualität des jeweiligen Teilsatzes zu erkennen. Außerdem liefert der erste

Buchstabe des Namens insofern eine Art Nummerierung, als er in der Reihenfolge der Konsonanten des Alphabets gewählt wurde (B, C, D, F).

Dementsprechend ist der Modus *Barbara* mit dem Anfangsbuchstaben ›B‹ der erste Modus (der ersten Figur). Er besteht, wie das ›a‹ andeutet, aus drei allgemeinen bejahenden Teilsätzen.

2.2-D	Der erste Modus der ersten Figur hat die Form: *Wenn AaB und BaC, dann AaC* (An. pr. I 4, 25 b 37-39).

Der Modus *Celarent* mit dem Anfangsbuchstaben ›C‹ ist analog der zweite Modus. Die erste Prämisse und die Konklusion sind hier allgemein verneinend (e), während die zweite Prämisse allgemein bejahend (a) ist.

2.2-E	Der zweite Modus der ersten Figur hat die Form: *Wenn AeB und BaC, dann AeC* (An. pr. I 4, 25 b 40-26 a 2).

Systematik der Modi

Wie schon angedeutet, hat Aristoteles es nicht bei der Angabe einzelner logisch gültiger Syllogismen – oder Modi – bewenden lassen (für die im Folgenden die im Mittelalter verliehenen Namen verwendet werden). Vielmehr hat er systematisch ergründet und begründet, welche Syllogismen logisch gültig sind, welche nicht. Es wäre mühsam und aufwendig, seine Überlegungen im Einzelnen nachzuvollziehen. Einige Hinweise, die das Wesentliche erkennen lassen, sollten an dieser Stelle genügen.

Aristoteles geht die Figuren eine nach der anderen durch (An. pr. I 4-6). Dabei beginnt er mit den Prämissenkombinationen, die allgemeine – bejahende oder verneinende – Aussagesätze enthalten. Hierzu gibt es in der ersten Figur die folgenden Fälle:

(1) Beide Prämissen sind allgemein bejahend; (2) die eine ist verneinend, die andere bejahend oder umgekehrt (3) die eine bejahend, die andere verneinend; und es können (4) beide Prämissen verneinend sein. In der mittelalterlichen Symbolik stellen sich diese Kombinationen wie folgt dar.

(1)	(2)	(3)	(4)
AaB	AeB	AaB	AeB
BaC	BaC	BeC	BeC

Welche der vier Prämissenkombinationen lassen sich im Sinne der Syllogistik mit einer logisch zwingenden Konklusion verbinden? Wir wissen bereits, dass die ersten beiden Prämissenkombinationen auf die Modi Barbara und Celarent hinauslaufen. Aber wie sieht es mit den beiden anderen aus?

Aristoteles verlässt sich bei den Modi nicht mehr, wie es die Vorsokratiker noch taten, auf die Intuition, auf den gesunden Menschenverstand. Es gibt ja auch kompliziertere Schlüsse, deren logische Geltung Kopfzerbrechen bereiten mag. Ist zum Beispiel die folgende Argumentation aus einer Disputation Martin Luthers ein gültiger Schluss? »Nicht alle, die Christus ihren Herrn nennen, sind gerecht. Alle Christen tun dies. Also sind nicht alle Christen gerecht.«[56] Oder: Ist es aus logischer Sicht korrekt zu sagen, dass, wenn einige Philosophen nicht reich, aber alle Philosophen klug sind, einige Reiche nicht klug sind? Aristoteles erklärt die logische Geltung der Modi jedenfalls ausdrücklich. Dabei verweist er auf die Bedeutung, die er den Ausdrücken »von allen ausgesagt werden« und »von keinem ausgesagt werden« – durchaus in Übereinstimmung mit dem allgemeinen Sprachgebrauch – zugewiesen hat.

> **2.2-F** »Dass etwas in etwas Anderem als Ganzem ist und dass dieses von all jenem ausgesagt wird, ist dasselbe. Wir sagen, dass [etwas] von allen ausgesagt wird, wenn sich keines herausgreifen lässt, von dem das andere nicht gesagt wird. Und entsprechend bei ›von keinem‹.« (An. pr. I 1, 24 b 26-30; vgl. I 4, 25 b 37-26 a 2)

Das Aristoteles-Zitat berechtigt uns, das Verhältnis zwischen den Termen syllogistischer Aussagesätze durch Enthaltenseinsbeziehungen anschaulich zu machen und auf diese Weise den logischen Status des betreffenden Satzschemas zu prüfen, auch wenn solche Veranschaulichungen bei Aristoteles selbst nicht vorkommen.[57]

Dass A von allen B (und B von allen C) ausgesagt wird, heißt nach der Definition 2.2-F ja gerade, dass B in A (und C in B) als Ganzem enthalten ist. Dann ist aber auch C in A als Ganzem enthalten. Folglich lässt sich A von allen C aussagen, was der Konklusion des Modus Barbara entspricht.

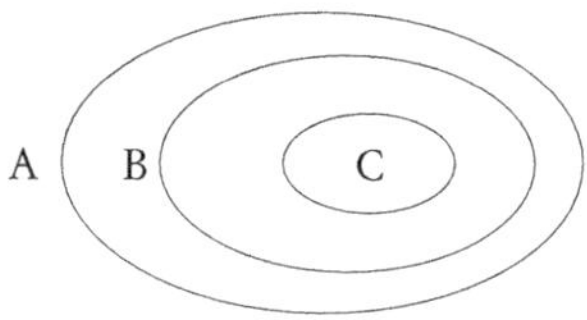

Kommt A dagegen keinem B zu, dann ist B nicht in A enthalten. (Das kann graphisch durch zwei sich nicht berührende Bereiche dargestellt werden.) Für den Modus Celarent ergibt sich wegen BaC eine Darstellung, die zeigt, dass C nicht in A enthalten ist, mithin A keinem C zukommt.

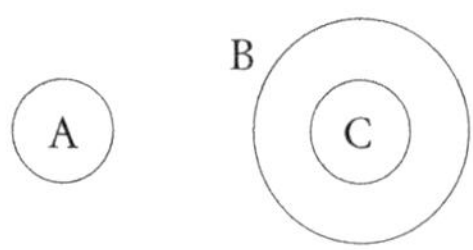

Wir wollen uns nun der dritten Prämissenkombination zuwenden: A kommt allen B zu, d.h., B ist in A als Ganzem enthalten; aber B kommt keinem C zu. In diesem Fall ergibt sich aus den Prämissen nichts für das Verhältnis von A und C. Denn A kann sowohl allen C oder irgendeinem C als auch irgendeinem C nicht oder keinem C zukommen. Es gibt also keine Konklusion, die sich aus den gegebenen Prämissen mit logischer Notwendigkeit ergeben würde. (Dass A irgendeinem C zukommt, kann man graphisch entweder durch die Überlappung der Bereiche A und C oder durch einen Stern für ein C-Objekt im A-Bereich darstellen.)

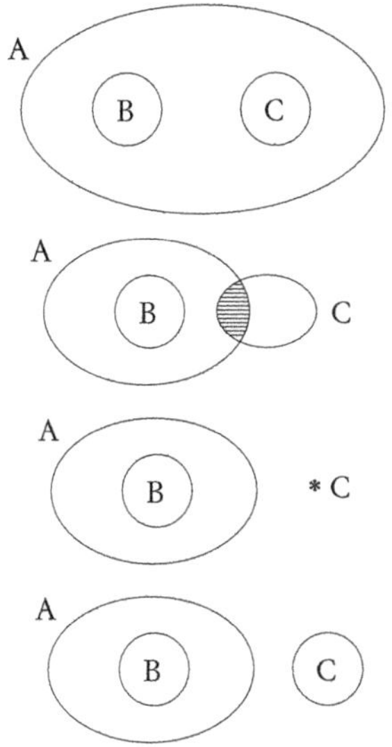

Den Nachweis dafür, dass sich aus einer bestimmten Prämissenkombination *kein* Schluss ergibt, erbringt Aristoteles, indem er als Gegenbeispiel Termtripel angibt, die zu Konklusionen mit unterschiedlichen, sich außerdem wechselseitig ausschließenden Satzarten führen (z.B. An. pr. I 4, 26 a 2-9). Für unsere konkrete Kombination AaB, BeC nennt Aristoteles: Lebewesen, Mensch und Pferd bzw. Lebewesen, Mensch und Stein. Setzen wir diese Ausdrücke in dieser Reihenfolge in das syllogistische Schema ein, so erhalten wir, weil alle Pferde Lebewesen sind, dies aber für keinen Stein gilt:

(1) Wenn Lebewesen allen Menschen, aber Mensch keinem Pferd zukommt, dann kommt Lebewesen *allen* Pferden zu.
(2) Wenn Lebewesen allen Menschen, aber Mensch keinem Stein zukommt, dann kommt Lebewesen *keinem* Stein zu.

Zwar sind die beiden Schlussfolgerungen faktisch wahr. Aber es besteht weder in dem einen noch in dem anderen Fall ein notwendiger Zusammenhang zwischen den Prämissen und der Konklusion. Ja, die Satzarten der Schlussfolgerungen schließen sich wechselseitig aus (allgemein bejahend *versus* allgemein verneinend – und hierin als Spezialfall eingeschlossen: partikulär verneinend). Dieser Gegensatz nötigt (ähnlich wie beim indirekten Schluss) dazu, auf die ursprüngliche Kombination der Prämissen als Ausgangspunkt eines Schlusses zu verzichten.

Auch die letzte der vier allgemeinen Prämissenkombinationen der ersten Figur führt zu keinem logisch gültigen Syllogismus. Aristoteles nennt hierfür als widerlegendes Beispiel für die bejahende Konklusion die Ausdrücke Wissenschaft, Linie und Heilkunst bzw. Wissenschaft, Linie und Einheit für die verneinende Konklusion.

Berücksichtigen wir bei der ersten Figur nun auch Prämissen mit partikulären Sätzen, so stoßen wir nur noch auf zwei weitere Modi: Darii und Ferio.

2.2-G	Der dritte Modus der ersten Figur hat die Gestalt: Wenn A allen B zukommt und B irgendeinem C zukommt, dann kommt A irgendeinem C zu; abgekürzt: Wenn AaB und BiC, dann AiC. Dieser Schluss trägt den Namen *Modus Darii*. Der vierte Modus der ersten Figur hat die Gestalt: Wenn A keinem B, aber B irgendeinem C zukommt, dann kommt A irgendeinem C nicht zu; abgekürzt: Wenn AeB und BiC, dann AoC. Dieser Schluss trägt den Namen *Modus Ferio*.

Darii

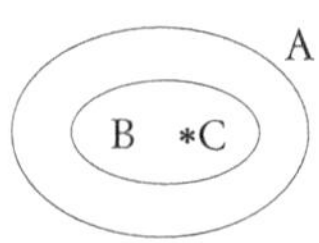

Ferio

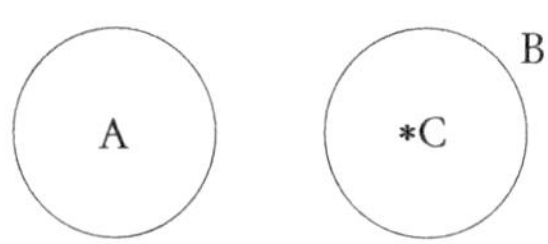

Subalterne, vollkommene und unvollkommene Modi

Es wurde schon angedeutet, dass allgemeine Aussagesätze bestimmte partikuläre Sätze logisch beinhalten. Wenn A nämlich allen B zukommt, dann kommt A auch irgendeinem B zu (aus AaB folgt AiB); und wenn A keinem B zukommt, dann kommt A auch irgendeinem B nicht zu (aus AeB folgt AoB). Die solcherart logisch abhängigen Sätze heißen *subaltern*, ihre Beziehung zu den zugehörigen allgemeinen Sätzen *Subalternation*. Drücken wir die Folgerungsbeziehung in der Syllogistik, ohne den aristotelischen Folgerungsbegriff zu vertiefen[58], durch das Zeichen ≈> aus, so gilt:

2.2-H	a-Subalternation	e-Subalternation
	AaB ≈> AiB	AeB ≈> AoB

Diese Überlegungen lassen sich auch auf die Modi Barbara und Celarent mit ihren allgemeinen Konklusionen (AaC bzw. AeC) anwenden. Wir erhalten dann zwei jener Modi, die Aristoteles nicht der Erwähnung wert fand, nämlich die Modi Barbari und Celaront mit den partikulären Konklusionen AiC bzw. AoC. Modi dieser Art heißen subaltern.

2.2-I Der *Modus Barbari* ist ein *subalterner* Modus der ersten Figur. Er hat die Gestalt: Wenn A allen B und B allen C zukommt, dann kommt A irgendeinem C zu; abgekürzt: Wenn AaB und BaC, dann AiC.
Der *Modus Celaront* ist der zweite *subalterne* Modus der ersten Figur. Er hat die Gestalt: Wenn A keinem B, B aber allen C zukommt, dann kommt A irgendeinem C nicht zu; abgekürzt: Wenn AeB und BaC, dann AoC.

Die Modi Barbari und Celaront wirken plausibel, weil sie sich auf die logische Gültigkeit der Modi Barbara und Celarent stützen können und ihre Konklusionen (AiC bzw. AoC) durch Subalternation aus deren allgemeinen Konklusionen (AaC bzw. AeC) folgen. Im Vergleich mit Barbari und Celaront wirken die Modi Barbara und Celarent aufgrund ihrer Prämissen allein aus sich heraus plausibel und logisch gültig. Dieser Unterschied zwischen unmittelbarem und nur mittelbarem Einleuchten illustriert vielleicht, was Aristoteles meint, wenn er zwischen vollkommenen und unvollkommenen Schlüssen unterscheidet.

> **2.2-J** »*Vollkommen* nenne ich einen Schluss, der über die Voraussetzungen [in den Prämissen] hinaus keines Weiteren bedarf, damit seine Notwendigkeit einleuchtet, *unvollkommen* aber den, der entweder eines oder mehrerer Zusätze bedarf, die zwar wegen der zugrunde liegenden Begriffe notwendig, durch die Prämissen aber nicht vorausgesetzt sind.« (An. pr. I 1, 24 b 22-26)

Nach Aristoteles sind nur die vier regulären Modi der ersten Figur vollkommen: Barbara, Celarent, Darii und Ferio. Bei ihnen ergibt sich der notwendige Zusammenhang zwischen den Prämissen und der Konklusion, wie oben gezeigt, allein aus dem Zusammenhang der Terme im Sinne der Definition 2.2-F. Die Modi aller anderen Figuren gelten dagegen als unvollkommen. Bevor gezeigt wird, wie Aristoteles Letztere rechtfertigt und welcher »Zusätze« er sich dabei bedient, folgt eine Zusammenstellung sämtlicher 24 Modi der assertorischen Syllogistik:

1. Figur	2. Figur	3. Figur	4. Figur
Barbara	Cesare	Darapti	Bamalip
Celarent	Camestres	Felapton	Calemes
Darii	Festino	Datisi	Fesapo
Ferio	Baroco	Disamis	Fresison
subaltern:	*subaltern:*	Bocardo	Dimatis
Barbari	Cesaro	Ferison	*subaltern:*
Celaront	Camestrop		Calemop

Die Modi jeder der drei ersten Figuren zeichnen sich durch charakteristische Merkmale aus. So kommen in den Konklusionen der vier regulären Modi der ersten Figur alle vier möglichen Aussagesätze vor: a in Barbara, e in Celarent, i in Darii und o in Ferio. Alle Arten wissenschaftlicher Aussagen, für die irgendwann ein Beweis erforderlich werden könnte, sind so erfasst. Die Modi der zweiten Figur haben nur verneinende Konklusionen (e, o), die Modi der dritten nur partikuläre Konklusionen (i, o). Weil die Vielfalt der ersten Figur die anderen Figuren überbietet, sieht Aristoteles darin wie auch in der Vollkommenheit ihrer Modi Gründe, sie die *erste* Figur zu nennen (An. pr. I 4, 26 b 28-33).

Im Übrigen gelten die folgenden Regeln. Ein logisch gültiger Syllogismus kommt nur dann zustande, wenn er wenigstens eine allgemeine Prämisse und wenigstens eine bejahende Prämisse enthält. Mit anderen Worten: Aus zwei partikulären oder zwei verneinenden Prämissen ergibt sich keine Konklusion. Eine partikuläre Prämisse zieht eine partikuläre Konklusion nach sich. Ist eine Prämisse verneinend, so gilt dies auch für die Konklusion. Das heißt, eine allgemeine Konklusion ergibt sich nur aus zwei allgemeinen Prämissen, eine bejahende nur aus zwei bejahenden Prämissen. Wer eine verneinende Konklusion anstrebt, muss mindestens eine verneinende Prämisse ins Spiel bringen.

Außerdem muss der Term, der in den Prämissen doppelt vorkommt, an beiden Stellen in derselben Bedeutung verwendet werden. Andernfalls ergibt sich aufgrund semantischer Zweideutigkeit ein Fehlschluss aus vier Begriffen, die *quaternio terminorum.* Zum Beispiel: Wenn Ende jedem Schluss zukommt und Schluss jedem Modus, dann kommt Ende jedem Modus zu. Philosophen wurde von ihren Kritikern gern eine *quaternio terminorum* unterstellt. Solch einen Fehlschluss warf zum Beispiel der schottische Philosoph Thomas Reid seinem Landsmann David Hume vor. Hume habe gegen die Annahme real existierender

Dinge argumentiert, aber dabei sei ihm der Fehler eines »Syllogismus mit zwei Mittelbegriffen« unterlaufen: Alle [wahrgenommenen] Tische werden bei Entfernung kleiner; alle [wirklichen] Tische bleiben bei Entfernung gleich groß. Aus dem daraus syllogistisch resultierenden Widerspruch, dass das Gleichgroße kleiner wird, habe Hume dann fälschlicherweise geschlossen, dem menschlichen Geist seien nur Wahrnehmungen gegeben.[59]

Syllogistisch gültig nennen wir einen Schluss, wenn er sich unter Verwendung des Ausdrucks ›kommt zu‹ (oder ›wird ausgesagt von‹) so umformulieren lässt, dass seine Form einem der 24 Modi entspricht.

Zurückführung unvollkommener Modi

Einige aufmerksame Leserinnen und Leser haben sich vielleicht gefragt, weshalb die »Nummerierung« der Modi mit Hilfe der Konsonanten des Alphabets nicht über die erste Figur hinaus fortgeführt wird. Es ist ja unübersehbar, dass die Anfangsbuchstaben B, C, D und F auch bei den anderen Figuren auftreten. Systematisch Interessierte werden sich außerdem gefragt haben, wie Aristoteles diejenigen unvollkommenen Modi rechtfertigt, die sich nicht durch Subalternation ergeben. Beide Fragen hängen miteinander zusammen und sollen in diesem Abschnitt ihre Antwort erhalten.

Nach Aristoteles muss ein unvollkommener Modus zum Nachweis seiner logischen Geltung »vollendet« (An. pr. I 7, 29 a 30-31 u.ö.), das heißt, auf einen der vollkommenen Modi der ersten Figur »zurückgeführt« werden (An. pr. I 7, 29 b 15-25). Damit meint er dies: Aus den Prämissen des fraglichen Modus soll die Konklusion mit Hilfe eines Modus der ersten Figur hergeleitet werden. Der Anfangsbuchstabe des fraglichen Modus zeigt an, welcher Modus der ersten Figur dafür in Frage kommt. Der Modus Festino der zweiten Figur zum Beispiel wäre demnach auf den Modus Ferio der ersten Figur zurückzuführen. Aber wie? Auch dafür findet man in den geistreich erdachten mittelalterlichen Modus-Namen Hinweise. Die Buchstaben s, p, m, r und c stehen für bestimmte Verfahren der Ableitung. Der Modus Festino, um bei diesem Beispiel zu bleiben, ist auf den Modus Ferio mittels des mit ›s‹ abgekürzten Verfahrens zurückzuführen, der *conversio simplex*.

Eine Konversion betrifft die beiden Terme eines assertorischen Aussagesatzes und die Möglichkeit, sie ohne Wahrheitsverlust gegeneinander auszutauschen (vgl. An. pr. I 2). Wenn keine gerade Zahl ungerade ist, dann ist auch keine ungerade Zahl gerade. Mit anderen Worten: Aus »A kommt keinem B zu« folgt »B kommt keinem A zu«. Die Terme eines allgemeinen verneinenden Aussagesatzes können gegeneinander ausgetauscht werden, und der so gebildete Satz bleibt trotzdem wahr. (Das gilt offensichtlich erst recht, wenn der Satz »A kommt keinem B zu« über die Folgerung »B kommt keinem A zu« zu »B kommt irgendeinem A nicht zu« abgeschwächt wird.) – Wie steht es mit der Konversion bei allgemeinen bejahenden Sätzen? Lässt sich daraus, dass alle ungeraden Zahlen Zahlen sind, schließen, dass alle Zahlen ungerade sind? Schon Sokrates und seine Gesprächspartner erkannten, dass »nicht überall, wo eine Zahl, auch Ungerades ist, – aber wo Ungerades, auch eine Zahl ist«[60]. Weil die ungeraden Zahlen ein Teil aller ganzen Zahlen sind, ist ein Termtausch in diesem Fall nur möglich, wenn die Allgemeinheit der Aussage eingeschränkt wird: »Wenn alle ungeraden Zahlen Zahlen sind, dann sind auch *einige* Zahlen ungerade«. Das heißt, aus »A kommt allen B zu« folgt »B kommt irgendeinem A zu«. – Sind nun einige Zahlen ungerade, dann ist auch einiges Ungerade Zahl. Allgemein gesagt, ist die Konversion bei partikulären bejahenden Sätzen möglich: Aus »A kommt irgendeinem B zu« folgt »B kommt irgendeinem A zu«. – Dagegen lässt sich bei partikulären verneinenden Sätzen keine Konversion vornehmen.

Zusammenfassend erhalten wir die folgende Übersicht über die konvertierbaren Sätze und die beiden zulässigen Arten der Konversion, die *conversio simplex* (einfache Konversion ohne Änderung der Quantität, abgekürzt: s) und die *conversio per accidens* (einschränkende Konversion, abgekürzt: p).

(Quantität, Qualität)	assertorischer Aussagesatz	konverser Satz
allgemein bejahend	AaB	BiA
allgemein verneinend	AeB	BeA
partikulär bejahend	AiB	BiA

2.2-K	Arten der Konversion:		
	conversio simplex (s):	AeB ≈> BeA oder	AiB ≈> BiA
	conversio per accidens (p):	AaB ≈> BiA (auch	AeB ≈> BoA)

Die Zurückführung des Modus Festino (und analog die anderer Modi, in deren Namen ein ›s‹ vorkommt) verläuft nun so, dass der dem ›s‹ vorangehende Teilsatz konvertiert wird. In diesem Fall handelt es sich um die erste Prämisse.

P (Prämissen des Modus Festino, 2. Figur): BeA, BiC.
(Die angestrebte Konklusion ist AoC.)

s (Konversion der 1. Prämisse): aus BeA wird AeB.

P' (durch s erhaltene Prämissenkombination): AeB, BiC.
Die Termfolge in P' entspricht der Termfolge der ersten Figur (X – Y / Y – Z) und innerhalb dieser Figur wegen der Satzfolge e i dem Modus Ferio.

KF (Konklusion aus P' und damit aus P gemäß Ferio): AoC.

Der Modus Festino lässt sich also mittels einfacher Konversion (s) auf den Modus Ferio »zurückführen«. Mit anderen Worten, aus den Prämissen des Modus Festino kann die angestrebte Konklusion mittels einfacher Konversion und mit Hilfe des Modus Ferio mit logischer Notwendigkeit abgeleitet werden.

Wie wir einen Modus durch *einschränkende Konversion* zurückführen, soll am Beispiel Felapton gezeigt werden. Auch bei diesem Verfahren konvertieren wir die Prämisse einschränkend, auf die ›p‹ folgt[61], diesmal also die zweite Prämisse. Wegen des Anfangsbuchstabens ziehen wir als Modus der ersten Figur wieder Ferio heran. Als Konklusion behalten wir AoC im Auge.

P (Prämissen von Felapton, 3. Figur): AeB, CaB.
p (Konversion der 2. Prämisse): aus CaB wird BiC.
P' (durch p erhaltene Prämissenkombination): AeB, BiC.
Die Termfolge in P' entspricht der Termfolge der ersten Figur (X – Y/Y – Z) und innerhalb dieser Figur wegen der Satzfolge e i dem Modus Ferio.
KF (Konklusion aus P' und damit aus P gemäß Ferio): AoC.

Wie schon im Zusammenhang mit der vierten Figur bemerkt, hatte Aristoteles die Prämissen bei seinen Überlegungen so herangezogen, wie es ihm gerade passte, während die Logiker im Mittelalter ihre Reihenfolge festlegten. Deshalb mussten sie eine ableitungsbedingte Änderung in der Reihenfolge der Prämissen, wenn dies bei der Zurückführung der Modi vorkam, als einen eigenen Schritt kenntlich machen. Der Schritt, bei dem die zweite Prämisse die Stelle der ersten einnimmt und diese an die zweite Stelle rückt, erhielt den Namen *mutatio praemissorum* (›Tausch der Prämissen‹; auch: transpositio in praemissis), abgekürzt durch ›m‹.

Ein solches ›m‹ kommt zum Beispiel im Namen des Modus Dimatis vor und zusätzlich ein ›s‹. Dieser Modus ist also mittels Prämissentausch und einfacher Konversion auf den Modus Darii zurückzuführen.

P (Prämissen von Dimatis, 4. Figur): BiA, CaB.
(angestrebte Konklusion: AiC)

m (Prämissentausch): aus ›BiA, CaB‹ wird ›CaB, BiA‹.

P' (durch m erhaltene Prämissenkombination): CaB, BiA.
Die Termfolge in P' entspricht der Termfolge der ersten Figur (X – Y / Y – Z) und innerhalb dieser Figur wegen der Satzfolge a i dem Modus Darii.

D (Konklusion aus P' gemäß Darii): CiA. Man beachte, dass die Konklusion aus den nicht doppelt auftretenden Termen der jeweiligen Prämissen gebildet wird, in diesem Fall also aus C und A.

s (einfache Konversion der Konklusion): AiC.

Auf die *reductio ad impossibile* (›Zurückführung aufs Unmögliche‹), eine auf syllogistische Strukturen zugeschnittene Variante des indirekten Schlusses, bezieht sich das Methodenkürzel ›r‹ ebenso wie das Kürzel ›c‹, das wohl von ›contradictio‹ (= kontradiktorischer Gegensatz) herrührt. Da es hierbei wieder um die Ableitung von Widersprüchen geht, ist dieser Begriff vorab in Bezug auf syllogistische Aussagesätze zu klären.

Was widerspricht dem Satz »Sterblichkeit kommt allen Menschen zu« (AaB)? Ist es der Satz »Sterblichkeit kommt keinem Menschen zu« (AeB)? Oder »Sterblichkeit kommt irgendeinem Menschen nicht zu« (AoB)? Offenbar besagt die Verneinung des Ausgangssatzes nur, dass es *nicht* zutrifft, dass Sterblichkeit *allen* Menschen zukommt. Diese Bedingung gilt aber schon bei einer einzigen Ausnahme als erfüllt. Die zweite Alternative stellt also die korrekte Verneinung dar. Dagegen verneint der Satz »Sterblichkeit kommt keinem Menschen zu« (AeB) den Satz »Sterblichkeit kommt einem Menschen zu« (AiB). Der Gegensatz von AaB und AoB bzw. von AeB und AiB, der auf Verneinung beruht, heißt *kontradiktorisch*. Dagegen heißt die Art der Gegensätzlichkeit von AaB und AeB *konträr*.

2.2-L	Ein Aussagesatz, der einen anderen verneint oder von diesem verneint wird, ist dessen *kontradiktorischer Gegensatz* (abgekürzt: KG, Symbol: #). KG 1: XaY # XoY KG 2: XeY # XiY

Wenn ein assertorischer Aussagesatz wahr ist, dann ist sein kontradiktorisches Gegenteil falsch und umgekehrt. Deshalb können zwei kontradiktorische Aussagesätze weder zugleich wahr noch zugleich falsch sein. – Dagegen können zwei konträre Sätze zwar nicht zugleich wahr, wohl aber zugleich falsch sein (zum Beispiel: »Alle Logiker sind nett«, »Kein Logiker ist nett«). – Partikuläre Aussagesätze der Form AiB und AoB heißen *subkonträr*. Sie können zugleich wahr, aber nicht zugleich falsch sein (zum Beispiel: »Einige Bücher sind leicht verständlich«, »Einige Bücher sind nicht leicht verständlich«). Diese Beziehungen werden traditionellerweise (unter Einschluss der Subalternation) im logischen Quadrat[62] dargestellt:

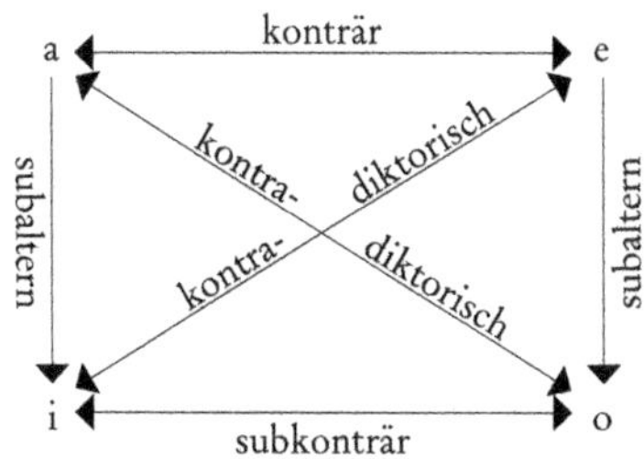

Die Zurückführung mittels *reductio ad impossibile* soll nun für den Modus Cesare der zweiten Figur durchgeführt werden. Da in seinem Namen neben dem ›r‹ auch ein ›s‹ vorkommt, sei darauf hingewiesen, dass die Zurückführung in solchen Fällen (auch bei ›p‹ oder ›m‹) entweder mit Hilfe der reductio oder mit

Hilfe der anderen Verfahren vorgenommen wird. (Bei Ersterer darf man sich nicht dadurch irritieren lassen, dass sie zwar auf die erste Figur, aber nicht auf den durch den Anfangsbuchstaben angezeigten Modus dieser Figur hinausläuft.) Die reductio erfolgt so, dass der kontradiktorische Gegensatz der Konklusion angenommen und mit einer der Prämissen kombiniert wird. Daraus wird dann mit Hilfe eines Modus der ersten Figur der kontradiktorische Gegensatz zur anderen Prämisse abgeleitet.

Modus Cesare: Wenn BeA und BaC, dann AeC.
KG (kontradiktorischer Gegensatz zur Konklusion): AiC.
P' (Kombination aus erster Prämisse und KG): BeA, AiC.
Die Termfolge in P' entspricht der Termfolge der ersten Figur (X – Y / Y – Z) und innerhalb dieser Figur wegen der Satzfolge e i dem Modus Ferio.
F (Konklusion aus P' gemäß Ferio): BoC.
BoC ist der kontradiktorische Gegensatz zur zweiten Prämisse BaC.

Die Annahme, AeC, die ursprüngliche Konklusion des Modus Cesare, sei falsch, führt mit den gegebenen Prämissen zum Widerspruch BoC / BaC. So ist AeC als wahr erwiesen. Der Modus Cesare lässt sich also mittels reductio ad impossibile (r) und mit Hilfe des Modus Ferio als gültiger Syllogismus rechtfertigen.

Da wir uns hier auf die wichtigsten Punkte und wenige Andeutungen beschränken müssen, sei wenigstens verallgemeinernd ein Ergebnis festgehalten: Aristoteles gibt Methoden an, mit denen sich (a) die vollkommenen Modi rechtfertigen, (b) ungültige Syllogismen als solche erkennen und (c) alle unvollkommenen Modi der zweiten und der dritten (sogar der vierten) Figur auf vollkommene Modi zurückführen lassen. Dabei muss im Fall der Konversion etwas, das implizit in der Ausgangsprämisse enthalten ist, durch die Hinzunahme des konvertierten Satzes explizit gemacht und im Fall der reductio ad impossibile die Negation der Konklusion als Zusatzannahme eingeführt werden. Das ist der Grund, weshalb die betreffenden Modi als unvollkommen gelten.

2.3 Syllogistik als »Sache der beweisenden Wissenschaft«

Überblicksartige Darstellungen der Syllogistik enden oft mit der Zurückführung der Modi, wenn nicht sogar schon nach deren bloßer Aufzählung. So verkürzt kann die Syllogistik allerdings nur den Eindruck erwecken, es handele sich dabei um das erste, zwar klug erdachte, doch hoffnungslos antiquierte System der Logik. Sie wirkt, als ließe sich ihr heute außer dem Konzept formalen Denkens, einigen Unterscheidungen und Definitionen sowie der Klärung bestimmter logischer Beziehungen zwischen Aussagesätzen kaum etwas entnehmen. Denn Syllogismen machen nur einen kleinen Teil der wirklich gebrauchten Schlüsse aus. Auch kann der Eindruck entstehen, die Syllogistik benötige für ihre Schlüsse ganz wenige Voraussetzungen. Stimmt zum Beispiel, was man in einem erst vor wenigen Jahren erschienenen Buch über Aristoteles liest? Dort heißt es, seine Syllogistik komme allein mit den Definitionen der Ausdrücke »x kommt jedem y zu« und »x kommt keinem y zu« aus. Eine philosophisch konsequente Darstellung muss deshalb der Frage nachgehen, welcher Stellenwert der assertorischen Syllogistik im Rahmen des aristotelischen Gesamtsystems zukommt.

Vom Schluss zur Wissenschaft

Aristoteles eröffnet die *Analytiken* mit einem Satz, der den Untersuchungsgegenstand und den Rahmen der beiden Schriften bestimmt. Knapp, wie üblich, erklärt er, als Erstes sei anzugeben, »worüber und wessen die Untersuchung ist«, nämlich, dass sie »vom Beweis« handelt und »[Sache] der beweisenden Wissenschaft« ist.[63]

Demnach bildet der Beweis das Hauptthema der *Analytiken.* Aber dieses Thema greift Aristoteles erst in der *Zweiten Analytik* auf, während die *Erste Analytik* ganz der Untersuchung des Schlusses dient. Vor diesem Hintergrund sind die Begriffe des Beweises und der beweisenden Wissenschaft mitzuberücksichtigen, wenn es um den Stellenwert der Syllogistik geht. Als Grund für die von ihm gewählte Reihenfolge gibt Aristoteles an, der Schluss sei allgemeiner als der Beweis; daher müsse er vor diesem erklärt werden. Alle Beweise seien Schlüsse, aber nicht alle Schlüsse Beweise. Die Besonderheit des Beweises bestehe darin, dass er zu wahrer Erkenntnis führen solle. Deshalb erfordere er als Unterart des Syllogismus idealerweise wahre und notwendige Prämissen.

Aber wie kann man wahre und notwendige Prämissen erlangen, wie ihre Wahrheit und Notwendigkeit feststellen? Zwar können einige der Prämissen aus Konklusionen vorhergehender Beweise stammen; sie stützen sich dann auf die wahren und notwendigen Prämissen dieser Beweise, und ihre Wahrheit und Notwendigkeit resultiert aus deren Wahrheit und Notwendigkeit. Doch die Kette solcher Prämissen lässt sich nicht bis ins Unendliche zurückverfolgen; sie darf auch nicht zirkulär sein. Sie muss also irgendwo bei ersten, selbst weder bewiesenen noch beweisbaren Prämissen oder Prinzipien abbrechen. Um deren Wahrheit und Notwendigkeit zu erklären, nimmt Aristotles ein besonderes Geistesvermögen an, den intuitiven Verstand (νοῦς – Nūs). Dieser mache es möglich, die Einsichten, die wir durch eine oder mehrere Erfahrungen gewonnen haben, in einem der Induktion ähnelnden Verfahren, der Epagogē (ἐπαγωγή), zu verallgemeinern und so das Wesen der betreffenden Dinge unmittelbar zu erfassen und in Prinzipien auszudrücken.

Prinzipien dieser Art bilden die Grundlage der »beweisenden« (oder »theoretischen«) Wissenschaft. Sie ist also nicht autark, sondern geht letztlich auf die Erfahrung, den intuitiven Verstand und die Epagogē zurück. Erst im nächsten Schritt kommt der Beweis ins Spiel, die syllogistische Deduktion aus mehr oder weniger allgemeinen Prinzipien und Prämissen. Durch diese anspruchsvolle Methodologie und ein auf reines Wissen gerichtetes Erkenntnisziel hebt Aristoteles sie von der »praktischen« und der »hervorbringenden« Wissenschaft ab. Im Übrigen unterscheidet er drei Arten von Prinzipien:

1. *Definitionen*, welche die Bedeutung der verwendeten Wörter durch Bezug auf das Wesen der bezeichneten Dinge klären;
2. *Hypothesen*, das heißt: fachspezifische Grundannahmen, zu denen beispielsweise in der Geometrie der Satz gehört, dass parallele Geraden sich nicht schneiden; und
3. *Axiome* allgemein-logischer Art, die jeder Wissenschaftler akzeptieren muss, wie den Grundsatz vom ausgeschlossenen Dritten (vgl. 1.1-I).

Das Konzept der prinzipiengestützten, beweisend verfahrenden »theoretischen Wissenschaft« ist in zweifacher Hinsicht bemerkenswert. Zum einen hat Aristoteles wichtige Aspekte der – später »axiomatische Methode« genannten und jahrhundertelang vorbildhaften – Vorgehensweise für die Gewinnung und Systematisierung wissenschaftlicher Erkenntnisse vorgegeben. Wegen der Dreiheit der Prinzipien sollte seine theoretische Wissenschaft trotzdem nicht mit einem modernen Axiomensystem gleichgesetzt werden, zumal heute keines der drei Prinzipien mehr die ursprüngliche Bedeutung besitzt, oft nur fachspezifische Axiome vorausgesetzt werden und syllogistische Beweise durch leistungsstärkere Logiksysteme ersetzt sind.

Zum anderen sollen Aristoteles' Prinzipien Anforderungen erfüllen, die moderne beweistheoretische Überlegungen vorwegnehmen. So stellt Aristoteles den Grundsatz vom ausgeschlossenen Widerspruch auf (vgl. 1.1-J). Außerdem fordert er die Unabhängigkeit und die Vollständigkeit der Prinzipien, weil »zum Begriff der Prinzipien diese drei Momente gehören: Unabhängigkeit voneinander, Unabhängigkeit von Sonstigem, Abhängigkeit alles Sonstigen von ihnen«[64].

Konstitutiv für die »beweisende« oder »theoretische« Wissenschaft sind also

(1) Prinzipien (Definitionen, Hypothesen, Axiome), die
  - mittels Epagogē gewonnen werden sowie
  - idealerweise wahr und notwendig,
  - widerspruchsfrei,
  - vollständig und
  - unabhängig voneinander sein sollen, und

(2) syllogistische Beweise zur Absicherung wissenschaftlicher Ergebnisse.

Prinzipien der assertorischen Syllogistik[65]

Was ergibt sich aus dieser knappen Charakterisierung der wissenschaftlichen Erkenntnis für die Syllogistik, die – wie gesagt – »[Sache] der beweisenden Wissenschaft« sein soll? Gibt es Prinzipien und Schlussweisen, die eine Herleitung der gültigen Syllogismen (oder ihrer Konklusionen aus den jeweiligen Prämissen) gestatten?

Gerade in den letzten Jahrzehnten sind diese Fragen immer wieder gestellt worden. Neben rein systematisch motivierten Versuchen, für die assertorische Syllogistik mit den Mitteln der modernen Logik eine geschlossene Theorie aufzustellen, ohne auf Aristoteles' eigene Argumentation im Einzelnen Rücksicht zu nehmen, stehen stärker logikgeschichtlich ausgerichtete Bemühungen, die aristotelischen Ausführungen axiomatisch zu rekonstruieren, aber auch Bedenken gegenüber solchen Axiomatisierungsversuchen. Eine Einführung, wie diese, kann keine detaillierte Aristoteles-Exegese bieten und erst recht keine Analyse der Sekundärliteratur. Es kann hier nur um Hinweise gehen, die zum Verständnis der aristotelischen assertorischen Syllogistik beitragen sollen und Interpretationsprobleme andeuten.

Beginnen wir mit den Prinzipien! Mit einer besonderen Ausweisung von *Axiomen* können wir bei der Suche nach Antworten auf die soeben gestellten Fragen kaum rechnen. Denn für die Syllogistik gelten dieselben allgemeinen Axiome wie für alle anderen Wissenschaftsbereiche. Dagegen bemüht sich Aristoteles offensichtlich, die Bedeutung der verwendeten Ausdrücke durch *Definitionen* zu klären. Er gibt an, was er unter einem syllogistischen Aussagesatz und dessen kontradiktorischem Gegensatz versteht, was er mit den Ausdrücken ›Term‹, ›Syllogismus‹, ›vollendeter Syllogismus‹ (= Modus), ›vollkommener Syllogismus‹ usw. meint. Neben solchen Definitionen steht die Zurückführung der verschiedenen Modi auf die vier Hauptmodi der ersten Figur. Man kann das so verstehen, als würde Aristoteles die vier vollkommenen Modi für die fachspezifischen *Hypothesen* der assertorischen Syllogistik halten, sagt er doch:

»Es ist auch klar, dass alle unvollkommenen Syllogismen durch die erste Figur vollendet werden. Denn alle werden entweder durch direkten Beweis oder durch das Unmögliche zu Ende gebracht« (An. pr. I 7, 29 a 30-32).

Vor dem Hintergrund der Einteilung der gültigen Syllogismen in vollkommene und unvollkommene Schlüsse bedeutet die Zurückführbarkeit aller unvollkommenen Modi auf die vollkommenen die *Vollständigkeit* des Systems der assertorischen Syllogistik. Es müsste eigentlich auch nachgewiesen werden, dass mit den genannten Modi alle gültigen assertorischen Syllogismen erfasst sind und dass es entweder keine weiteren oder zumindest keine weiteren nicht zurückführbaren Modi gibt. Aristoteles geht allerdings noch einen Schritt weiter. Er behauptet, sein Ergebnis gelte sogar für alle Schlüsse schlechthin. Denn sie alle ließen sich als Syllogismen darstellen. Aber damit schießt er entweder über das Ziel hinaus, oder er betrachtet bestimmte Schlüsse, wie die Konversionen, nicht als Schlüsse (vgl. An. pr. I 23; Barnes 1997).

Die *Widerspruchsfreiheit* des Systems der assertorischen Syllogistik kann Aristoteles stillschweigend annehmen. Da alle Modi logisch wahre Bedingungssätze sind und sich aus Wahrem bei logisch korrektem Vorgehen nur Wahres ableiten lässt (An. pr. II, 2 und 18), können sich keine Widersprüche ergeben.

Wie steht es mit der *Unabhängigkeit* der Prinzipien voneinander? Aristoteles selbst hat bemerkt, dass sich die Modi Darii und Ferio auf den Modus Celarent der ersten Figur zurückführen lassen (An. pr. I 7, 29 b 1-25). Das kann – wie der Buchstabe ›r‹ andeutet – mit Hilfe der reductio ad impossibile erfolgen. Man nimmt dabei den Umweg über die Modi Camestres bzw. Cesare der zweiten Figur, die ihrerseits vom Modus Celarent abhängen. Hier sei beispielhaft nur die Zurückführbarkeit des Modus Ferio auf Celarent gezeigt. Dazu nimmt man in gewohnter Weise an, Ferio sei logisch ungültig und seine Konklusion falsch.

Modus Ferio: Wenn AeB und BiC, dann AoC.
KG (kontradiktorischer Gegensatz zur Konklusion): AaC.
P' (Kombination aus erster Prämisse und KG): AeB, AaC.
Die Termfolge in P' mit dem doppelt auftretenden Term A entspricht der Termfolge der zweiten Figur (X – Y / X – Z) und innerhalb dieser Figur wegen der Satzfolge e a dem Modus Cesare (mit der Konklusion YeZ).

C (Konklusion aus P' gemäß Cesare): BeC.
BeC ist der kontradiktorische Gegensatz zur zweiten Prämisse BiC.

Unter den Prämissen des Modus Ferio erweist der Widerspruch die Annahme, seine Konklusion sei falsch, als irrig. Die syllogistische Gültigkeit dieses Modus lässt sich also durch reductio ad impossibile mit Hilfe des Modus Cesare der zweiten Figur nachweisen und wegen dessen Abhängigkeit vom Modus Celarent der ersten Figur indirekt auf diesen zurückführen.

Gleiches gilt für den Modus Darii auf dem Umweg über den Modus Camestres der zweiten Figur, der ebenfalls von Celarent abhängt. Deshalb kann man sich folgende Konstruktion vorstellen: Der Modus Celarent dient als Hypothese (im aristotelischen Sinne) dazu, in einem ersten Schritt die Modi Cesare und Camestres der zweiten Figur abzuleiten und aus diesen in einem weiteren Schritt die Modi Darii und Ferio der ersten Figur. Diese beiden Modi werden folglich wegen ihrer (mittelbaren) Abhängigkeit vom Modus Celarent nicht als »Hypothesen« benötigt.

Ist dann auch der Modus Barbara als »Hypothese« überflüssig? Man könnte versuchen, Barbara mittels reductio ad impossibile auf einen anderen Modus zurückzuführen. Dazu könnte man die verneinte Konklusion mit der ersten oder der zweiten Prämisse zu einem neuen Prämissenpaar kombinieren. Doch dieser Versuch würde bei den Modi Baroco bzw. Bocardo enden. Diese hängen, wie der Anfangsbuchstabe anzeigt, selbst vom Modus Barbara ab. Ein analoger Versuch für den Modus Celarent würde zu den Modi Festino bzw. Disamis führen. Sie wiederum lassen sich auf die Modi Ferio und Darii zurückführen, deren Abhängigkeit von Celarent wir gerade erörtert haben. Aristoteles hat also recht, wenn er schreibt:

»Es ist aber auch möglich, alle Syllogismen auf die beiden allgemeinen Schlüsse der ersten Figur zurückführen« (An. pr. I 7, 29 b 1-2).

Gemeint ist damit: Alle anderen Modi lassen sich auf die beiden Modi der ersten Figur mit allgemeiner Konklusion (a, e) zurückführen, nämlich auf Barbara und Celarent. Aristoteles ist sich durchaus darüber im Klaren, die assertorische Syllogistik auch auf andere Weise als durch den Rückgriff auf die Modi Barbara und Celarent systematisieren zu können. Aber im Vergleich zur Möglichkeit, Baroco und Festino oder andere der soeben genannten Modi zu »Hypothesen« zu machen, bieten sich die Modi Barbara und Celarent wegen ihrer Vollkommenheit als – wie Aristoteles schreibt – »Prinzipien und so genannte Hypothesen« der assertorischen Syllogistik an (An. post. I 19, 81 b 10-15). Sie sind beide zusammen nötig, aber auch ausreichend.

Interpretatorische Fragen

Die These, die Modi Barbara und Celarent könnten als »Hypothesen« eines Systems der assertorischen Syllogistik gelten, ist in der Sekundärliteratur kontrovers diskutiert worden. Denn Aristoteles führt – wie im Abschnitt 2.1 ausgeführt – die Syllogismen im Allgemeinen (und die als »Hypothesen« hervorgehobenen Modi im Besonderen) zunächst als Bedingungssätze (Wenn ... und ..., dann ...) ein. Bei den Zurückführungen verwendet er sie aber – wie im Kapitel 2.2 deutlich wurde – wie Schlussregeln, die aus drei Sätzen bestehen (erste Prämisse / zweite Prämisse / Konklusion).

So stellte sich die Frage, ob seine assertorische Syllogistik als ein *Axiomensystem* (Łukasiewicz [2]1957; Patzig [3]1969) oder als ein *Regelkalkül* (Corcoran 1974) anzusehen sei. Im ersten Fall müssten ›Axiome‹ – hier die Hypothesen in der Gestalt bestimmter Bedingungssätze – als Ausgangspunkte angegeben werden, auf die dann ebenfalls anzugebende Schlussweisen zwecks Ableitung angewendet werden. Doch keine einzige der Herleitungsmethoden, die Aristoteles anwendet, bezieht sich auf Bedingungssätze. – Im

Fall eines Regelkalküls würde es genügen, Schlussregeln ohne zusätzliche Axiome oder Hypothesen anzugeben. Dann bleibt aber unverständlich, weshalb Aristoteles die beiden Modi Barbara und Celarent als »Prinzipien und so genannte Hypothesen« bezeichnet.

Nun konnte der griechische Philosoph kaum ahnen, dass Logiker des 20. Jahrhunderts von ihm in diesem Punkt eine Entscheidung für die eine oder die andere Systematik erwarten würden. Ist doch der syllogistische Bedingungssatz »Wenn P_1 und P_2, dann K« mit der Schlussregel »P_1, P_2 ≈> K« logisch gleichwertig. Offenbar hielt sich Aristoteles noch nicht an bestimmte Unterscheidungen, die für uns inzwischen selbstverständlich geworden sind. So, wie er es nicht für nötig hielt, der ersten und der zweiten Prämisse ihren unverrückbaren Platz zuzuweisen, definierte er den Schluss bewusst unbestimmt als Beziehung zwischen etwas Vorausgesetztem und etwas daraus notwendig sich Ergebendem, womit er die Möglichkeit der Formulierung als Bedingungssatz oder als Schlussregel offenließ.

Wollte man die Syllogistik als reines Axiomensystem im modernen Sinne auffassen, dann müsste man neben den Prämissen der abzuleitenden Modi und den als Bedingungssätze formulierten Axiomen auf zusätzliche Schlussregeln zurückgreifen. Solche, von Aristoteles nicht genannte Schlussregeln wären die und-Einführung, der Modus ponens und eventuell eine Einsetzungsregel. Denn bei der Zurückführung unvollkommener Syllogismen mit Hilfe der Axiome ließe sich nur unter Zuhilfenahme dieser Regeln aus zwei Prämissen die gewünschte Konklusion herleiten.

(1) P_1	(erste Prämisse)
(2) P_2	(zweite Prämisse)
(3) P_1 und P_2	(und-Einführung aus (1) und (2))
(4) Wenn P_1 und P_2, dann K	(Axiom)
(5) K	(Konklusion gemäß Modus ponens aus (3) und (4))

Möchte man Aristoteles aber interpretieren, ohne ihm Gewalt anzutun, dann muss man Folgendes berücksichtigen: Er führt Modi der ersten Figur als Bedingungssätze ein, bezeichnet zwei von ihnen als »Prinzipien und so genannte Hypothesen« und sieht in der Syllogistik eine »[Sache] der beweisenden Wissenschaft«. Daneben verwendet er die Modi als Schlussregeln, ohne aussagenlogische Schlussweisen (wie die und-Einführung oder den Modus ponens) ausdrücklich zu erwähnen oder zu verwenden. Bei ihm hat die oben angedeutete Ableitung also die folgende Form:

P_1, P_2 (Prämissen)
K (Konklusion gemäß der Regel »P_1, P_2 $\Rightarrow$> K« wegen des Modus »wenn P_1 und P_2, dann K«)

Aristoteles' Doppelstrategie mag heute befremdlich wirken. Sie hinzunehmen scheint aber die einzig mögliche textnahe und in sich stimmige Interpretation zu ergeben (vgl. Drechsler 2005).

Beweise der assertorischen Syllogistik

Bei den Beweisen der assertorischen Syllogistik sind zwei Ebenen zu unterscheiden: eine fachwissenschaftliche und eine metalogische. Auf der *fachwissenschaftlichen* Ebene geht man aus von Axiomen, fachbezogenen Definitionen und Hypothesen sowie eventuell schon abgeleiteten Konklusionen, die nun als Prämissen eingesetzt werden können, und leitet daraus mittels syllogistischer Modi, die sich in Schlussketten auch mehrfach anwenden lassen, wissenschaftliche Ergebnisse ab. Bei der *metalogischen* Ebene geht es dagegen um die Rechtfertigung der Modi selbst; nur sie interessiert uns hier. Denn der deduktive Apparat der assertorischen Syllogistik hat den Interpreten ebenso große Schwierigkeiten bereitet wie die durch Aristoteles angebahnte Bestimmung der Prinzipien der Syllogistik. Wenn die Syllogistik

»[Sache] der beweisenden Wissenschaft« und die Beweise Syllogismen sein sollen, müsste dann nicht der Nachweis der Gültigkeit von Syllogismen durch Syllogismen erfolgen?

Das kann so nicht zutreffen und zwar aus mehreren Gründen. Zum einen lassen sich die *Hypothesen* der Syllogistik (zum Beispiel die Modi Barbara und Celarent) nicht aus sich selbst heraus erklären (und erst recht nicht aus anderen, von ihnen abhängigen Syllogismen); denn zirkuläre Schlüsse sind logisch unzulässig. Zum anderen besteht sogar die Rechtfertigung der von den Hypothesen *abhängigen Modi* nicht ausschließlich aus einem Syllogismus oder einer Verkettung von Syllogismen. Aristoteles verwendet dafür ja, wie im Abschnitt 2.2 dargestellt, zusätzlich die beiden Arten der Konversion (conversio simplex, conversio per accidens), die reductio ad impossibile mit den hierfür benötigten kontradiktorischen Gegensätzen (KG 1, KG 2) und die (dort nur en passant erwähnte, weil kaum benötigte) »Ekthesis«, bei der aus einer Menge von Objekten ein einzelnes Element (oder eine Teilmenge) zum Zweck der Prüfung herausgegriffen wird.

Bei Aristoteles gibt es also nicht-syllogistische Beweismethoden. Der Eindruck, er wolle Schluss mit Syllogismus und Beweis mit einer bestimmten Art von Syllogismus identifizieren, täuscht. Bei genauerem Hinsehen stellt sich heraus, dass zum Begriff der logischen Notwendigkeit nicht nur Syllogismen gehören; auch der Beweisbegriff ist weiter gefasst.[66] So wird die (nicht rein syllogistische) Rechtfertigung der unvollkommenen Syllogismen und der partikulären Modi der ersten Figur (Dario, Ferio) von ihm als »Beweis« bezeichnet. Ohne hier näher auf die Mehrdeutigkeit des aristotelischen Beweisbegriffs einzugehen, können wir unter Berücksichtigung der Ausführungen über die syllogistischen Prinzipien Folgendes festhalten:

Während die gewöhnliche wissenschaftliche Erkenntnis deduktiv durch bestimmte Prinzipien und syllogistische Beweise zustande kommt, erhebt sich darüber ein metatheoretischer Bau mit eigenen Prinzipien und eigenen Schlussformen, der dem Aufbau der assertorischen Syllogistik dient. Aristoteles hat somit nicht nur den Begriff der »beweisenden« (oder »theoretischen«) Wissenschaft eingeführt. Er hat darüber hinaus mit der assertorischen Syllogistik, die aus eigenen Prinzipien mittels eigener Schlussverfahren aufgebaut wird, ein konkretes Beispiel für eine solche beweisende Wissenschaft entwickelt.

2.3-A Konstitutiv für die assertorische Syllogistik als beweisende Wissenschaft sind:

(1) eigene Prinzipien, wie
- die einschlägigen Definitionen, insbesondere 2.1-B, D, E, H und I, 2.2-F, J und L,
- die Hypothesen Modus Barbara und Modus Celarent,

(2) eigene Schlussformen, nämlich (neben den als Schlussregeln verwendeten Hypothesen AaB, BaC ≈> AaC und AeB, BaC ≈> AeC)
- die einfache Konversion (AeB ≈> BeA und AiB ≈> BiA),
- die einschränkende Konversion (AaB ≈> BiA und evtl. AeB ≈> BoA),
- die reductio ad impossibile und
- die Ekthesis[67].

Logische Grundlagen der assertorischen Syllogistik

Bei der Lektüre der *Ersten Analytik* entsteht der Eindruck, Aristoteles habe versucht, die benötigten Prinzipien und Beweisverfahren der Syllogistik nochmals zu rechtfertigen und ihre Anzahl zu verringern. Wie geht er dabei vor? Auf welche Grundsätze und Schlussweisen läuft das Ganze letztlich hinaus?

Zum einen untermauert Aristoteles die Berechtigung der *Hypothesen*. Die vier Hauptmodi der ersten Figur leuchten zwar als vollkommene Syllogismen aus sich heraus ein. Aber die Gründe des Einleuchtens lassen sich ausdrücklich benennen. Sie liegen in der Bedeutung, die wir mit den Ausdrücken »wird von allen ausgesagt« und »wird von keinem ausgesagt« verbinden (vgl. 2.2-F). Zur logischen Grundlage der Hypothesen Barbara und Celarent gehören also insbesondere diese beiden Definitionen.

Zum anderen begründet Aristoteles ausdrücklich, weshalb bestimmte *Beweisverfahren* schlüssig sind. Den Konversionen zum Beispiel widmet er ein ganzes Kapitel (An. pr. I 2). Dabei beginnt er bei den allgemeinen verneinenden Aussagesätzen und ihrer Konversionsbeziehung (2.2-K). Den Nachweis hierfür führt er indirekt, indem er aus der Verneinung des Nachsatzes einen Widerspruch herleitet. Dabei benutzt er auch die Ekthesis.

Satz: Wenn A keinem B zukommt, dann kommt B keinem A zu.
Beweis: Wenn B doch einem A – zum Beispiel einem aus A herausgegriffenen C – zukäme, dann gäbe es etwas, nämlich C, von dem sowohl A als auch B ausgesagt würden. Mit anderen Worten, A käme einem B zu. Das widerspricht der Voraussetzung, dass A keinem B zukommt.

Auch die einschränkende Konversion und die einfache Konversion partikulärer bejahender Sätze beweist Aristoteles indirekt. Dabei macht er sich den soeben bewiesenen Satz zunutze.

Das indirekte Schlussverfahren, das hier zur Rechtfertigung der Konversionen und ansonsten zur Ableitung einzelner Modi dient, benötigt zum einen den Begriff des kontradiktorischen Gegensatzes, weil der kontradiktorische Gegensatz des Nachsatzes bzw. der Konklusion als zusätzliche Prämisse in die Ableitung eingeführt wird. Zum anderen beruht es auf dem Grundsatz vom ausgeschlossenen Widerspruch; denn als unmöglich gilt ja gerade, dass das Ergebnis eines Schlusses einer der Prämissen widerspricht. Und schließlich setzen indirekte Schlüsse den Grundsatz vom ausgeschlossenen Dritten voraus: »Dass man ein

Jedes bejaht oder verneint, ist eine Annahme, die der Beweis durch das Unmögliche macht« (An. post. I 11, 77 a 22-23).

> **2.3-B** Logische Grundlagen der assertorischen Syllogistik sind
> - die Definitionen der Grundbegriffe,
> - das Axiom vom ausgeschlossenen Widerspruch,
> - das Axiom vom ausgeschlossenen Dritten und
> - die Möglichkeit der Ekthesis.

Kommen wir noch einmal auf die Überlegung zurück, mit der dieses Kapitel begann! Kann Aristoteles' assertorische Syllogistik Logikern mehr bieten als die dort genannten Aspekte? – Nämlich das Konzept formalen Denkens, einige noch immer brauchbare Unterscheidungen und Definitionen (wie die Arten der Aussagesätze oder die Abgrenzung konträrer von den kontradiktorischen Gegensätzen), die Klärung logischer Beziehungen zwischen Aussagesätzen, wie sie in den Konversionsregeln und im logischen Quadrat festgehalten sind, und das Vorbild der erstmaligen und zugleich vollständigen Systematisierung eines Gebietes der Logik, was nur mit der Leistung Gottlob Freges vergleichbar ist.

Neben diesen Aspekten sind doch wohl auch die metalogischen Implikationen der aristotelischen Syllogistik bemerkenswert: die Zurückführung aller Modi auf wenige »Hypothesen« als Ausgangspunkte; die klare Gliederung des Systems in Prinzipien, explizit angegebene Schlussweisen und abgeleitete Ergebnisse; die Möglichkeit der Entscheidung, ob ein gültiger Syllogismus oder ein Fehlschluss vorliegt; die Forderung der Widerspruchsfreiheit, Vollständigkeit und Unabhängigkeit eines solchen Systems sowie die Reflexion auf hierfür unerlässliche Grundlagen, wie die Axiome vom ausgeschlossenen Dritten und vom ausgeschlossenen Widerspruch.

3. Klassische Prädikatenlogik

Der erste Teil des vorliegenden Buches sollte einen vorläufigen Eindruck von der formalen Vorgehensweise der Logik vermitteln. Zugleich sollte deutlich werden, dass schon die Vorsokratiker und Aristoteles eine Reihe von Schlüssen gezogen hatten, die den Schlussformen der Aussagenlogik zu entsprechen scheinen, obwohl diese erst im 3. Jahrhundert v. Chr. durch die Stoiker systematisch erfasst wurden. Das frühere Schließen bezog sich stets auf den Einzelfall. Es erfolgte, sieht man von gelegentlichen Hinweisen bei Aristoteles ab, weitgehend intuitiv und unsystematisch, ohne ausdrückliche Hervorhebung der formalen Beziehungen und ohne Erläuterung oder Begründung der verwendeten Schlussformen. In allen fünf Punkten hebt sich die Syllogistik davon ab.

Aristoteles zog in seinen Lehrschriften nicht nur ebenfalls zahlreiche Schlüsse – auch aussagenlogischer Art –, sondern vollzog darüber hinaus den Schritt vom Schließen im Einzelfall zu einer Theorie des syllogistischen Schließens. Er gab die einzelnen syllogistischen Schlussformen als solche an, begründete ihre Gültigkeit mit klar benannten Rechtfertigungsverfahren, entwickelte eine Methode zum Nachweis ungültiger Schlüsse, erfasste die gültigen Syllogismen auf Anhieb vollzählig und stellte sie (mit wenigen Ausnahmen) in einer geschlossenen Theorie systematisch dar, indem er bestimmte Prinzipien angab, aus denen sich alle anderen gültigen Syllogismen nach vorgegebenen Regeln ableiten lassen. Außerdem reflektierte er die metalogischen Bedingungen (Widerspruchsfreiheit, Vollständigkeit, Unabhängigkeit) dieser Prinzipien mit. Bei all dem verwendete er bewusst Variablen anstelle konkreter Terme, gelangte so zu allgemeingültigen Schlussformen und verlieh der Logik auf diese Weise einen formalen Charakter. Der so etablierte hohe Standard mag die lang anhaltende Wirkung der Syllogistik über viele Jahrhunderte hinweg erklären; er täuscht aber nicht über ihre Schwächen hinweg.

So machen einige ihrer Rechtfertigungsverfahren von logischen Beziehungen Gebrauch, die durch die Syllogistik nicht erfasst sind. Man muss nicht so weit gehen, hinter der *reductio ad impossibile* – modern gesprochen – ein aussagenlogisches Gesetz zu vermuten (»Wenn P_1 und P_2 und außerdem, falls P_1 und nicht K, auch nicht P_2, dann K«), und könnte sich mit dem Verweis auf die Grundsätze vom ausgeschlossenen Dritten und vom ausgeschlossenen Widerspruch begnügen, deren Bedeutung Aristoteles selbst hervorhebt. Aber die Konversionen entsprechen nicht den syllogistischen Schlüssen. Dass aus »A kommt einem B zu« der Satz »B kommt einem A zu« folgt, erkennt und rechtfertigt Aristoteles zwar. Doch sieht er sich durch den Umstand, dass dieser Schluss (wie die anderen Konversionen) nur auf einer Prämisse beruht und somit keine syllogistische Form aufweist, erstaunlicherweise nicht genötigt, seine Logik zu erweitern. Ähnliches gilt für die Beziehung zwischen den Sätzen »jeder Mensch ist nicht-gerecht« und »kein Mensch ist gerecht«, von denen nach Aristoteles der zweite aus dem ersten »logisch folgt« (De int. 10, 20 a 20-21), obwohl es sich dabei weder um einen Syllogismus noch um eine Konversion handelt. Auch die Aussagenlogik hilft in diesen Fällen nicht weiter. Sie bezieht sich ja nur auf ganze Sätze, ohne deren quantitative Bestimmungen zu berücksichtigen. Aber gerade sie sind bei den genannten Beispielen wesentlich.

Die Aussagenlogik und die Syllogistik sind auch nicht hilfreich, wenn es um logische Zusammenhänge bei Beziehungen zwischen Objekten geht. Zum Beispiel wird die Gleichheitsbeziehung seit langem verwendet: »wenn a gleich c ist und b gleich c ist, dann ist a gleich b«. Schon Aristoteles zog diesen trivialen Satz als Beispiel heran (Soph. el. 6, 168 b 31-32). Aber wie könnte man ihn syllogistisch ausdrücken? Man müsste wohl formulieren: »Wenn ›gleich c sein‹ dem a zukommt und ›gleich c sein‹ dem b zukommt, dann kommt a dem b zu«. Aber erstens ist die syllogistisch naheliegende Konklusion »a kommt dem b zu« nicht dasselbe wie der eigentlich erforderliche Satz »›gleich b sein‹ kommt dem a zu«; und zweitens lässt sich mit der Aussage, ein bestimmter singulärer Term (wie ›a‹) komme einem anderen (›b‹) zu, überhaupt kein Sinn verbinden. Denn singuläre Terme können in einem Syllogismus nur die Stelle des Subjektterms, aber nicht die des Prädikatterms einnehmen; sie verweisen nur auf das so bezeichnete Objekt, sagen aber nichts von etwas anderem aus.

Erforderlich ist deshalb letztlich ein leistungsfähigeres System der Logik, das neben den aussagenlogischen und den syllogistischen auch andere Schlüsse mit assertorischen Aussagesätzen erfasst. Es sollte die Anzahl der Prämissen nicht festlegen, zudem singuläre Terme, Beziehungen und Quantifizierungen berücksichtigen. Ein solches System entworfen zu haben, ist das Verdienst des deutschen Mathematikers Gottlob Frege (1848–1925); es ist in seiner 1879 veröffentlichten *Begriffsschrift* enthalten.[68] Freges Logik hat die Form eines Axiomensystems, weshalb ihre Anwendung hohe Anforderungen stellt. Im Laufe der Zeit sind im Anschluss an Frege einfacher handhabbare Logiksysteme entwickelt und nach und nach didaktisch aufbereitet worden: insbesondere Gerhard Gentzens Regelkalkül des natürlichen Schließens (1935, auch ›Sequenzenkalkül‹ genannt) und Evert W.

Beths Tableau-Kalkül (1955, auch ›Beth-Kalkül‹ oder ›Baumkalkül‹ genannt). Alle diese Systeme tragen inzwischen den Namen ›Klassische Prädikatenlogik der ersten Stufe‹ oder ›Klassische Quantorenlogik der ersten Stufe‹. Sie können, auf der Aussagenlogik aufbauend, prädikative, relationale und quantifizierte Aussagen und deren logische Zusammenhänge in den Mittelpunkt stellen, aber auch – wie in der folgenden Darstellung – die Aussagenlogik mit umfassen. Im Vergleich mit Beths Tableau-Kalkül entspricht Gentzens Kalkül stärker dem gewohnten Schließen und ist außerdem platzsparender. Beides lässt ihn für eine Einführung geringen Umfangs vorteilhaft erscheinen. Bevor er überblicksartig zur Darstellung kommt, sollen wiederum einige Beispiele philosophischer Argumentation das Verständnis der Grundgedanken vorbereiten.

3.1 Schlüsse mit quantifizierten Aussagen

Der Schluss aus Allgemeinem

In seiner *Physikvorlesung* versucht Aristoteles unter anderem, den Begriff des Nichtseienden zu klären, indem er dessen Merkmale untersucht. In diesem Zusammenhang möchte er zeigen, dass das Nichtseiende nicht das Merkmal der Bewegung besitzt. Dazu argumentiert er wie folgt:

»Alles, was eine Bewegung durchmacht, ist an einem Ort; das Nichtseiende aber ist nicht an einem Ort« (Phys. V 1, 225 a 29–32).

Die Schlussfolgerung – das Nichtbewegtsein des Nichtseienden – hängt somit von zwei Voraussetzungen ab. Die erste sagt von allen Dingen einer bestimmten Art, nämlich den durch Bewegung charakterisierten, ein bestimmtes Merkmal (an-einem-Ort-sein) aus. Der zweiten entnehmen wir, dass dieses Merkmal dem Nichtseienden gerade nicht zukommt. Irgendwie erinnert die Argumentation an den Modus tollens; aber die erste Prämisse ist nicht als Bedingungssatz formuliert und außerdem quantifiziert.

Die logische Analyse lässt sich durch mehrere Vereinbarungen sprachlicher Art vereinfachen. Bei den ersten beiden Vereinbarungen geht es um die Formulierung allgemeiner Aussagen. Um uns unzweideutig ausdrücken zu können, werden wir in Zukunft auf die vielfältigen Ausdrucksmöglichkeiten der Sprache verzichten und nicht mehr sagen: »alles ist« oder »alle Dinge sind« oder »alle Subjekte sind« oder »jeder Gegenstand ist« usw. Aus logischer Sicht sind hierbei nur zwei Aspekte wichtig: zum einen die Allgemeinheit der Aussagen, zum anderen die Frage, ob alle Dinge schlechthin oder nur alle Dinge einer bestimmten Art gemeint sind. So verwenden wir anstelle der verschiedenen Ausdrücke zur Kennzeichnung der Allgemeinheit durchgehend die Formulierung »für jedes Individuum gilt: ...«. Mit dem neutralen Wort ›Individuum‹ werden wir uns unterschiedslos sowohl auf Gegenstände oder Sachverhalte als auch auf Lebewesen beziehen.

Aber wie bringen wir nun zum Ausdruck, um welche spezielle Allheit es sich jeweils handelt? Wie können wir zum Beispiel ausdrücken, dass alles Bewegte (oder Bewegende) sich an einem Ort befindet? Der Satz »für jedes Individuum gilt: es ist bewegt und es ist an einem Ort« trifft das Gemeinte nicht. Er besagt, dass *alle* Dinge und Lebewesen bewegt und an einem Ort sind. Er wäre also viel zu allgemein. Ausgedrückt werden soll ja nur, dass das *Bewegte* (oder Bewegende) an einem Ort ist. Hier ist wieder die wenn-dann-Beziehung hilfreich: »Für jedes Individuum gilt: wenn es bewegt ist, dann ist es an einem Ort«. Immer dann, wenn eine Aussage nicht alles schlechthin (wie »alles fließt«), sondern nur alle Elemente einer bestimmten

Art von Dingen und deren Eigenschaften oder Verhalten betrifft, empfiehlt es sich, Erstere in einem wenn-Satz, Letztere in dem zugehörigen dann-Satz zur Sprache zu bringen.

3.1-A	Die allgemeine bejahende Aussage »alle A sind (haben / machen) B« wird ausgedrückt durch »für jedes Individuum gilt: wenn es A ist, dann ist (hat / macht) es B«.

Verneinungen können ebenfalls sehr unterschiedlich zum Ausdruck gebracht werden: »Nicht das Leben zählt, sondern das Überleben« oder »das Leben zählt nicht nach Jahren« oder »das Leben ist der Güter höchstes nicht« oder »es ist nicht der Fall, dass das Leben lebt« usw. Auch für die Verneinung werden wir deshalb eine Standardformulierung vereinbaren, nämlich:

3.1-B	Eine Verneinung wird durch »es trifft nicht zu, dass ...« ausgedrückt.

Unter Berücksichtigung dieser Vereinbarungen erhalten wir für die beiden obigen Prämissen die folgenden Formulierungen:

P_1: Für jedes Individuum gilt: wenn es eine Bewegung durchmacht, dann ist es an einem Ort.
P_2: Es trifft nicht zu, dass das Nichtseiende an einem Ort ist.

Wie kommen wir nun von der allgemeinen Aussage über Bewegtes mit Hilfe der Annahme der Ortlosigkeit des Nichtseienden zu der Schlussfolgerung, das Nichtseiende mache keine Bewegung durch? Wenn die Aussage der ersten Prämisse für alles Bewegte gilt, dann müsste sie auch für das Nichtseiende gelten, falls dieses bewegt ist, und es wäre dann an einem Ort. Dieser Nachsatz steht jedoch im Widerspruch zur zweiten Prämisse. Es liegt also nahe, der Behauptung mittels Modus tollens (1.4-E) zur Geltung zu verhelfen.

Doch um den Modus tollens anwenden zu können, müssen wir zunächst die Allgemeinheit der ersten Prämisse auf das Nichtseiende einschränken. Dazu ergreifen wir zwei Maßnahmen: Wir lassen den allgemein quantifizierenden Vorsatz fort und ersetzen das Wort ›es‹ in dem restlichen Ausdruck durch ›das Nichtseiende‹. Diesen Ableitungsschritt, bei dem wir die Allgemeinheit einer Aussage auf ein bestimmtes Individuum einschränken, indem wir dessen Bezeichnung in die durch das ›es‹ angezeigte Leerstelle des Hauptsatzes einsetzen, nennen wir vorläufig *Beseitigung der Allgemeinheit* oder ›Allgemeinheitsbeseitigung‹ und kürzen ihn mit ›AB‹ ab. So erhalten wir den folgenden Schluss, bei dem die Schritte durchnummeriert sind und die jeweils herangezogene Zeile in Klammern angegeben ist:

1. P_1:	Für jedes Individuum gilt: wenn es eine Bewegung durchmacht, dann ist es an einem Ort.
2. AB (1):	Wenn das Nichtseiende eine Bewegung durchmacht, dann ist das Nichtseiende an einem Ort.
3. P_2:	Es trifft nicht zu, dass das Nichtseiende an einem Ort ist.
4. MT (2,3):	Es trifft nicht zu, dass das Nichtseiende eine Bewegung durchmacht.

Damit haben wir die angestrebte Konklusion erhalten. Die Regel zur Beseitigung der Allgemeinheit lässt sich, wenn die Begründungslage dies erfordert, selbstverständlich mehrfach anwenden. Denn eine Aussage über alle Individuen einer bestimmten Art gilt auch für jedes einzelne dieser Individuen.

Der Schluss auf Allgemeines

Gottfried Wilhelm Leibniz hat eine Metaphysik entwickelt, die sogenannte Monaden als Bausteine der Natur annimmt. Trotz ihres atomaren Charakters sind diese Monaden nicht unveränderlich. Denn, schreibt Leibniz in seiner *Monadologie* (Nr. 10),

> »jedes geschaffene Wesen unterliegt der Veränderung;
> folglich unterliegt auch die geschaffene Monade der Veränderung«.

Offensichtlich subsumiert Leibniz in diesem Schluss, der nur eine Prämisse benötigt, die geschaffene Monade unter den allgemeinen Fall der geschaffenen Wesen. Es liegt also nahe, die Prämisse als allgemeine Aussage zu formulieren: »Für jedes Individuum gilt: wenn es ein geschaffenes Wesen ist, dann unterliegt es der Veränderung«.

Doch die Hoffnung, nun durch die Anwendung der gerade eingeführten Regel der Allgemeinheitsbeseitigung direkt zur Konklusion gelangen zu können, trügt. Denn obwohl die Formulierung »die geschaffene Monade« auf den ersten Blick den Eindruck eines Singulars erweckt, handelt es sich in Wirklichkeit um eine allgemeine Aussage über *alle* geschaffenen Monaden. Solche verdeckten Quantifizierungen kommen öfter vor und verlangen besondere Aufmerksamkeit; sie verstecken sich gern – wie hier – in bestimmten Artikeln, aber auch in unbestimmten Artikeln oder in Pronomina, wie die folgenden Sätze aus Friedrich Nietzsches Buch *Menschliches, Allzumenschliches* belegen:

> »*Der* Asket macht aus der Tugend eine Not«
> »*Ein* Idealist ist unverbesserlich«
> »*Wer* sich selbst erniedrigt, will erhöhet werden«
> »*Was* man zu teuer kauft, verwendet man gewöhnlich auch noch schlecht, weil ohne Liebe und mit peinlicher Erinnerung«.

Die Konklusion lautet also korrekterweise: »Alle geschaffenen Monaden unterliegen der Veränderung« bzw. »für jedes Individuum gilt: wenn es eine geschaffene Monade ist, dann unterliegt es der Veränderung«. Weil die Konklusion selbst eine allgemeine

Aussage ist, kann sie sich nicht unmittelbar durch Allgemeinheitsbeseitigung aus der Prämisse ergeben. Nach der Anwendung dieser Regel muss die Allgemeinheit in einem weiteren Schritt erneut hergestellt werden.

Aber der Übergang von einer singulären Aussage zu einer allgemeinen ist keineswegs unproblematisch. Wer einen weißen Schwan (oder mehrere davon) gesehen hat, darf nicht einfach behaupten, alle Schwäne seien weiß. Wenn ich weiß, dass der Philosoph Platon ein Athener war, darf ich nicht verkünden, alle Athener seien Philosophen. Derartige Verallgemeinerungen singulärer Aussagen sind höchstens dann zulässig, wenn eine gewisse Regelhaftigkeit oder Wahrscheinlichkeit für sie spricht. Im Rahmen der *induktiven Logik* werden sie mit den erforderlichen Beschränkungen und Relativierungen vorgenommen. Hier haben wir es jedoch mit der *deduktiven Logik* zu tun, deren Schlussrichtung – grob gesprochen – vom Allgemeineren zum weniger Allgemeinen verläuft und deren präzise Schlussregeln korrekte Schlussfolgerungen garantieren sollen.

Das Induktionsproblem muss uns allerdings nicht wirklich bekümmern. Genau genommen, handelt es sich bei unserem Schluss nämlich gar nicht um den freihändigen Übergang vom Einzelnen zum Allgemeinen. Die Prämisse, wonach die geschaffenen Wesen veränderlich sind, gilt ja nach wie vor für alle geschaffenen Wesen, somit auch für alle geschaffenen Monaden. Es bestehen also keine Bedenken, in diesem Fall vom Einzelfall zu einem Satz über alle Monaden überzugehen. Dazu werden wir dem singulären Satz »die geschaffene Monade unterliegt der Veränderung« die Allgemeinheitsformel »für jedes Individuum gilt: ...« voranstellen und ihn verallgemeinernd – wie in 3.1-A vereinbart – umformulieren. Diesen Ableitungsschritt nennen wir *Einführung der Allgemeinheit* bzw. ›Allgemeinheitseinführung‹ und kürzen ihn mit ›AE‹ ab.

Um zur Konklusion zu kommen, ist noch ein Zwischenschritt erforderlich. Der Ausdruck »die geschaffene Monade« beinhaltet, dass es sich bei den geschaffenen Monaden um geschaffene Wesen handelt. So können wir den Modus ponens (1.1-F) anwenden und erhalten den folgenden Schluss:

1. P_1:	Für jedes Individuum gilt: wenn es ein geschaffenes Wesen ist, dann unterliegt es der Veränderung.
2. AB (1):	Wenn die geschaffene Monade ein geschaffenes Wesen ist, dann unterliegt die geschaffene Monade der Veränderung.
3. P_2:	Die geschaffene Monade ist ein geschaffenes Wesen.
4. MP (2,3):	Die geschaffene Monade unterliegt der Veränderung.
5. AE (4):	Für jedes Individuum gilt: wenn es eine geschaffene Monade ist, dann unterliegt es der Veränderung.

Schlüsse aus Existenzaussagen

Eine Folgerungsbeziehung, die Aristoteles erwähnt, aber mit der Syllogistik allein nicht erklären kann, lautet:

»Dem Satz: jeder Mensch ist nicht-gerecht, [folgt] der Satz: kein Mensch ist gerecht« (De int. 10, 20 a 20-21).

Wieder haben wir es nur mit einer Prämisse zu tun. Wir formulieren sie gemäß 3.1-A so: »Für jedes Individuum gilt: wenn es ein Mensch ist, dann ist es nicht-gerecht«.

Die Konklusion »kein Mensch ist gerecht« ist bekanntlich das kontradiktorische Gegenteil des Satzes »ein Mensch ist gerecht« (2.2-L). Sie kann deshalb durch die Verneinung dieses Satzes ausgedrückt werden. Nach gängigem Sprachgebrauch wird Letzterer nicht unbedingt so verstanden, als handele es sich um eine einzige Person. Schon Aristoteles fasste Feststellungen über eins und Feststellungen über einige zu partikulären Aussagesätzen zusammen und stellte sie den allgemeinen Aussagesätzen gegenüber. Diese Praxis wird in der Prädikatenlogik beibehalten. Gemeint ist also: »Mindestens ein Mensch ist gerecht«. Dieser Sachverhalt lässt sich wiederum auf vielfältige Weise ausdrücken: »einzelne sind«, »einige sind«, »fast alle sind«, »es gibt (mindestens) ein« usw. Zur Vereinheitlichung der Redeweise verdeutlichen wir auch im Fall eines partikulären bejahenden Satzes die darin steckende quantitative Aussage durch einen Vorsatz, indem wir sagen: »Für ein Individuum gilt: ...«.

Wie setzen wir diesen Vorsatz fort, um den Gedanken »ein Mensch ist gerecht« auszudrücken? Geht das mit dem Satz: »Für ein Individuum gilt: wenn es ein Mensch ist, dann ist es gerecht«? Das »wenn« in diesem Satz lässt offen, ob es einen gerechten Menschen überhaupt gibt. Dagegen sagt der Satz »ein Mensch ist gerecht« gerade aus, dass es einen solchen Menschen tatsächlich gibt. Es liegt diesmal näher, den Satz mit ›und‹ zu formulieren: »Für ein Individuum gilt: es ist ein Mensch und es ist gerecht«. Die Formulierung, bei der das Subjekt und seine Eigenschaft in solchen Sätzen durch ›und‹ miteinander verbunden werden, gibt das Gewünschte angemessen wieder. Das gilt auch für den Fall, dass die Eigenschaft als Attribut (»ein gerechter Mensch«) oder als Relativsatz (»ein Mensch, der gerecht ist«) erscheint.

3.1-C	Eine partikuläre bejahende Aussage der Art »(mindestens) ein A ist (hat / macht) B« wird ausgedrückt durch »für ein Individuum gilt: es ist A und es ist (hat / macht) B«. Ein Satz dieser Form heißt *Existenzaussage*. Die allgemein verneinende Aussage »kein A ist (hat / macht) B« wird als Verneinung der zu ihr kontradiktorischen Existenzaussage dargestellt: »es trifft nicht zu, dass für ein Individuum gilt: es ist A und es ist (hat / macht) B«.

Am Rande sei erwähnt, dass die Anzahl denkbarer quantitativer Ausdrücke durch diese Vereinbarungen so weit wie möglich beschränkt wird: Singuläre und partikuläre Aussagesätze werden zu Existenzaussagen zusammengefasst; für allgemein verneinende Aussagesätze gibt es keine eigene Formulierung, weil sie sich durch die Verneinung von Existenzaussagen ausdrücken lassen.

Wenden wir uns nun wieder dem aristotelischen Schluss zu, so müssen wir – wie schon im vorigen Abschnitt – feststellen, dass es keine Ableitungsregeln gibt, die es gestatten würden, direkt von einer quantifizierten Aussage zu einer anderen quantifizierten Aussage überzugehen. Wir kommen deshalb in diesem wie in vielen anderen Fällen nicht umhin, Quantifizierungen zunächst zu beseitigen, dann aussagenlogische Schlussweisen anzuwenden und anschließend, wenn nötig, wieder zu quantifizierten Aussagen zurückzukehren.

Erschwerend kommt hinzu, dass die Konklusion verneint ist. Verneinte Konklusionen erhalten wir beim Modus ponens (wenn der Nachsatz einer Prämisse verneint ist), beim Modus tollendo ponens (wenn die übrig bleibende Alternative verneint ist) oder beim Modus tollens; aber alle drei Schlussweisen benötigen zwei Prämissen. Eine weitere Möglichkeit bietet der indirekte Schluss. Dazu müssen wir den kontradiktorischen Gegensatz der Konklusion als Annahme einführen und einen Widerspruch herleiten. Dieser ergibt sich aber nur, wenn wir die Quantifizierung der Existenzaussage beseitigen.

Anders als die Beseitigung der Allgemeinheit erweist sich die Ersetzung einer Existenzaussage durch eine konkrete Aussage mit einem singulären Ausdruck als nicht unkompliziert. Es ist ja nur bekannt, dass es irgendein Individuum gibt, auf das die betreffende Aussage zutrifft, aber nicht, auf welches. Es darf deshalb auf keinen Fall ein bestimmter singulärer Ausdruck eingesetzt werden; denn möglicherweise trifft die Aussage gerade auf das durch ihn Bezeichnete nicht zu. Es kann aber ein willkürlich gewählter Name nur für diesen Zweck eingeführt werden. Um

Verwechslungen mit anderen Zeichen zu vermeiden, greifen wir auf einen kleinen Buchstaben vom Anfang des griechischen Alphabets zurück, der auch indiziert sein kann (α, β, γ, α_1, α_2, ... β_1, ...). Bei der *Beseitigung der Existenzaussage* wird der quantifizierende Vorsatz fortgelassen und das Wort ›es‹ in der restlichen Aussage durch den willkürlich gewählten Namen ersetzt. Als Abkürzung für diesen Schritt dient ›EB‹. (Selbstverständlich darf ein solcher willkürlich gewählter Name nur bei *einer* EB verwendet werden, damit sich keine Überschneidungen ergeben.) So erhalten wir die folgende Ableitung:

1. P:	Für jedes Individuum gilt: wenn es ein Mensch ist, dann ist es nicht-gerecht.
2. KG:	Für ein Individuum gilt: es ist ein Mensch und es ist gerecht.
3. EB (2):	α ist ein Mensch und α ist gerecht.
4. UZ (3):	α ist ein Mensch.
5. UZ (3):	α ist gerecht.
6. AB (1):	Wenn α ein Mensch ist, dann ist α nicht-gerecht.
7. MP (4,6):	α ist nicht-gerecht.
8. UE (5,7):	α ist gerecht und α ist nicht-gerecht.

Nachdem die Prämisse (in Zeile 1) und der kontradiktorische Gegensatz der Konklusion als zusätzliche Annahme (in Zeile 2) eingeführt wurden, kann man die Existenzaussage dieser Annahme beseitigen und erhält einen und-Satz (Zeile 3). Der und-Satz lässt sich in zwei Teilsätze zerlegen (UZ: Zeilen 4 und 5). Der erste dieser Teilsätze kann nach der Beseitigung der Allgemeinheit der Prämisse (Zeile 6) für den Modus ponens verwendet werden (Zeile 7). Dessen (Teil-)Konklusion steht im Widerspruch zu dem anderen Teilsatz der und-Zerlegung (Zeile 5). Somit kann durch und-Einführung (UE: Zeile 8) ein formaler Widerspruch abgeleitet und die aristotelische Behauptung indirekt bewiesen werden.

Ein anderes Problem, das sich syllogistisch ebenfalls nicht lösen lässt, betrifft die Konversionen. Aristoteles sah sich zu ihrer Rechtfertigung genötigt, auf die *reductio ad impossibile* und auf die Ekthesis zurückzugreifen (An. pr. I 2). Ein Teilproblem, das hier ins Auge gefasst werden soll, bildet die einfache Konversion partikulärer Aussagesätze.

3.1-D Aus der Prämisse »A kommt einem B zu« lässt sich die Konklusion »B kommt einem A zu« ableiten.

Bei der Anpassung an heutige Redewendungen (»ein B ist A«, »ein A ist B«) und der Umformulierung gemäß 3.1-C erhalten die beiden Sätze den folgenden Wortlaut.

Prämisse:	Für ein Individuum gilt: es ist B und es ist A.
Konklusion:	Für ein Individuum gilt: es ist A und es ist B.

Einen direkten Übergang von der Prämisse unmittelbar zur Konklusion gibt es wieder nicht. Wir können aber die Existenzaussage der Prämisse unter Verwendung des Namens α beseitigen (Zeile 2), den resultierenden und-Satz zerlegen (Zeilen 3 und 4) sowie die Reihenfolge der Teilsätze bei der nun folgenden und-Einführung ändern (Zeile 5). So erhalten wir den Ausdruck »α ist A und α ist B«.

Es fragt sich nun, ob es zulässig ist, von diesem Ausdruck zu der Existenzaussage überzugehen, die der angestrebten Konklusion entspricht. Diese Frage kann bejaht werden. Denn wenn ein Objekt bestimmte Merkmale besitzt oder bestimmte Aktionen ausführt, dann gibt es ja tatsächlich ein solches Individuum, und eben dies drückt eine Existenzaussage aus. Bei der *Einführung der Existenzaussage*, abgekürzt ›EE‹, werden der existenzquantifizierende Vorsatz gebildet und der willkürlich gewählte oder Eigen-Name des Objekts durch eine Variable oder das Wort ›es‹ ersetzt. Der Schluss erhält also die folgende Gestalt:

1. P:	Für ein Individuum gilt: es ist B und es ist A.
2. EB (1):	α ist B und α ist A.
3. UZ (2):	α ist B.
4. UZ (2):	α ist A.
5. UE (3,4):	α ist A und α ist B.
6. EE (5):	Für ein Individuum gilt: es ist A und es ist B.

Während Aristoteles sich in seiner *Physikvorlesung* Gedanken über Vorgänge macht, die entweder gesetzmäßig ablaufen oder zumindest eine gewisse Regelhaftigkeit aufweisen, schreibt er:

»Da es auch Prozesse gibt, die gegen Gesetz und Regel verlaufen, und allgemein an diese Prozesse gedacht ist, wenn man sagt, etwas sei aus bloßer Fügung zustande gekommen, besteht kein Zweifel darüber, dass bloße Fügung und blinder Zufall Realitäten sind« (Phys. II 5, 196 b 13-17, Übers. Wagner).

Die erste Prämisse dieses Schlusses enthält eine Existenzaussage über gewisse Prozesse, die in dem Relativsatz durch ihre Verlaufseigenschaft charakterisiert sind. Die zweite macht eine allgemeine Aussage über diese Prozesse und setzt sie zur Fügung als Ursache in Beziehung. Um diese Beziehung zwischen den Prozessen und der Fügung sprachlich ausdrücken zu können, sind zwei Variablen erforderlich, damit Prozess (x) und Fügung (y) nicht verwechselt werden. Die Konklusion schließlich behauptet – ganz unsyllogistisch – die reale Existenz von Fügung und Zufall. Lassen wir den »blinden Zufall« außer Betracht, der offenbar als Synonym zu »bloße Fügung« in die Argumentation hineingeraten ist, dann lassen sich die drei Sätze gemäß 3.1-A und 3.1-C folgendermaßen darstellen:

P_1: Für ein Individuum x gilt: x ist ein Prozess und x verläuft gegen Gesetz und Regel.
P_2: Für jedes Individuum x gilt: wenn x ein Prozess ist und x gegen Gesetz und Regel verläuft, dann gilt für ein Individuum y: y ist bloße Fügung und x kommt durch y zustande.
K: Für ein Individuum y gilt: y ist bloße Fügung.

Zur Ableitung der Konklusion beseitigen wir zunächst wie bisher die Existenzaussage der ersten Prämisse (Zeile 3) und die Allgemeinheit der zweiten Prämisse (Zeile 4). Bei Letzterer können wir wegen ihrer Allgemeingültigkeit die Variable x durch den in Zeile 3 willkürlich gewählten Namen α ersetzen. Indem wir den Modus ponens auf die Zeilen 3 und 4 anwenden, isolieren wir den Nachsatz der zweiten Prämisse (Zeile 5). So wie vorhin zwei unterschiedliche Variablen erforderlich waren, ist für die nochmalige Beseitigung einer Existenzaussage ein anders gewählter zweiter Name β vonnöten, wodurch wir einen und-Satz erhalten (Zeile 6). Nach dessen Zerlegung (Zeile 7) kommen wir durch die Einführung einer Existenzaussage zum Ziel (Zeile 8).

1. P_1:	Für ein Individuum x gilt: x ist ein Prozess und x verläuft gegen Gesetz und Regel.
2. P_2:	Für jedes Individuum x gilt: wenn x ein Prozess ist und x gegen Gesetz und Regel verläuft, dann gilt für ein Individuum y: y ist bloße Fügung und x kommt durch y zustande.
3. EB (1):	α ist ein Prozess und α verläuft gegen Gesetz und Regel.
4. AB (2):	Wenn α ein Prozess ist und α gegen Gesetz und Regel verläuft, dann gilt für ein Individuum y: y ist bloße Fügung und α kommt durch y zustande.
5. MP (3,4):	Für ein Individuum y gilt: y ist bloße Fügung und α kommt durch y zustande.
6. EB (5):	β ist bloße Fügung und α kommt durch β zustande.
7. UZ (6):	β ist bloße Fügung.
8. EE (7):	Für ein Individuum y gilt: y ist bloße Fügung.

3.2 Syntax der Klassischen Prädikatenlogik

Die prädikatenlogischen Schlüsse, die im Kapitel 3.1 als Beispiele dienten, haben wir im Grunde nicht weniger »intuitiv« gezogen als die Vorsokratiker und Aristoteles ihre aussagenlogisch wirkenden Schlüsse. Wir begnügten uns mit Ableitungsschritten, die dem gewohnten Sprachgebrauch entsprachen und schlüssig wirkten. Die Möglichkeit von Fehlschlüssen zeigt aber, dass schlüssig wirkende Schlussfolgerungen keineswegs immer tatsächlich schlüssig sind. Für die prädikatenlogischen Schlüsse benötigen wir deshalb eine formale Systematik, die Ähnliches leistet wie die aristotelische Syllogistik für syllogistische Schlüsse.

Vor ihrer Einführung im nächsten Kapitel ist zu klären, was man bei den Sätzen als logisch bedeutsam festhalten muss und was man als inhaltlichen Anteil ansehen und als Logiker folglich vernachlässigen kann. Der *Aussagenlogik* geht es nur darum, die logischen Beziehungen zwischen ganzen Aussagen zu untersuchen. Sie betrachtet den Gehalt der einzelnen Sätze deshalb als unerheblich. Es genügt ihr, unbestimmt von ›Satz‹ oder ›Teilsatz‹ zu sprechen; und es zählt bloß, ob die Sätze bejahend oder verneinend sind und mit welchen Aussagenverknüpfungen sie zusammengesetzt werden. Gelten die Sätze hier als austauschbare Variablen, so heißen Komponenten wie Verneinung und Verknüpfung ›logische Konstanten‹. Die *Syllogistik* dringt tiefer in die Sätze ein und analysiert ihren inneren Aufbau. Sie berücksichtigt die prädikative Beziehung, aber nicht den konkreten Gegenstand und die jeweilige Eigenschaft, die zueinander in Beziehung gesetzt sind. Deren Bezeichnungen können deshalb unbestimmt ›Terme‹ genannt und als Variablen in einer prädikativen Struktur aufgefasst werden (A kommt B zu). Die Aufmerksamkeit der Syllogistik richtet sich in ihrer assertorischen Variante vor allem auf die Qualität (Bejahung und Verneinung) und auf die Quantität der (allgemeinen oder partikulären) Sätze, so dass man die vier Satzarten a, e, i und o als logische Konstanten der Syllogistik betrachten kann. Die *Prädikatenlogik* geht in zweifacher Hinsicht darüber hinaus. Zum einen hebt sie die syllogistische Beschränkung auf prädikativ strukturierte Aussagesätze auf und untersucht wie die Aussagenlogik alle Sätze ohne Vorbehalt; zum anderen analysiert sie den Aufbau der Aussagen noch genauer als die Syllogistik, indem sie den Termbegriff im Hinblick auf den Unterschied von Subjekt und Prädikat unterteilt und neben dem Subjekt-Prädikat-Verhältnis Beziehungen beliebiger Art berücksichtigt.

Doch zuvor gilt es, den Begriff des Aussagesatzes bzw. der Aussage zu präzisieren, der den Untersuchungsgegenstand der (Aussagen- und) Prädikatenlogik bildet und bisher in eher grammatischer als logischer Bedeutung als bekannt vorausgesetzt wurde. Als Untersuchungsgegenstand der Prädikatenlogik einfach die (einen Sachverhalt feststellenden) Aussagesätze anzugeben würde zu weit gehen. Denn es gibt durchaus Aussagesätze, die für die Prädikatenlogik ungeeignet sind. Dazu gehören insbesondere syntaktisch mehrdeutige oder semantisch mehrdeutige Sätze. Ebenso ungeeignet sind Aussagesätze mit vagen Ausdrücken. Was ist damit genau gemeint?

Syntax, Semantik und Pragmatik: Mehrdeutigkeit und Vagheit

An einer Sprache kann man, wie die neuere Sprachtheorie im Anschluss an Charles Morris[69] darlegt, drei Aspekte hervorheben, denen sich die Syntax, die Semantik und die Pragmatik widmen.

3.2-A	Die *Syntax* befasst sich mit den Zeichen einer Sprache (ihrem Alphabet) und mit den Regeln für die Bildung von Zeichenfolgen (Wörtern, Sätzen).

Da die Regeln für die Bildung von Zeichenfolgen in nicht formalisierten Sprachen oft ungenau formuliert sind, ist es möglich, Sätze zu bilden, die mehr als eine Lesart zulassen. So ist die Reihenfolge von Subjekt und Objekt im Deutschen nicht definitiv festgelegt, was das Verständnis eines Satzes insbesondere dann beeinträchtigt, wenn der Nominativ der betreffenden Wörter dieselbe Endung hat wie der Akkusativ (»Goethe verehrte Charlotte von Stein«); Adjektive und Adverbien sind manchmal nicht voneinander zu unterscheiden (»An den Wänden hingen lange Teppiche«); und die Bezugswörter von Possessivartikeln, Beifügungen oder adverbialen Ergänzungen sind nicht immer eindeutig erkennbar (»Nach ihrem Sieg feierten die Fans die Nationalelf«; »Galilei betrat den Turm mit dem Fernrohr«). Sätze, die in der angedeuteten Weise zwei oder mehr Lesarten zulassen, sind aus logischer Sicht insofern problematisch, als sich aus ihnen voneinander abweichende Konklusionen ergeben können (zum Beispiel: »Goethe verehrte Charlotte«, »den Goethe verehrte die Charlotte«).

3.2-B	Ein Satz, der wegen seines syntaktischen Aufbaus zwei oder mehr Lesarten zulässt, heißt *syntaktisch mehrdeutig*.

Während die Syntax innersprachliche Zusammenhänge der Zeichen und Zeichenfolgen untersucht, befasst sich die *Semantik* mit bestimmten außersprachlichen Bezügen der Zeichen, Wörter und Sätze. Diese finden ja zum einen eine Entsprechung in den Begriffen und Urteilen der gedanklichen Welt, zum anderen beziehen sie sich mit Benennungen, Beschreibungen, Mengenbildungen und Ähnlichem auf die gegenständliche Wirklichkeit.

3.2-C	Die *Semantik* befasst sich mit außersprachlichen Bezügen der Sprache im Allgemeinen bzw. einzelner Sprachen und mit der Bedeutung der Zeichen und Zeichenfolgen einzelner Sprachen.

Deshalb hat Gottlob Frege in seinem Aufsatz *Über Sinn und Bedeutung* mit Bezug auf einen sprachlichen Ausdruck (Schriftzeichen, Name, Wortverbindung) zwischen dem damit Bezeichneten und der Art, wie es im Denken gegeben ist, unterschieden.[70] Diese Unterscheidung kehrt in den heute gebräuchlichen Fachausdrücken ›Extension‹ und ›Intension‹ wieder. Haben wir es mit einem bestimmten Ausdruck einer bestimmten Sprache zu tun, dann ist seine *Extension* der einzelne Gegenstand, den er als Name benennt, oder die Gesamtheit der Gegenstände, auf die er sich bezieht. So gehören zur Extension des Ausdrucks ›Immanuel Kant‹ der Philosoph dieses Namens (sowie eventuelle Namensvettern), zu der des von ihm gebrauchten Fachausdrucks ›Idee‹ die Seele, die Welt und Gott; und die Extension des Wortes ›Philosoph‹ bildet die Gesamtheit der Philosophen. – Mit der *Intension* eines bestimmten Ausdrucks einer bestimmten Sprache sind die Eigenschaften und Beziehungen des Gegenstandes oder der Gegenstände und Sachverhalte gemeint, auf die sich der Ausdruck benennend bzw. bezeichnend bezieht. Zur Intension von ›Immanuel Kant‹ rechnet man dementsprechend, dass dieser Philosoph in Königsberg geboren wurde und starb, an der dortigen Universität lehrte, die berühmten drei Kritiken verfasste usw. Die Intension der kantischen Ideen besteht darin, dass es sich dabei um transzendentale Begriffe der Vernunft handelt, die den Eindruck erkennbarer Gegenstände erwecken usw.

3.2-D	Ein sprachlicher Ausdruck oder ein Satz, der in einer Sprache mehr als eine Intension besitzt, heißt *semantisch mehrdeutig*.

Semantisch mehrdeutig sind zum Beispiel die Wörter ›Bart‹ (des Schlüssels bzw. des Mannes), ›Bank‹ (Möbelstück, Geldinstitut, geologische Formation), ›Krebs‹ (Tier, Sternbild, musikalische Form, Krankheit) und ›Knoten‹ (Verknüpfung, Geschwindigkeitsmaß, Berg im Westerwald, Fachausdruck der Graphentheorie, der Informatik, Statik und Astronomie).

Während ein Wort bei semantischer Mehrdeutigkeit zwei oder mehr Intensionen besitzt, die als solche klar bestimmt sind (›das Tor‹, ›der Tor‹), ist bei einem *vagen* Ausdruck die Extension nicht klar umrissen; es bleibt offen, welche Gegenstände oder Sachverhalte ihm zugeordnet sind, welche nicht. »Das Modell XY hat einen sparsamen Energieverbrauch« ist ein Beispiel für einen Satz mit einem vagen Ausdruck. Obwohl das Wort ›sparsam‹ nur eine Bedeutung besitzt und somit nicht semantisch mehrdeutig ist, bleibt es vage. Offensichtlich haben sogar einige Grünen-Politiker im Hinblick auf ihre Autos sehr unterschiedliche Vorstellungen davon, was als Modell mit sparsamem Energieverbrauch anzusehen ist.

3.2-E	Ein sprachlicher Ausdruck, dessen Extension nicht genau feststeht, heißt *vage*.

Es hat sich herausgestellt, dass die syntaktische und die semantische Betrachtungsweise nicht ausreichen, um alle für das Verständnis der Sprache erforderlichen Gesichtspunkte zu erfassen. Eine Aussage wie »er kam hierher« ist syntaktisch wie semantisch einwandfrei. Dass sie uns trotzdem im Unklaren über das Gemeinte lässt, liegt daran, dass die Wörter »er« und »hierher« als *Indikatoren* auf die Gesprächssituation, auf den persönlichen und sozialen Hintergrund der Gesprächspartner verweisen. Derartige Beziehungen zwischen der Sprache und der Sprechsituation werden von der *Pragmatik* untersucht. Wie die syntaktischen oder semantischen Mehrdeutigkeiten oder die Vagheit können Sätze mit unbestimmt bleibenden Indikatoren für logische Betrachtungen problematisch werden.

Was ist eine Aussage?

Aus den genannten Gründen hebt man aus der Gesamtheit der Aussagesätze den (aussagen- und) prädikatenlogisch brauchbaren Teil heraus: die Aussagen. Sie werden meistens in der Weise definiert, dass man sagt:

»Eine Aussage ist ein Aussagesatz, der entweder wahr oder falsch ist (bzw. dem einer der beiden Wahrheitswerte ›wahr‹ oder ›falsch‹ zugeordnet werden kann).«

Dabei gilt als Aussagesatz ein Satz, der einen Sachverhalt feststellt, ihn beschreibt und der Mitteilung dieser Information dient (wie »Die Syllogistik ist ein Teilgebiet der Logik«). Ein Aussagesatz unterscheidet sich also von Fragen, Bitten, Aufforderungen, Sätzen über Mögliches und Notwendiges. Eine *Aussage* unterscheidet sich darüber hinaus von Aussagesätzen, die subjektive Empfindungen, Meinungen oder Bewertungen ausdrücken, mehrdeutige, vage oder unbestimmte Feststellungen treffen und deshalb nicht ›wahr‹ oder ›falsch‹ genannt werden können (»Ich finde die Syllogistik interessanter als die Prädikatenlogik«). Im Übrigen setzt man die gewohnten Begriffe ›wahr‹ und ›falsch‹ als bekannt voraus und überlässt ihre nähere Bestimmung der Erkenntnistheorie oder der Sprachphilosophie. Sehen wir uns nun die folgenden Sätze aus einer Einführung in die Logik[71] daraufhin an, ob sie wohl Aussagesätze, wahr oder falsch sind.

1. »Die Logik entscheidet darüber, was man [...] meinen, annehmen, für wahr halten darf.«
2. »Zur Fixierung des Begriffes bedient sich der Mensch seiner sprachlichen Mittel.«
3. »Und erst durch die Formulierung des äußeren Wortes wird das innere (der Begriff) schärfer, wird dauerhaft [...] und gewinnt dadurch stärkeren Einfluß auf das allgemeine geistige Leben.«

4. »Ist nicht jede Erkenntnis bereits Übersetzung in andere Bereiche und damit Verzerrung?«
5. »Das, so meine ich, wäre ein Fehlschluß.«
6. »Wir wollen uns das an einem Beispiel verdeutlichen.«
7. »Beide Urteile können wahr sein.«
8. »Unterscheiden sich zwei Urteile nur hinsichtlich ihrer Qualität (bejahend – verneinend), so heißt der Gegensatz *konträr*.«

Der erste dieser Sätze ist eine falsche, der zweite eine wahre Aussage. Der dritte Satz ist zwar ein Aussagesatz, aber keine Aussage; denn er enthält ein mehrdeutiges Wort (»scharf«) und einen vagen Ausdruck (»stärkerer Einfluss«). Die nächsten vier Sätze sind keine Aussagesätze (Frage; Meinungsäußerung; Absichtserklärung; modaler Satz: »können«). Schwierigkeiten dürfte die Zuordnung des letzten Satzes bereiten. Stellt er als Definition etwas fest? Ist er wahr?

Ein Ansatz, der die Aussage – wie oben angegeben – als wahren oder falschen Aussagesatz definiert, lässt offensichtlich Fragen offen und stellt deshalb nicht ganz zufrieden. Denn etliche wissenschaftliche Theorien werden bekanntlich in Form von Axiomensystemen dargestellt, in denen die Erkenntnisse und Prognosen eines Wissensgebietes aus wenigen Definitionen und Axiomen logisch abgeleitet werden. Nun können die zugrunde liegenden Definitionen und Axiome (trotz gelegentlich unterschiedlicher Auffassungen von den Grundlagen der Wissenschaft) aber keineswegs in allen Fällen als Aussagen im obigen Sinne gelten; sie wären folglich prädikatenlogisch irrelevant. Dies sei im Folgenden im Einzelnen erläutert.

Bei den Definitionen handelt es sich heute oft um konventionelle *Festsetzungen* des Wortgebrauchs, nicht um Feststellungen. Als Festsetzungen kann man sie nicht als wahr oder falsch ansehen. Man kann sie höchstens für korrekt oder unkorrekt gebildet, für mehr oder weniger angemessen halten. Was ist daran »wahr«, wenn wir die Aussage als wahren oder falschen Aussagesatz definieren? Aus welchem Grund sollte man die Definition der Primzahl als positive ganze Zahl, die nur durch die Eins und sich selbst teilbar ist, »wahr« nennen?

Gleiches gilt für die Axiome einer abstrakten Theorie, zum Beispiel für das Kommutativaxiom in der Mathematik, das für zwei beliebige Elemente a und b einer bestimmten Menge *festsetzt*, dass a verknüpft mit b dasselbe ergibt wie b verknüpft mit a. So etwas trifft bekanntlich für die Addition und die Multiplikation zu, wo $a + b = b + a$ bzw. $a \bullet b = b \bullet a$ gilt. Dieses Axiom ist aber nicht »wahr«; es konstatiert im Fall einer neu eingeführten Theorie ja keinen tatsächlich vorliegenden Sachverhalt, sondern trifft eine Festsetzung für die künftige Struktur dieser Theorie.

Zu den Aufgaben logisch-mathematischer Theorien gehört es, aus den Definitionen und Axiomen bestimmte Sätze abzuleiten, zum Beispiel die Existenz einer Zahl 0 mit $x + 0 = x$ für beliebige Zahlen. Aber wie will man die »Wahrheit« einer solchen Gleichung feststellen? Zu den Aufgaben empirischer Theorien wiederum gehört es, mit Hilfe logischer Mittel Prognosen abzuleiten, die entweder der Zukunftsplanung oder der kritischen Prüfung der betreffenden Theorie dienen sollen. Von keiner dieser Prognosen weiß man im Moment der Ableitung, ob sie wahr oder falsch ist. Das stellt sich erst im nächsten Schritt heraus, wenn sie mit den Ergebnissen entsprechender empirischer Beobachtungen verglichen wird.

Trotzdem wäre es völlig absurd, gerade diejenigen Theorien, die sich in besonderer Weise unter Rückgriff auf Definitionen und Axiome um logische Begründungen, Beweise und die Ableitung von Prognosen bemühen, durch eine zu enge Definition der Aussage von der logischen Analyse auszuschließen. Deshalb werden wir die Definition der Aussage etwas abändern. Um Prognosen einbeziehen zu können, werden wir das Wort *über-*

prüfbar einfügen. Damit soll gemeint sein, dass wir die Wahrheit oder Falschheit dieser Sätze im Zuge der logischen Ableitung oder Analyse zwar noch nicht kennen, sie in einem weiteren Schritt aber grundsätzlich feststellen können. Außerdem werden wir, um auch bloß formal korrekte Definitionen, nicht-empirische Axiome, logische und mathematische Sätze berücksichtigen zu können, das Wort ›wahr‹ durch *richtig* ergänzen. Mit diesen Änderungen lautet die Definition der Aussage so:

> **3.2-F** Eine *Aussage* ist ein Aussagesatz, der (überprüfbar) entweder wahr (bzw. richtig) oder falsch ist.

Aussagen im Sinne dieser Definition sind:

- Gottlob Frege war ein Engländer (Aussagesatz, falsch);
- Gottlob Frege war Professor der Mathematik in Jena (Aussagesatz, wahr);
- Wenn A allen B zukommt und B allen C, dann kommt A allen C zu (Aussagesatz der Logik, richtig);
- $2 \bullet 2 = 5$ (mathematischer Aussagesatz, falsch);
- Ein assertorischer Syllogismus mit festgelegter Termfolge heißt *Figur* (Definition);
- In der Klassischen Aussagenlogik wird es bis zum Ende des Jahres 2030 keine neuen Erkenntnisse geben (überprüfbare Prognose).

Damit die folgenden Ausführungen jedoch nicht unnötig umständlich ausfallen, werden wir der Einfachheit halber nur von ›wahr‹ und ›falsch‹ sprechen, ohne damit die soeben eingeführte Definition der Aussage zurückzunehmen. Sie beinhaltet unter anderem die folgenden logisch bedeutsamen Aspekte:

(1) Wenn man einer Aussage den Wert ›wahr‹ (›richtig‹) oder ›falsch‹ zuordnet, dann erinnert das an den Gebrauch einer mathematischen Funktion – zum Beispiel daran, wie eine Funktion f(x) = y dem Argument x den Wert y zuordnet. ›Wahr‹ und ›falsch‹ nennt man deshalb mit einer Wortschöpfung Gottlob Freges auch *Wahrheitswerte.* Eine Beziehung, die einen oder mehrere Wahrheitswerte als Argument(e) hat und diesen einen Wahrheitswert zuordnet, heißt dementsprechend Wahrheitswertfunktion[72]. Dazu mehr im Kapitel 3.4.

(2) Es gibt in der Prädikatenlogik (wie in der Aussagenlogik und in der Syllogistik) nur die beiden Wahrheitswerte ›wahr‹ (›richtig‹) und ›falsch‹, keine weiteren. Aussagesätze, die nicht im Sinne der Definition 3.2-F wahr oder falsch sind und die man folglich ›unbestimmt‹ nennen könnte, bleiben außer Betracht. Den Grundsatz, der besagt, dass es in einem Logiksystem genau zwei Wahrheitswerte gibt, nennt man – im Anschluss an Jan Łukasiewicz – das *Zweiwertigkeitsprinzip.*[73] Die Logik, die sich darauf stützt, heißt *Klassische* Logik. In diesem Sinne haben wir es hier mit der Klassischen Prädikatenlogik zu tun. (Daneben existieren nicht-klassische Formen der Logik, wie die dreiwertige oder die mehrwertige Aussagenlogik, die mehr als zwei Wahrheitswerte zulassen, zum Beispiel den zusätzlichen Wahrheitswert ›unbestimmt‹.)

(3) Jede Aussage ist entweder wahr (richtig), oder sie ist falsch. Das heißt, ihr ist einer der beiden Wahrheitswerte zugeordnet. Es kann weder der Fall eintreten, dass sie – wie in der dialektischen Logik – wahr und falsch zugleich ist, noch der Fall, dass ihr keins der beiden Attribute zukommt. Lässt sich effektiv entscheiden, ob sie wahr (›richtig‹) oder falsch ist (was insbesondere für die Aussagenlogik gilt), nennt man sie *wahrheitsdefinit.*[74]

Term, Prädikator, Quantor und Junktor

Von der grammatischen Einteilung der Satzteile in Subjekt, Prädikat, Objekt, Adverbial usw. unterscheidet sich die prädikatenlogische Analyse insofern, als sie nur das berücksichtigen muss, was für den Wahrheitsgehalt der Aussagen wesentlich ist. Wichtig ist in dieser Hinsicht, dass etwas von etwas ausgesagt wird; die Art des Aussagens (mit Hilfe von Prädikatsnomen, Prädikatsattribut, Verb, Aktiv, Passiv, Substantiv, Fürwort usw.) ist hier nebensächlich. Während die Syllogistik nicht weiter einteilt, welche Terme sich auf das Ausgesagte und welche sich auf das beziehen, von dem etwas ausgesagt wird, trennt die Prädikatenlogik das, von dem etwas ausgesagt wird, von dem davon Ausgesagten. Sie bezieht sich mit *Termen* auf das, von dem etwas ausgesagt wird, und mit *Prädikatoren* auf das davon Ausgesagte.

Ein *Term* ist in der Prädikatenlogik ein Zeichen, mit dem man sich auf etwas bezieht, von dem man etwas aussagen kann: eine wirkliche oder fiktive Person (zum Beispiel Gerhard Gentzen, Superman), ein Lebewesen (wie die Perserkatze Fräulein Flausch), einen realen oder idealen Gegenstand (den David von Michelangelo, die Zahl Null), eine Institution (den Junius Verlag), einen Sachverhalt (die Staatsverschuldung), ein Ereignis (Sokrates' Tod), einen geographischen Ort oder eine Zeitangabe. Der Einfachheit halber fassen wir diese Vielfalt unter dem Ausdruck *Individuum* zusammen. Dabei unterscheiden wir zwei Arten von Termen: Individuenkonstanten und Individuenvariablen.

Eine *Individuenkonstante* ist ein Term, der auf ein genau benanntes oder charakterisiertes bestimmtes Individuum hinweist. Als Zeichen verwenden wir dafür kleine Buchstaben vom Anfang des Alphabets. Sie können auch mit Indizes voneinander unterschieden werden: a, b, c ..., a_1, a_2 ..., b_1 ... (lies: ›a eins‹, ›a zwei‹). Der Term a könnte sich zum Beispiel auf Aristoteles beziehen, a_2 auf das *Organon*, b_1 auf ›der Autor der *Ersten Analytik*‹ usw.

Das zuletzt angeführte Beispiel deutet die Möglichkeit an, nicht nur genaue Benennungen einzubeziehen (wie ›Aristoteles‹), sondern auch Umschreibungen – *Kennzeichnungen* genannt –, wie ›Platons bekanntester Schüler‹, ›die ewige Stadt‹, ›das höchste Gebäude in New York‹. Eine Kennzeichnung ist übrigens nur zulässig, wenn sie sich auf genau ein Individuum bezieht; das heißt, wenn es das beschriebene Individuum tatsächlich gibt und wenn die Kennzeichnung nicht mehrdeutig oder vage ist.

Neben den Individuenkonstanten verwenden wir die *Individuenvariablen* als Platzhalter für jene. Durch sie lassen sich weitere Sachverhalte ausdrücken, wie »*etwas* nervt« oder »*jemand* beschäftigt sich mit der Prädikatenlogik«. *Was* nervt, *wer* sich mit der Prädikatenlogik beschäftigt, bleibt zunächst offen. Als Zeichen für Individuenvariablen verwenden wir kleine Buchstaben vom Ende des Alphabets; auch sie können mit Indizes versehen sein: x, y, z, x_1, x_2 ..., y_1 ...

Ein *Prädikat* sagt etwas von etwas aus: eine Eigenschaft, Befindlichkeit, Handlung oder Beziehung. Es bezieht sich nicht immer nur auf ein einzelnes Individuum, wie in »Fräulein Flausch ist unpässlich« oder »Fräulein Flausch mauzt«. Denn an Handlungen können mehrere Individuen beteiligt sein, und Beziehungen bestehen stets zwischen zwei oder mehr Individuen, zum Beispiel: »Frege veröffentlichte die *Begriffsschrift*«, »an der Jalta-Konferenz nahmen Churchill, Roosevelt und Stalin teil«, »Helmut Schmidt war der Nachfolger von Willy Brandt«, »Berlin ist größer als Leipzig und Dresden zusammen«. Je nach der Anzahl der Individuen, von denen etwas ausgesagt wird, unterscheidet man einstellige (... ist unpässlich; ... mauzt), zweistellige (... veröffentlichte ...; ... war der Nachfolger von ...), dreistellige (... ist größer als ... und ... zusammen), vierstellige (an ... nahmen ... und ... und ... teil) oder noch höherstellige Prädikate. Die Stellenzahl gibt die Anzahl der Leerstellen oder Platzhalter an, in die Benennungen oder Kennzeichnungen von Individuen eingesetzt werden können.

Als Zeichen für Prädikate verwenden wir große Buchstaben aus dem letzten Drittel des Alphabets (P, Q, R, S), die ebenfalls durch *tief*gestellte Indizes voneinander unterschieden sein können. Die Stellenzahl eines Prädikats deuten wir dagegen durch eine *hoch*gestellte Ziffer an. So können P_1, P_1^1 oder Q_2^1 für einstellige Prädikate stehen, P_2^2, Q_1^2 oder R_2 für zweistellige Prädikate usw. (lies: ›P hoch eins‹, ›P eins hoch eins‹). Häufig nennt man die Zeichen für Prädikate ebenfalls ›Prädikate‹ (daher der Name ›Prädikatenlogik‹). Um den Unterschied zwischen Bezeichnung und Bezeichnetem zu verdeutlichen, empfiehlt es sich aber, das Zeichen für ein Prädikat *Prädikator* zu nennen.

Zusätzlich zu den Termen und den Prädikatoren benötigen wir noch *Quantoren*. Mit ihnen können wir die quantifizierten allgemeinen und Existenzaussagen symbolisch ausdrücken. Zwar bemerkte schon Gottlob Frege (1879: VII), dass ein Quantor ausreicht, um auch den anderen darzustellen; aber aus Gründen der leichteren Handhabung werden im Folgenden – wie in den meisten anderen Einführungen – zwei Quantoren verwendet: der Allquantor und der Existenzquantor. Der *Allquantor* wird durch das Zeichen $\forall$ dargestellt – ein auf den Kopf gestelltes ›A‹ (für: alle). Es besagt, dass ein bestimmtes Prädikat für alle Individuen gilt; genauer gesagt: »Für jedes Individuum gilt: das betreffende Prädikat trifft auf dieses Individuum zu«. Der *Existenzquantor* wird durch das Zeichen $\exists$ dargestellt – ein umgedrehtes ›E‹ (für: es gibt). Es besagt, dass es (mindestens) ein Individuum gibt, für das ein bestimmtes Prädikat gilt. Anders formuliert: »Für ein Individuum gilt: das betreffende Prädikat trifft auf eben dieses Individuum zu«.

Selbstverständlich kann man auch in der Prädikatenlogik nicht auf die Verneinung und die schon bekannten Satzverknüpfungen verzichten. Die hierfür verwendeten Zeichen werden *Junktoren* genannt (vom lateinischen Verb ›iungere, iunctus‹ – verbinden). Zwar hat Frege auch diesbezüglich erkannt, dass für die systematische Darstellung der Logik zwei Verknüpfungszeichen ausreichen, und Charles S. Peirce, Henry M. Sheffer und Jean Nicod sind sogar mit einem einzigen Zeichen ausgekommen. Aber je weniger Zeichen zur Verfügung stehen, umso länger fallen gleichwertige Zeichenfolgen aus und umso umständlicher ist ihre Handhabung. Deshalb beschränken wir uns aus Praktikabilitätserwägungen wieder nicht auf das unumgängliche Minimum. Wir verwenden vielmehr die folgenden Zeichen: den *Negator* für die Verneinung, den *Konjunktor* für die und-Verknüpfung, den *Disjunktor* für die oder-Verknüpfung und den *Subjunktor* für die wenn-dann-Beziehung.

Syntax der Sprache der Klassischen Prädikatenlogik

Nach den eher semantisch anmutenden motivierenden Vorbemerkungen wollen wir uns nun der Syntax der hier verwendeten Sprache der Klassischen Prädikatenlogik zuwenden. Es geht also um die Zeichen, das Alphabet dieser Sprache und die Regeln, nach denen aus den Zeichen die zulässigen Zeichenfolgen gebildet werden können. Bei den Zeichen unterscheidet man die eigentlichen Zeichen als Grundzeichen von den Hilfszeichen, die nur der Gliederung der Zeichenfolgen dienen, damit diese übersichtlich bleiben. Welche Grundzeichen für die Sprache der Klassischen Prädikatenlogik erforderlich sind, kam schon im letzten Abschnitt zur Sprache: Individuenkonstanten und -variablen, Prädikatoren, All- und Existenzquantor sowie Junktoren.

3.2-G *Zeichen der Sprache der Klassischen Prädikatenlogik*

1. Grundzeichen

(Benennung)	(Zeichen)	(lies)
Individuenkonstanten	a, b, c, a1, a2 ...	
auch	$\alpha, \beta, \gamma, \alpha_1, \alpha_2, \ldots$	
Individuenvariablen	x, y, z, x1, x2 ...	
Prädikatoren	$P^1, P1^2 \ldots, Q^2,$ $Q1^1 \ldots, R^1, R1^3 \ldots$	
Allquantor	$\forall$	für jedes Individuum gilt:
Existenzquantor	$\exists$	für ein Individuum gilt:
Negator	$\neg$	es trifft nicht zu, dass
Konjunktor	$\wedge$	und
Disjunktor	$\vee$	oder
Subjunktor	$\rightarrow$	wenn – dann

2. Hilfszeichen

	(bzw.)	Klammer auf / zu
	[bzw.]	eckige Klammer auf /zu
	{ bzw. }	geschweifte Klammer auf /zu

Man beachte, dass die *unteren Indizes* zur Unterscheidung der verschiedenen Individuenkonstanten, Individuenvariablen und Prädikatoren dienen, während die *hochgestellten Ziffern* bei Prädikatoren deren Stellenzahl anzeigen. Individuenkonstanten und -variablen werden unter dem Oberbegriff *Term* zusammengefasst.

Es gibt offensichtlich unendlich viele Zeichenfolgen, die man mit diesen Zeichen zum Spaß bilden könnte, zum Beispiel: $\forall$, $\forall\forall$, $\forall\forall\forall$ usw. Aber auch die zulässigen Zeichenfolgen dürften ins Unendliche gehen. Sie lassen sich also nicht einfach durch Aufzählung angeben. Das Definitionsverfahren, das in diesem Fall naheliegt, ist von der elementaren Mathematik her bekannt. Wenn man den Ausdruck ›gerade Zahl‹ einführen möchte, dann kann man das tun, indem man sagt: 2 ist eine gerade Zahl und, wenn x eine gerade Zahl ist, dann ist x + 2 ebenfalls eine gerade

Zahl. Mit diesem Verfahren erhält man durch Addition zusätzlich zur 2 nach und nach die Zahlen 4 (= 2 + 2), 6 (= 4 + 2), 8 (= 6 + 2) usw., also letztlich alle geraden Zahlen. Wegen der Rückbezüglichkeit dieses Vorgehens (4 bezieht sich auf 2 zurück, 6 auf die schon gewonnene 4), spricht man von *rekursiver Definition*. Dieses Verfahren besteht im Wesentlichen aus drei Schritten:

(1) Es wird (mindestens) ein Anfangselement angegeben, das zur Extension des zu definierenden Ausdrucks gehört (im Beispiel: 2);
(2) man erklärt, wie sich aus einem schon erhaltenen Element ein weiteres Element gewinnen lässt (im Beispiel: durch Addition von 2);
(3) zum Abschluss des Definitionsvorgangs legt man fest, dass nur diejenigen Gegenstände zur Extension des definierten Ausdrucks gehören, die sich nach den Regeln (1) und (2) ergeben.

Die zulässigen Zeichenfolgen der Sprache der Klassischen Prädikatenlogik wollen wir *prädikatenlogische Formeln* nennen und ihre rekursive Definition nun vorbereiten. Dazu beginnen wir mit der Verknüpfung von Prädikatoren und Termen. Dafür gibt es eine einfache Regel: Der Prädikator geht voran, und es folgen ihm genauso viele Terme, wie es seiner Stellenzahl entspricht. In diesem Sinne sind die folgenden Zeichenfolgen prädikatenlogische Formeln:

P^1a. – $Q_1{}^2a_1x$. – $Q_2{}^3b_1b_2b_3$. – R^4xyzz_1.

Prädikatenlogische Formeln dieser Art, die die Anfangselemente des Definitionsvorgangs bilden, wollen wir durch die Bezeichnung *prädikative Formeln* hervorheben. Dagegen sind weder $Q_1{}^2axy$ noch $aQ_1{}^2b$ prädikatenlogische bzw. prädikative Formeln. Denn im ersten Fall stimmt die Stellenzahl des Prädikators nicht mit der Anzahl der ihm folgenden Terme überein; und im zweiten Fall ist die Reihenfolge von Prädikator und Termen nicht gewahrt.

3.2-H	Eine prädikatenlogische Zeichenfolge heißt genau dann *prädikative Formel*, wenn sie sich aus einem n-stelligen Prädikator und n ihm folgenden Termen zusammensetzt.

Prädikative Formeln lassen sich mit Hilfe der Junktoren negieren oder miteinander verknüpfen. Auf diese Weise können prädikatenlogische Formeln wie die folgenden entstehen:

- Aus der Formel P^1a entsteht, indem man den Negator davorsetzt, $\neg P^1a$. Eine solche Formel heißt *Negation*.
- Aus zwei Formeln P^1a und Q^2xb entsteht, indem man sie mit dem Konjunktor verknüpft, die *Konjunktion* $(P^1a \wedge Q^2xb)$.
- Aus zwei Formeln P^1a und Q^2xb entsteht, indem man sie mit dem Disjunktor verknüpft, die Formel $(P^1a \vee Q^2xb)$. Eine solche Formel heißt *Disjunktion* (auch ›Adjunktion‹).
- Aus zwei Formeln P^1a und Q^2xb entsteht, indem man sie mit dem Subjunktor verknüpft, die Formel $(P^1a \rightarrow Q^2xb)$. Eine solche Formel heißt *Subjunktion* (auch ›Implikation‹, ›Konditional‹).

Die miteinander verknüpften Formeln müssen sich nicht unterscheiden; eine Formel wie $(P^1a \wedge P^1a)$ ist also ebenfalls eine zulässige Formel. Um eine Konjunktion, Disjunktion oder Subjunktion wird zunächst eine Klammer gesetzt.[75] Durch Verknüpfung entstandene Formeln können erneut miteinander verknüpft werden, wobei wiederum Klammern gesetzt werden. Nur die Außenklammern einer abschließend zusammengesetzten Formel dürfen fortgelassen werden. Auf diese Weise erhält man zum Beispiel die folgenden Formeln:

$(P^1a \wedge Q^1x)$. – $\neg (P^1a \wedge Q^1x)$. – $(P^1a \vee \neg (P^1a \wedge Q^1x))$.
$[(P^1a \vee \neg (P^1a \wedge Q^1x)) \rightarrow P^1a]$.
$\neg [(P^1a \vee \neg (P^1a \wedge Q^1x)) \rightarrow P^1a]$.

Nach der Verwendung der Prädikatoren und Junktoren in prädikatenlogischen Formeln ist noch der Einsatz von Quantoren zu regeln. Angenommen, es ist eine Formel mit einer Individuenvariablen gegeben, sagen wir: P^1x, $(P^1x \wedge Q^1x)$ oder Q^2xy. Dann möchten wir auch zu den entsprechenden quantifizierten Formeln übergehen können, um eine allgemeine oder eine Existenzaussage machen zu können: $\forall x\ P^1x$ oder $\exists x\ P^1x$ bzw. $\forall x\ (P^1x \wedge Q^1x)$ oder $\exists x\ (P^1x \wedge Q^1x)$ bzw. $\forall x\ Q^2xy$ oder $\exists x\ Q^2xy$. Wie sich im Kapitel 3.1 bei der Einführung sowohl der Allgemeinheit als auch der Existenzaussage gezeigt hat, ist zusätzlich der Übergang von prädikativen Formeln ohne Individuenvariablen, wie P^1a, zu einer quantifizierten Formel, wie $\exists x\ P^1x$, wünschenswert. Um das Vorgehen bei der Quantifizierung präzise beschreiben zu können, müssen zuvor die Ausdrücke ›Wirkungsbereich‹, ›gebundene Variable‹ und ›freie Variable‹ eingeführt werden.

3.2-I Der *Wirkungsbereich* eines Quantors $\forall v$ oder $\exists v$ ist der ihm unmittelbar folgende prädikative, negierte, quantifizierte oder durch Klammern umfasste Formelteil. (v steht für eine beliebige Individuenvariable.)

Formel	Wirkungsbereich	Typ
1. $\exists x\ P^1x$	P^1x	prädikative Formel
2. $\forall x \neg P^1x$	$\neg P^1x$	negierte Formel
3. $\exists x\ P^1x \wedge Q^1x$	P^1x [*nicht*: $P^1x \wedge Q^1x$]	prädikative Formel

4. $\forall x\,(P^1x \vee Q^1x)$	$(P^1x \vee Q^1x)$	Klammerausdruck
5. $\forall x\,\neg(P^1x \rightarrow Q^1x)$	$\neg(P^1x \rightarrow Q^1x)$	negierte Formel
6. $\exists x\,\forall y\,R^2xy$	für $\exists x$: $\forall y\,R^2xy$	quantifizierte Formel
7. $\exists x\,\forall y\,R^2xy \rightarrow Q^1x$	″ $\forall y\,R^2xy$ [*nicht*: $\forall y\,R^2xy \rightarrow Q^1x$]	quantifizierte Formel
8. $\exists x\,\forall y\,(R^2xy \rightarrow Q^1x)$	″ $\forall y\,(R^2xy \rightarrow Q^1x)$	quantifizierte Formel

Bei den soeben betrachteten Formeln fällt auf, dass die meisten Individuenvariablen mit den Quantoren zusammenhängen. Aber in den Formeln Nr. 3 und 7 ist das ›x‹ in Q^1x irgendwie unabhängig von $\exists x$. Deshalb unterscheidet man die ›gebundenen‹ Individuenvariablen von den ›freien‹.

3.2-J (1) Eine Individuenvariable v, die in der prädikatenlogischen Formel F im Wirkungsbereich des Quantors $\forall v$ oder des Quantors $\exists v$ steht, heißt *in F gebunden*.
(2) Eine Individuenvariable v, die in der prädikatenlogischen Formel F nicht durch einen Quantor gebunden ist, heißt *in F frei*. (v steht für eine beliebige Individuenvariable.)

Beispiele:

- In P^1x, Q^2xy, R^3abz sind die Variablen x, y und z allesamt frei.
- In $\forall x\,Q^2xy$ ist x eine gebundene, y eine freie Variable. Dasselbe gilt für $\exists x\,(P^1x \wedge P^1y)$ und für $(\exists x\,P^1x \wedge P^1y)$.
- In $(\forall x\,Q^2xz \rightarrow \exists y\,R^3xyz)$ sind x und y gebundene Variablen, z dagegen eine freie Variable. Zu beachten ist dabei, dass die Variable x in dieser Formel als durch den Allquantor gebunden gilt, obwohl sie im Wirkungsbereich des zweiten Quantors frei vorkommt.

Nach diesen vorbereitenden Begriffsbestimmungen kann die rekursive Definition der prädikatenlogischen Formel – kurz: PL-Formel – für die Sprache der Klassischen Prädikatenlogik erfolgen.

3.2-K
(1) Jede prädikative Formel ist eine PL-Formel der Sprache der Klassischen Prädikatenlogik.
(2) Wenn F eine PL-Formel ist und die Individuenvariable v nicht durch Quantoren gebunden ist, die schon in F vorkommen, dann sind auch ∀v F und ∃v F PL-Formeln.
(3) Wenn F eine PL-Formel ist, dann ist auch ¬ F eine PL-Formel.
(4) Wenn F und G PL-Formeln sind, dann sind auch (F ∧ G), (F ∨ G) und (F → G) PL-Formeln.
(5) Nur solche prädikatenlogischen Zeichenfolgen, die sich konstruieren lassen, indem die Festsetzungen 3.2-K (1)-(4) endlich oft angewendet werden, sind *PL-Formeln* der Sprache der Klassischen Prädikatenlogik.

In dieser Definition sind F und G Platzhalter für beliebige PL-Formeln; v ist ein Platzhalter für eine beliebige Individuenvariable. Somit sind weder F oder G noch v selbst Zeichen der Sprache der Klassischen Prädikatenlogik.

Nach den Vorgaben der Definition 3.2-K lassen sich nicht nur prädikative Formeln mit Hilfe der Junktoren negieren oder miteinander verknüpfen, sondern auch andere, insbesondere quantifizierte PL-Formeln. Die Vorgaben der Definition können in beliebiger Reihenfolge angewendet werden. Bei der Anwendung der Vorgabe (4) ist die Klammersetzung zu beachten. Es folgen einige Beispiele für PL-Formeln:

- R^2ab. – R^3xyz. – S^5xaybz – alle gemäß Festsetzung 3.2-K (1).
- ∀x S^5xaybz. – ∃x ∀y S^5xaybz. – ∀x ∃y ∀z S^5xaybz – gemäß 3.2-K (1) und (2), auch zwei- und dreimalige Anwendung.
- ¬ ∀x (∃y ¬ ∃z R^3xyz ∧ P^1x) – gemäß 3.2-K (1), (2), (3), (2), (1), (4), (2), (3). Die einzelnen Formelteile haben in diesem Fall die folgenden Wirkungsbereiche: zu ∃z gehört R^3xyz, zu ∃y gehört ¬ ∃z R^3xyz, zu ∀x gehört (∃y ¬ ∃z R^3xyz ∧ P^1x).

Keine PL-Formeln sind:

- $\exists x\ (P^1x \vee \forall x\ P^1x)$ – vor der Einführung des Existenzquantors war die Variable x schon durch den Allquantor gebunden; allerdings wäre $(\exists x\ P^1x \vee \forall x\ P^1x)$ eine korrekt gebildete PL-Formel gemäß (1), (2), (2) und (4).
- $Q^2\ a \neg b$ – nur PL-Formeln dürfen negiert werden.
- $\exists x\ P^1x \wedge \exists y\ P^1y \rightarrow \forall z\ P^1z$ – die Klammervorschrift bei (4) wurde nicht beachtet.

Kommentar

Neben den hier eingeführten Zeichen sind – je nach nationaler Tradition – auch andere gebräuchlich, nämlich für die:

Allquantifizierung:	Λx	oder	(x)				
Existenzquantifizierung:	Vx	oder	$(\exists x)$				
Negation:	~F	oder	$\bar{\bar{F}}$	oder	– F	oder	NF
Konjunktion:	F & G	oder	F . G	oder	$F \cap G$	oder	KFG
Disjunktion:					$F \cup G$	oder	AFG
Subjunktion:					$F \supset G$	oder	CFG

Der Zeichenvorrat und die Formeln, die die Syntax der Sprache der Klassischen Prädikatenlogik ausmachen, bilden eine auf bestimmte logische Fragestellungen zugeschnittene Struktur. Es geht um die Analyse, Klärung und Verdeutlichung der logischen Beziehungen, die zwischen Begriffen und Aussagen unter Berücksichtigung attributiver, relationaler und quantitativer Gesichtspunkte bestehen können. Zu diesen logischen Beziehungen gehören insbesondere der Gegensatz, die Folgebeziehung, die rein logische Geltung und eventuell die Identität. Wegen dieser Zielsetzung sieht die prädikatenlogische Syntax zum einen von inhaltlichen Aspekten weitgehend ab und lässt die Bedeutung vorgefundener Wörter und Sätze außer Betracht; zum anderen stellt sie jene logischen Beziehungen rein formal dar. So abschreckend prädikatenlogische Formeln auf den ersten Blick wirken mögen, so zweckmäßig lassen sie sich verwenden, wenn man sich mit etwas Geduld auf ihren Formalismus eingelassen hat.

Die (vorläufige) Beschränkung auf die Syntax und die Ausblendung der semantischen wie der pragmatischen Sprachebene gereichen der Sprache der Prädikatenlogik insofern zum Vorteil, als semantische Zwei- und Mehrdeutigkeit, Vagheit oder pragmatische Unbestimmtheit von vornherein ausgeschlossen sind. Auch die oben erwähnten syntaktischen Mehrdeutigkeiten können nicht mehr vorkommen. Die formale Unterscheidung der Prädikatoren von den Termen schließt die syntaktische Verwechslung von Subjekt und Prädikat (oder Prädikatsnomen), von Substantiv und Beifügung ebenso aus, wie die fest gewählte Reihenfolge der Terme in einer prädikativen Formel eine Verwechslung von Subjekt und Objekt unmöglich macht. Zudem können wegen der eindeutigen Vorschriften für die Bildung prädikatenlogischer Formeln syntaktische Doppeldeutigkeiten, wie »A oder B oder C«, nicht auftreten, weil durch die Klammersetzung »A oder (B oder C)« von »(A oder B) oder C« unterschieden ist. Damit stellt die prädikatenlogische Syntax ein Analyse-Instrument bereit, das für die Klärung und präzise Darstellung logischer Zusammenhänge nützlich sein kann.

Andererseits darf man von der Prädikatenlogik nichts erwarten, was sie gar nicht leisten kann und will. Sie dient weder dazu, die empirische Wahrheit oder Falschheit vorgegebener Sätze zu ermitteln (obwohl Ausdrücke wie ›Wahrheitsfunktion‹ oder ›Wahrheitstafel‹ so etwas suggerieren) oder tatsächliche Denkvorgänge psychologisch zu erfassen, noch zielt sie auf die Beantwortung erkenntnistheoretischer Fragen ab, wie es im 19. Jahrhundert oft unterstellt wurde. Ihr Ziel ist, um es noch einmal zu wiederholen, die Analyse, Klärung und Verdeutlichung logischer Aspekte, wie rein logische Geltung, Gegensatz, Folgebeziehung und eventuell Identität, die bei Begriffen und Aussagen unter Berücksichtigung attributiver, relationaler und quantitativer Gesichtspunkte bestehen können.

3.3 Ein Kalkül des natürlichen Schließens

Der nächste Schritt nach der Bereitstellung einer Syntax besteht in der Entwicklung eines deduktiven Apparats. Er soll es gestatten, Schlüsse zu ziehen, Beweise zu führen und vorgelegte Schlüsse oder Beweise auf ihre Folgerichtigkeit und auf die Vollzähligkeit ihrer Prämissen zu prüfen. Dazu werden aus gegebenen Voraussetzungen nach festgelegten und kontrollierbaren Ableitungsregeln bestimmte Konklusionen rein formal hergeleitet. Wie schon zu Beginn des dritten Teils angedeutet, wird dazu im Folgenden kein Axiomensystem, sondern aus Gründen der Praktikabilität der »Kalkül des natürlichen Schließens« in einer leicht abgeänderten Fassung vorgestellt. Gerhard Gentzen (1935: 176), auf den er ursprünglich zurückgeht, wollte damit »einen Formalismus aufstellen, der dem wirklichen logischen Schließen möglichst nahe kommt«. Willard Van Orman Quine (1950), Patrick Suppes (1957) und andere haben ihn später didaktisch aufbereitet.

Substitution, Markierung, Indizierung

Nach dem, was im Kapitel 3.1 über die Einführung oder Beseitigung der Allgemeinheit bzw. des Existenzsatzes ausgeführt wurde, liegt es nahe zu vermuten, dass im Kalkül in ähnlicher Weise

Quantoren einzuführen oder zu beseitigen sind. Dabei kann man (oder muss man) immer wieder Terme durch andere Terme ersetzen: Individuenvariablen durch Individuenkonstanten oder durch willkürlich gewählte Namen und umgekehrt. Dieser Ersetzungsvorgang, ›Substitution‹ genannt, lässt sich so beschreiben:

3.3-A	Es sei F[t1] eine prädikatenlogische Formel mit dem Term t1. t2 sei ein weiterer, nicht notwendigerweise von t1 verschiedener Term. Aus F[t1] geht die Formel F[t1/t2] genau dann durch *Substitution* hervor, wenn der Term t1 an allen Stellen, an denen er in F[t1] vorkommt, durch den Term t2 ersetzt wird.

Bildet zum Beispiel die Formel ($P^1a \vee Q^2xa$) die Ausgangsformel F[a], dann hat die Formel F[a/x] die Gestalt ($P^1x \vee Q^2xx$) und die Formel F[a/y] die Gestalt ($P^1y \vee Q^2xy$).

Dass solche Substitutionen beim Übergang zu Allquantoren mit besonderer Vorsicht gehandhabt werden müssen, liegt auf der Hand. Als problematisch stellen sich hierbei insbesondere freie Individuenvariablen heraus. Sie stehen für ein unbestimmt bleibendes einzelnes Individuum, weshalb Aussagen über sie nicht einfach verallgemeinert werden dürfen. Andererseits spricht nichts dagegen, Individuenvariablen, die überhaupt erst durch die Beseitigung eines Allquantors zu freien Variablen wurden, wieder durch einen Allquantor zu binden und sie so in eine allgemeine Aussage einzubeziehen. Um diese beiden Fälle voneinander zu unterscheiden, werden die problematischen freien Variablen, die in Prämissen vorkommen, von vornherein als *markierte (freie) Variablen* hervorgehoben (wozu sich im Abschnitt über die Ableitungen eine nähere Erläuterung findet).[76]

Es können aber noch andere Schwierigkeiten auftreten. Das zeigen die folgenden Satzübergänge. Von dem unproblematischen Satz »Jeder Mensch hat eine Mutter« bzw. »Für jeden

Menschen x gilt: für einen Menschen y gilt: y ist x's Mutter« kommt man durch Beseitigung der Allgemeinheit zu »α ist x's Mutter«. Kehrt man nun wieder zur Allgemeinheit zurück, lautet der Satz: »Für jeden Menschen x gilt: α ist x's Mutter«. Das heißt, alle Menschen haben ein und dieselbe Mutter. Solchen offenkundigen Unsinn soll die folgende Maßnahme verhindern: Eine Individuenvariable, die durch eine Allquantorbeseitigung zu einer freien Variablen wurde, wird bei nachfolgenden Existenzquantor-Beseitigungen den willkürlich gewählten Namen als Index angehängt (α_x); sie heißt nun *indizierte Variable.*

Ableitungsregeln

Substitutionen, Markierungen und Indizierungen kommen insbesondere in Verbindung mit Ableitungsregeln für quantifizierte Formeln vor. Dabei ist eine *Ableitungsregel* eine Vorschrift, welche die Bedingungen festlegt, unter denen man von einer oder mehreren prädikatenlogischen Formeln zu einer weiteren übergehen kann. Zu den Ableitungsregeln des Kalküls des natürlichen Schließens gehören aber auch Vorgaben für die Einführung oder die Beseitigung von Junktoren. Wie man in der Syntax der Prädikatenlogik auf einen Quantor und mehrere Junktoren verzichten könnte, so ließen sich auch im Kalkül des natürlichen Schließens einige Ableitungsregeln einsparen. Aus Gründen der leichteren Handhabung statten wir den Kalkül aber vergleichsweise üppig mit 17 Ableitungsregeln aus. Sie werden zunächst aufgelistet, bevor ihre Anwendung im nächsten Abschnitt erläutert wird. (›PL-Formel‹ steht im Folgenden für ›prädikatenlogische Formel‹; F und G sind Platzhalter für beliebige PL-Formeln; v und w sind Platzhalter für beliebige Individuenvariablen, t für beliebige Terme, χ für beliebige willkürlich gewählte Namen.)

$\neg \neg F$
F

Diese Ableitungsregel gestattet es, von der doppelten Negation einer PL-Formel F unter denselben Voraussetzungen zu der Formel F überzugehen. Sie heißt *Beseitigung der doppelten Negation*, abgekürzt: DNB.

F
$\neg \neg F$

Im umgekehrten Fall kann man von einer PL-Formel unter denselben Voraussetzungen zu ihrer doppelten Negation übergehen. Die Ableitungsregel heißt *Einführung der doppelten Negation*, abgekürzt: DNE.

$(F \wedge G)$
F

Diese Regel ermöglicht unter gleichbleibenden Voraussetzungen den Übergang von einer Konjunktion zu einem der beiden Konjunktionsglieder, also auch zu G. Sie heißt *Konjunktionsbeseitigung*, abgekürzt: KB.

F
G
$(F \wedge G)$

Umgekehrt kann man von zwei PL-Formeln zu deren Konjunktion übergehen. Diese hängt von den Voraussetzungen beider Formeln ab. Die Ableitungsregel heißt *Konjunktionseinführung* (oder Aufbauregel), abgekürzt: KE.

F
$(F \vee G)$

Nach dieser Regel lässt sich aus der PL-Formel F unter denselben Voraussetzungen eine um eine beliebige PL-Formel G ergänzte Disjunktion ableiten, also auch G v F. Die Regel heißt *Disjunktionseinführung* (oder Additionsregel), abgekürzt: DE.

$(F \vee G)$
$\neg G$
F

Diese Regel lässt es zu, aus einer Disjunktion und der Negation des zweiten Disjunktionsgliedes das erste Disjunktionsglied abzuleiten. Sie hängt von den Voraussetzungen beider Formeln ab. Die Regel könnte ›Disjunktionsbeseitigung‹ heißen, wird aber wie die entsprechende Schlussform *modus tollendo ponens* genannt, abgekürzt: MTP.

$(F \rightarrow G)$
F
G

Analog gibt es den *modus ponens* (oder die Abtrennungsregel), abgekürzt: MP. Danach lässt sich aus einer Subjunktion und deren Vordersatz der Nachsatz ableiten. Er hängt von den Voraussetzungen beider Formeln ab.

$(F \rightarrow G)$ $\neg G$ $\neg F$	Diese Regel erlaubt es, von einer Subjunktion und deren negiertem Nachsatz zum negierten Vordersatz überzugehen. Sie hängt von den Voraussetzungen beider Formeln ab. Die Regel heißt *modus tollens*, abgekürzt: MT.
$\forall v\ F[v]$ $F[v/t]$	Es sei $\forall v\ F[v]$ eine allquantifizierte PL-Formel mit der Individuenvariablen v. t sei ein Term, der im Wirkungsbereich F[v] des Quantors *nicht gebunden* ist. Dann lässt sich aus $\forall v\ F[v]$ die Formel F[v / t] unter denselben Voraussetzungen ableiten, die für die Ableitung von $\forall v\ F[v]$ erforderlich waren. Diese Regel der *Allquantor-Beseitigung* wird mit ›AB‹ abgekürzt.
$F[v]$ $\forall w\ F[v/w]$	Es sei F[v] eine PL-Formel mit der *freien* Individuenvariablen v. Die Individuenvariable w sei *weder markiert oder indiziert noch in F[v] gebunden*. Dann kann man aus F[v] bei gleichbleibenden Voraussetzungen die Formel $\forall w\ F[v/w]$ ableiten. Diese Regel der *Allquantor-Einführung* wird mit ›AE‹ abgekürzt.
$\exists v\ F[v]$ $F[v/\chi]$	Es sei $\exists v\ F[v]$ eine existenzquantifizierte PL-Formel mit der Individuenvariablen v. χ sei ein willkürlich gewählter Name, der in der Ableitung noch *nicht benutzt* wurde. Dann kann man aus $\exists v\ F[v]$ bei gleichbleibenden Voraussetzungen $F[v/\chi]$ ableiten. Diese Regel der *Existenzquantor-Beseitigung* wird mit ›EB‹ abgekürzt.
$F[t]$ $\exists v\ [t/v]$	Es sei F[t] eine PL-Formel mit dem *nicht gebundenen* Term t. v sei eine Individuenvariable, die *nicht indiziert* und in F[t] *nicht gebunden* ist. Dann kann man aus F[t] bei gleichbleibenden Voraussetzungen $\exists v\ [t/v]$ ableiten, es sei denn, v ist eine markierte Variable und t eine Individuenkonstante oder ein willkürlich gewählter Name. Diese Regel der *Existenzquantor-Einführung* wird mit ›EE‹ abgekürzt.

Aber wie lassen sich die eingeführten Ableitungsregeln praktisch verwenden? Sie setzen ja allesamt schon gegebene prädikatenlogische Formeln voraus, aus denen etwas Neues erschlossen wird.

Deshalb nimmt man eine weitere Regel zwecks *Prämissen-Einführung* (Abkürzung: PE) hinzu:

PE — In einer Ableitung kann man jederzeit eine neue Zeile mit einer gegebenen oder neuen Prämisse hinschreiben, sofern diese als solche gekennzeichnet wird.

Die Regel PE mag im ersten Moment stutzig machen. Wenn es zulässig sein soll, jederzeit neue Prämissen einzuführen, dann könnte der Eindruck entstehen, es ließe sich alles ableiten und so beweisen. Ein solcher Eindruck ist nur zum Teil berechtigt. Er lässt nämlich unberücksichtigt, dass die eingeführten Prämissen als solche gekennzeichnet werden und somit das Ergebnis belasten. Dieses gilt nur im Hinblick auf die gemachten Voraussetzungen. Wenn jemand sagt, er habe etwas ganz Tolles bewiesen, benötige dafür aber diese und jene ungewöhnliche Voraussetzung, dann wird das nur ein müdes Lächeln hervorrufen. Wollen wir also etwas aus den vorgegebenen Voraussetzungen ableiten, dann dürfen nur sie in das Ergebnis einfließen. Eine zusätzliche Prämisse, die zur Erleichterung der Ableitung vorübergehend herangezogen wird, muss deshalb zum Verschwinden gebracht werden. Das erfolgt so:

F
G
$(F \rightarrow G)$

Sei F eine PL-Formel, die als Prämisse in eine Ableitung eingeführt wurde, um unter bestimmten Voraussetzungen (V) die PL-Formel G herzuleiten. Dann darf die Subjunktion $F \rightarrow G$ in eine neue Zeile geschrieben werden. Da die Formel F im Vordersatz der Subjunktion als Voraussetzung von G ausgewiesen ist, braucht sie neben V nicht mehr als zusätzlich belastende Prämisse angesehen und aufgeführt zu werden. Diese Ableitungsregel heißt deshalb *Prämissen-Beseitigung*, abgekürzt ›PB‹, und der ganze Vorgang *bedingte Ableitung* (BA, auch ›bedingter Beweis‹), weil er unter der Bedingung einer zusätzlichen Prämisse stattfindet.

F $(G \wedge \neg G)$ $\neg F$	Wurde aus einer als Prämisse eingeführten PL-Formel F unter bestimmten Voraussetzungen (V) ein Widerspruch abgeleitet, dann kann man (unter Bezug auf diese Formel und den Widerspruch) die Negation der Formel in eine neue Zeile schreiben. Diese Ableitungsregel heißt *reductio ad absurdum*, abgekürzt ›RAA‹, und der Vorgang *indirekte Ableitung* (IA, auch ›indirekter Beweis‹). Sie beinhalten den Grundsatz vom ausgeschlossenen Widerspruch. Die fragliche Prämisse F wird auch in diesem Fall nicht neben V als zusätzliche Voraussetzung für $\neg F$ angesehen. Denn auf die ersten beiden Zeilen lässt sich die Regel der Prämissen-Beseitigung anwenden (womit die belastende Prämisse entfällt); und die Subjunktion $[F \rightarrow (G \wedge \neg G)]$, die das Ergebnis der Prämissen-Beseitigung ist, lässt sich auf das Absurditätsgesetz beziehen (vgl. 3.6-I).

Ableitung

Ableitung 1: Damit deutlich wird, wie eine Ableitung aufgebaut wird, folgt zunächst ein einfaches Beispiel. Es wird nachgewiesen, dass sich aus $(P^1x \rightarrow \neg Q^1y)$ und Q^1y die Formel $\neg P^1x$ ableiten lässt. Die entsprechende Schlussform ist uns als Variante des Modus tollens schon in 1.4-I begegnet.

Zeile	Formel	herangezogene Zeile	Regel	benutzte Prämisse
1.	$(P^1x \rightarrow \neg Q^1y)$		PE	(1), x, y
2.	Q^1y		PE	(2), y
3.	$\neg\neg Q^1y$	2	DNE	2, y
4.	$\neg P^1x$	1, 3	MT	1, 2, x, y

In der ersten Spalte der Ableitung[77] steht die laufende Zeilennummer, in der zweiten Spalte die jeweilige Formel. In den *Zeilen 1 und 2* werden die beiden Prämissen des Schlusses gemäß der Regel der Prämissen-Einführung (PE) nacheinander in der zweiten Spalte eingeführt; auf die Regel, um welche es sich dabei handelt, wird in der vierten Spalte hingewiesen. Selbstverständlich hängen diese Prämissen nicht von Anderem ab, das heißt, zu ihrer Einführung wurde keine andere Prämisse benutzt; aber aus Gründen der Übersichtlichkeit wird in der letzten Spalte auf vorgegebene Prämissen in der Weise hingewiesen, dass man die jeweilige Zeilennummer in Klammern hinschreibt. Da die erste Prämisse außerdem die freien Variablen x und y, die zweite Prämisse die freie Variable y enthält, wird dies zusätzlich als *Markierung* dieser Variablen in der letzten Spalte vermerkt und im weiteren Verlauf der Ableitung immer dort wiederholt, wo die betreffenden Prämissen ins Spiel kommen. – In *Zeile 3* wird aus der zweiten Prämisse nach der Regel der Einführung der doppelten Negation (DNE) eine neue Formel hergeleitet, nämlich $\neg \neg Q^1y$, was in der zweiten und in der vierten Spalte ersichtlich ist. Dass die Regel DNE auf die Formel der zweiten Zeile zurückgreift, steht in der dritten Spalte. Jetzt kommt auch die letzte Spalte voll zum Einsatz. Dort muss nämlich angegeben werden, dass die Formel der dritten Zeile von der Prämisse in Zeile 2 abhängt. – Das angestrebte Ergebnis ($\neg P^1x$) ergibt sich in *Zeile 4* durch den Modus tollens. Dieser hat zwei Prämissen, im konkreten Fall die Formeln der ersten und der dritten Zeile. Das ist wieder der zweiten, dritten und vierten Spalte (der letzten Zeile) zu entnehmen. Das Ergebnis speist sich somit aus der ersten, die erste Prämisse enthaltenden Zeile und aus der dritten, die zweite Prämisse voraussetzenden Zeile. Diese beiden Prämissen müssen in der letzten Spalte der letzten Zeile angegeben werden. Ihr lässt sich also entnehmen, dass das Ergebnis der Ableitung auf den beiden vorgegebenen Prämissen beruht; sie benötigt genau diese beiden Prämissen als Voraussetzung – keine mehr und keine weniger.

3.3-B	(1) Eine *Ableitung* ist eine endliche Folge prädikatenlogischer Formeln, die entweder nach der Regel PE als Prämissen eingeführt werden oder auf eine bzw. mehrere vorangehende prädikatenlogische Formeln durch die Anwendung einer der oben angegebenen Ableitungsregeln des Kalküls des natürlichen Schließens folgen. (2) Die PL-Formel in der letzten Zeile einer Ableitung heißt *Konklusion.* Sie hängt von den Prämissen ab, die für diese Ableitung erforderlich sind und nicht beseitigt wurden. (3) $P_1, P_2, \ldots P_n \vdash_P K$ zeigt an, dass es im prädikatenlogischen Kalkül des natürlichen Schließens eine Ableitung mit der Konklusion K gibt und diese nur von den Prämissen $P_1, P_2, \ldots P_n$ abhängt. Dass es in diesem Kalkül eine Ableitung mit der Konklusion K gibt, K aber nicht von Prämissen abhängt, wird durch $\vdash_P K$ zum Ausdruck gebracht.

Ableitung 2: Aus $(P^1x \wedge Q^1y)$ lässt sich $(Q^1y \wedge P^1x)$ ableiten, das heißt: $(P^1x \wedge Q^1y) \vdash_P (Q^1y \wedge P^1x)$. Die dadurch ausgedrückte Eigenschaft der Konjunktion, wonach es möglich ist, die beiden Konjunktionsglieder miteinander zu vertauschen, heißt *Kommutativität.*

In diesem Fall haben wir es nur mit einer Prämisse zu tun; allerdings enthält auch sie freie Variablen, die bei der Prämissen-Einführung (in Zeile 1) markiert werden müssen. Auf die Prämisse wenden wir zweimal die Konjunktionsbeseitigung an (Zeilen 2 und 3). Anschließend können wir die abgeleiteten Formeln mittels Konjunktionseinführung zur gewünschten Konklusion zusammenfassen (Zeile 4).

Zeile	Formel	herangezogene Zeile	Regel	benutzte Prämisse
1.	$(P^1x \wedge Q^1y)$		PE	(1), x, y
2.	Q^1y	1	KB	1, x, y
3.	P^1x	1	KB	1, x, y
4.	$(Q^1y \wedge P^1x)$	2, 3	KE	1, x, y

Hinweis: Wie KB zeigt, lässt sich eine Ableitungsregel mehrfach – auch auf dieselbe(n) Formel(n) – anwenden.

3.3-C $\forall x\ P^1x \vdash_P \exists x\ P^1x$

In dieser Ableitungsbeziehung kommt sowohl in der Prämisse als auch in der Konklusion ein Quantor vor. Es soll gezeigt werden, dass ein Prädikat, das für alle Individuen gilt, auch auf (mindestens) ein Individuum zutrifft. Obwohl die Aussage formal auf einstellige Prädikatoren beschränkt ist, gilt sie *ohne Beschränkung der Allgemeinheit* für alle in gleicher Weise quantifizierten Formeln, weil die Ableitungsschritte gleich bleiben, also auch für $\forall x\ (P^1x \wedge Q^1x)$, $\forall x\ \forall y\ R^2xy$ usw. Für die Ableitung benötigen wir die Allquantor-Beseitigung und die Existenzquantor-Einführung.

Zeile	Formel	herangezogene Zeile	Regel	benutzte Prämisse
1.	$\forall x\ P^1x$		PE	(1)
2.	P^1x	1	AB [x / x]	1
3.	$\exists x\ P^1x$	2	EE [x / x]	1

Als Term für die Substitution bei der Allquantor-Beseitigung (Zeile 2) wurde die Individuenvariable x gewählt. Sie ist im Wirkungsbereich P^1x der Prämisse nicht gebunden, erfüllt somit die für diese Ableitungsregel geforderte Bedingung und kann deshalb beim Übergang von der ersten zur zweiten Zeile verwendet werden. (Der ersetzte und der ersetzende Term können, müssen also nicht verschieden sein. Statt einer Individuenvariablen könnte man in diesem Fall aber auch eine Individuenkonstante als substituierenden Term wählen.) Die abgeleitete Formel P^1x (in Zeile 2) enthält wiederum den Term x. Dass er weder indiziert noch gebunden ist, lässt zweierlei zu: Es spricht erstens nichts gegen eine Existenzquantor-Einführung; und zweitens kann man dabei x selbst als quantifizierte Individuenvariable verwenden (Zeile 3).

3.3-D $\exists x\,(P^1x \wedge Q^1x) \vdash_P (\exists x\, P^1x \wedge \exists x\, Q^1x)$

Hier wird (ohne Beschränkung der Allgemeinheit) behauptet, dass man von einer existenzquantifizierten Konjunktion zur Konjunktion der existenzquantifizierten Konjunktionsglieder übergehen darf. [Die Umkehrung, das heißt der Übergang von $(\exists x\, P^1x \wedge \exists x\, Q^1x)$ zu $\exists x\,(P^1x \wedge Q^1x)$, stellt übrigens einen Fehlschluss dar; vgl. 3.5-N]. Da die Konklusion aus einer Konjunktion besteht, empfiehlt es sich, damit man abschließend die Konjunktionseinführung vornehmen kann, zunächst die beiden Konjunktionsglieder herzuleiten. Man erhält sie, indem man nach der Existenzquantorbeseitigung (Zeile 2) und der Konjunktionsbeseitigung (Zeilen 3 und 5) erneut Existenzquantoren einführt (Zeilen 4 und 6).

Zeile	Formel	herangezogene Zeile	Regel	benutzte Prämisse
1.	$\exists x\,(P^1x \wedge Q^1x)$		PE	(1)
2.	$(P^1\alpha \wedge Q^1\alpha)$	1	EB [x/α]	1
3.	$P^1\alpha$	2	KB	1
4.	$\exists x\, P^1x$	3	EE [α/x]	1
5.	$Q^1\alpha$	2	KB	1
6.	$\exists x\, Q^1x$	5	EE [α/x]	1
7.	$(\exists x\, P^1x \wedge \exists x\, Q^1x)$	4, 6	KE	1

Der Existenzquantor der Prämisse lässt sich beseitigen, indem man in seinem Wirkungsbereich den willkürlich gewählten Namen α, der in der Ableitung noch nicht benutzt wurde, für die Variable (x) einsetzt. Da in den Formeln der Zeilen 3 und 5 weder der Term α noch die Variable x gebunden (oder indiziert) sind, kann im nächsten Schritt der Existenzquantor eingeführt und α durch x ersetzt werden.

3.3-E $\exists x\, \exists y\, \forall z\, R^3xyz \vdash_P \forall z\, \exists y\, \exists x\, R^3xyz$

Unter bestimmten Umständen lässt sich die Reihenfolge von Quantoren ändern, die nacheinander am Anfang einer Formel stehen. Zum Beispiel gelten die folgenden Beziehungen:

$$\forall x\ \forall y\ Q^2xy \vdash_P \forall y\ \forall x\ Q^2xy,$$
$$\exists x\ \exists y\ Q^2xy \vdash_P \exists y\ \exists x\ Q^2xy,$$
$$\exists x\ \forall y\ Q^2xy \vdash_P \forall y\ \exists x\ Q^2xy.$$

Dagegen ist es nicht möglich, aus $\forall x\ \exists y\ Q^2xy$ die Formel $\exists y\ \forall x\ Q^2xy$ abzuleiten; es handelt sich dabei um einen Fehlschluss. Zur Konklusion der Ableitungsbeziehung 3.3-E gelangt man, indem man den Allquantor und die Existenzquantoren der Prämisse zunächst nach und nach beseitigt und anschließend in umgekehrter Reihenfolge wieder einführt. Dabei sind die Bedingungen zu beachten, die bei der Einführung der einzelnen Ableitungsregeln genannt wurden.

Zeile	Formel	herangezogene Zeile	Regel	benutzte Prämisse
1.	$\exists x\ \exists y\ \forall z\ R^3xyz$		PE	(1)
2.	$\exists y\ \forall z\ R^3\alpha yz$	1	EB [x / α]	1
3.	$\forall z\ R^3\alpha\beta z$	2	EB [y / β]	1
4.	$R^3\alpha\beta z$	3	AB [z / z]	1
5.	$\exists x\ R^3x\beta z$	4	EE [α / x]	1
6.	$\exists y\ \exists x\ R^3xyz$	5	EE [β / y]	1
7.	$\forall z\ \exists y\ \exists x\ R^3xyz$	6	AE [z / z]	1

Bei der Beseitigung des ersten Existenzquantors kann der willkürlich gewählte Name α eingesetzt werden, weil er in der Ableitung noch nicht vorkam (Zeile 2). Diese Bedingung verbietet seine erneute Verwendung bei der Beseitigung des zweiten Existenzquantors; hier ist ein anderer Name (β) zu wählen (Zeile 3). Da z im Wirkungsbereich $R^3\alpha\beta z$ des Allquantors nicht gebunden ist, kann es als substituierende Variable bei der Allquantor-Beseitigung eingesetzt werden (Zeile 4). Die Terme α und x in der Formel der Zeile 4 sowie β und y in der Zeile 5 sind weder gebunden noch indiziert. Deshalb können Existenzquantoren eingeführt und α durch x (Zeile 5) bzw. β durch y (Zeile 6) ersetzt werden. z ist in der Formel der Zeile 6 weder gebunden noch markiert oder indiziert und kann folglich bei der Allquantor-Einführung (Zeile 7) verwendet werden.

Indirekte Ableitung

Beispiel 1: Es kam schon kurz zur Sprache, dass unser Kalkül aus Gründen der Bequemlichkeit mehr Zeichen und mehr Ableitungsregeln enthält, als nötig wären. Obwohl der Modus tollens gleich bei der ersten Ableitung schon gute Dienste geleistet hat, stellt er sich, wenn der Modus ponens als Regel gegeben ist und indirekte Ableitungen zulässig sind, als verzichtbar heraus. Er hat (ohne Beschränkung der Allgemeinheit) für einstellige Prädikate diese Form:

3.3-F $(P^1x \rightarrow Q^1y), \neg Q^1y \vdash_P \neg P^1x$

Mit den beiden gegebenen Prämissen allein kommt man – ohne die Modus-tollens-Regel – nicht direkt zur Konklusion. In solchen scheinbar aussichtslosen Fällen kann eine indirekte Ableitung hilfreich sein. Sie erfolgt in der Weise, dass man zusätzlich zu gegebenen Prämissen eine weitere Prämisse einführt – oft die negierte Konklusion, um dann einen Widerspruch herzuleiten und auf die Negation der Zusatzprämisse zu schließen. Um zu verdeutlichen, dass es sich um eine zusätzlich eingeführte Prämisse handelt, versehen wir die Abkürzung PE mit einem Stern, ebenso die (im Ableitungsgang wiederholte) Zeilenzahl dieser Prämisse. Außerdem erinnern wir uns durch den Zusatz (IA) daran, dass mit dieser Prämisse eine indirekte Ableitung beabsichtigt ist, die auf einen logischen Widerspruch und die Reductio ad absurdum hinauslaufen soll. Es ist auch auf freie Individuenvariablen in den Prämissen zu achten.

Zeile	Formel	herangezogene Zeile	Regel	benutzte Prämisse
1.	$(P^1x \rightarrow Q^1y)$		PE	(1), x, y
2.	$\neg Q^1y$		PE	(2), y
3.	$\neg \neg P^1x$		PE* (IA)	(3*), x

Wählt man, wie in Zeile 3, die Negation einer bereits negierten Konklusion als Zusatzprämisse, dann nützt diese doppelt negierte Formel meistens nur in den Fällen, in denen es in Bezug auf eine ebenfalls negierte Formel mit einem Modus tollens oder einem Modus tollendo ponens weitergehen soll. Im konkreten Fall müsste man aber zunächst die doppelte Negation beseitigen, um dann den Modus ponens (Zeile 4) anwenden zu können. Außerdem erhielte man als Ergebnis der Reductio ad absurdum die Negation der Zusatzprämisse – eine dreifache Negation, von der aus man erst durch die Beseitigung zweier Negationen zur Konklusion gelangt. Rein in die Kartoffeln, raus aus den Kartoffeln.

Da wir die Zusatzprämisse bei der indirekten Ableitung frei wählen können (sofern sie uns zum angestrebten Widerspruch und zur gewünschten Konklusion führt), ziehen wir es vor, in Zeile 3 die unnegierte Konklusion als Zusatzprämisse einzuführen. Nun kann die Ableitung mit dem Modus ponens (Zeile 4) und der Konjunktionseinführung (Zeile 5) zur Reductio ad absurdum (Zeile 6) geführt werden, bei der die Zusatzprämisse (3*) als belastende Voraussetzung entfällt.

3.	P^1x		PE* (IA)	(3*), x
4.	Q^1y	1, 3	MP	1, 3*, x, y
5.	$(\neg Q^1y \wedge Q^1y)$	2, 4	KE	1, 2, 3*, x, y
6.	$\neg P^1x$	3, 5	RAA	1, 2, x, y

Obwohl der Modus tollens (wie die eine oder andere weitere Schlussregel) eigentlich überflüssig ist, behalten wir ihn bei, weil Ableitungen sich mit seiner Hilfe deutlich verkürzen lassen.

Beispiel 2: Auf ähnliche Weise erweisen sich einige Junktoren als eigentlich überflüssig. Zum Beispiel lassen sich Formeln mit Konjunktoren durch Formeln mit Negatoren und Disjunktoren (oder mit Negatoren und Subjunktoren) ersetzen. Dazu dient das folgende Schema, bei dem wieder ohne Beschränkung der Allgemeinheit einstellige Prädikatoren verwendet werden.

3.3-G $(P^1x \wedge Q^1y) \vdash_P \neg(\neg P^1x \vee \neg Q^1y)$

Diese Beziehung, die auch analog für den Disjunktor gilt – $(P^1x \vee Q^1y) \vdash_P \neg(\neg P^1x \wedge \neg Q^1y)$ –, lässt keine direkte Ableitung zu. Man kann ja höchstens die Konjunktionsbeseitigung anwenden (Zeilen 2 und 3) und eventuell anschließend die doppelte Negation einführen (Zeile 4), aber danach ist man noch weit von der Konklusion entfernt.

Zeile	Formel	herangezogene Zeile	Regel	benutzte Prämisse
1.	$(P^1x \wedge Q^1y)$		PE	(1), x, y
2.	P^1x	1	KB	1, x, y
3.	Q^1y	1	KB	1, x, y
4.	$\neg\neg Q^1y$	3	DNE	1, x, y

Deshalb schieben wir eine indirekte Ableitung ein und ziehen als Zusatzprämisse die unnegierte Konklusion heran (Zeile 5). Man kann jetzt nämlich den Modus tollendo ponens (Zeile 6) und die Konjunktionseinführung (Zeile 7) anwenden, um einen Widerspruch zu erhalten. Mit der Reductio ad absurdum kommt man dann zur Konklusion (Zeile 8).

5.	$(\neg P^1x \vee \neg Q^1y)$		PE* (IA)	(5*), x, y
6.	$\neg P^1x$	4, 5	MTP	1, 5*, x, y
7.	$(P^1x \wedge \neg P^1x)$	2, 6	KE	1, 5*, x, y
8.	$\neg(\neg P^1x \vee \neg Q^1y)$	5, 7	RAA	1, x, y

Hinweis: Die Anwendung des Modus tollendo ponens auf die Zeilen 4 und 5 zeigt, dass die *Reihenfolge* der Prämissen einer Ableitungsregel und die jeweilige Reihenfolge der Formeln in einer bestimmten Ableitung nicht übereinstimmen müssen.

Beispiel 3: Wie bei den Ableitungsregeln und den Junktoren gibt es auch bei den Quantoren im Prinzip Überflüssiges. So reicht zur Darstellung quantifizierter Verhältnisse eigentlich der Allquantor (oder der Existenzquantor) allein aus. Formeln, in denen ein Existenzquantor vorkommt, kann man umformen, indem man ihn im Sinne der folgenden Beziehung ersetzt.

3.3-H $\exists x\, P^1x \vdash_P \neg \forall x \neg P^1x$

Eine direkte Ableitung der Konklusion ist in diesem Fall nicht möglich. Denn aus der Prämisse ergibt sich nach der Regel der Existenzquantor-Beseitigung nur $P^1\alpha$ (Zeile 2), und es ist nicht erkennbar, wie sich daraus die Konklusion gewinnen lässt. Deshalb nehmen wir wieder unsere Zuflucht zu einer indirekten Ableitung; und wieder erweist sich die unnegierte Konklusion als Zusatzprämisse (Zeile 3) für unsere Absichten als vorteilhaft.

Zeile	Formel	herangezogene Zeile	Regel	benutzte Prämisse
1.	$\exists x\, P^1x$		PE	(1)
2.	$P^1\alpha$	1	EB [x/α]	1
3.	$\forall x \neg P^1x$		PE* (IA)	(3*)

Bei der Allquantor-Beseitigung kann der Name α problemlos als substituierender Term verwendet werden, weil er die Bedingung, nicht gebunden zu sein, ohnehin erfüllt. Übrigens wäre es unpraktisch gewesen, erst den Allquantor und dann den Existenzquantor zu beseitigen. Denn wenn bei der Allquantor-Beseitigung α schon verwendet worden wäre, dann hätte man denselben Namen α bei der Existenzquantor-Beseitigung nicht noch einmal benutzen dürfen und mit $\neg P^1\alpha$ und $P^1\beta$ hätte sich kein Widerspruch ergeben. Die Ableitung setzt sich also wie folgt fort:

4.	$\neg P^1\alpha$	3	AB [x / α]	3*
5.	$(P^1\alpha \wedge \neg P^1\alpha)$	2, 4	KE	1, 3*
6.	$\neg \forall x \neg P^1x$	3, 5	RAA	1

Beispiel 4: Auch ein negierter Existenzquantor lässt sich durch einen Allquantor ersetzen. Das zeigt die folgende Ableitungsbeziehung.

3.3-I $\neg \exists x \neg P^1x \vdash_P \forall x\, P^1x$

Diese Beziehung erweist sich ableitungstechnisch als besonders kompliziert. Offensichtlich gibt es keine Möglichkeit der direkten Ableitung. Aber auch eine indirekte Ableitung mit der negierten Konklusion als Zusatzprämisse stellt sich als schwierig heraus, weil weder die Anwendung der Allquantor- oder der Existenzquantor-Beseitigung auf negierte Formeln zulässig ist noch Ableitungsregeln vorhanden sind, die von zwei negierten Formeln als Prämissen ausgehen. Die Lösung des Problems bietet die Verschachtelung zweier indirekter Ableitungen. Wir führen sowohl die negierte Konklusion als auch die Formel $\neg P^1x$ (man beachte die freie Variable) als Zusatzprämissen ein, um geeignete Widersprüche herleiten zu können.

Zeile	Formel	herangezogene Zeile	Regel	benutzte Prämisse
1.	$\neg \exists x \neg P^1x$		PE	(1)

2.	$\neg \forall x\, P^1x$		PE* (IA)	(2*)
3.	$\neg P^1x$		PE* (IA)	(3*), x
4.	$\exists x \neg P^1x$	3	EE [x/x]	3*, x
5.	$(\neg \exists x \neg P^1x \land \exists x \neg P^1x)$	1, 4	KE	1, 3*, x
6.	$\neg \neg P^1x$	3, 5	RAA	1
7.	P^1x	6	DNB	1

Da x in der zweiten Zusatzprämisse (Zeile 3) nicht gebunden ist, lässt sich der Existenzquantor einführen (Zeile 4), was über die Konjunktion mit der ersten Prämisse (Zeile 5) zu einem Widerspruch führt. Die zweite Zusatzprämisse 3* stellt sich als falsch heraus und wird im Zuge der Reductio negiert (Zeile 6). Weil sie durch die Reductio als Prämisse beseitigt wurde, entfällt sie für den weiteren Gang der Ableitung und mit ihr die Markierung der Variablen x. Das Ergebnis der ersten Reductio lautet also (nach der Beseitigung der doppelten Negation – Zeile 7): P^1x mit der nicht markierten Variablen x. So lässt sich die Allquantor-Einführung problemlos vornehmen (Zeile 8) und die indirekte Ableitung dann über die widersprüchliche Konjunktion mit der zweiten Prämisse (Zeile 9) und die zweite Reductio (Zeile 10) abschließen.

8.	$\forall x\, P^1x$	7	AE [x/x]	1
9.	$(\neg \forall x\, P^1x \land \forall x\, P^1x)$	2, 8	KE	1, 2*
10.	$\neg \neg \forall x\, P^1x$	2, 9	RAA	1
11.	$\forall x\, P^1x$	10	DNB	1

Bedingte Ableitung

3.3-J $(\neg P^1x \lor Q^1y) \vdash_P (P^1x \rightarrow Q^1y)$

Ähnlich wie die Ableitung 3.3-G den Konjunktor in eine Beziehung zu dem Negator und dem Disjunktor setzte, erfolgt dies jetzt für den Subjunktor. Da weder eine direkte noch eine indirekte Ableitung möglich scheint, kann man – ohne Beschränkung der Allgemeinheit – eine bedingte Ableitung versuchen. Dabei bietet sich die folgende Strategie an: Man führt den Vordersatz der Konklusion als zusätzliche Prämisse ein (Zeile 2), leitet den Nachsatz der Konklusion ab (hier durch Einführung der doppelten Negation und Modus tollendo ponens, Zeilen 3 und 4) und kommt durch Prämissenbeseitigung zu einer Subjunktion (Zeile 5), die der Konklusion entspricht.

Zeile	Formel	herangezogene Zeile	Regel	benutzte Prämisse
1.	$(\neg P^1x \vee Q^1y)$		PE	(1), x, y
2.	P^1x		PE* (BA)	(2*), x
3.	$\neg\neg P^1x$	2	DNE	2*, x
4.	Q^1y	1, 3	MTP	1, 2*, x, y
5.	$(P^1x \rightarrow Q^1y)$	2, 4	PB	1, x, y

Bei der Einführung der regulären wie der zusätzlichen Prämisse ist zu beachten, dass sie beide freie Variablen enthalten, die markiert werden müssen. Um zu verdeutlichen, dass es sich bei P^1x um eine zusätzliche Prämisse handelt, versehen wir auch bei der bedingten Ableitung die Abkürzung PE ebenso wie die Zeilenzahl dieser Prämisse mit einem Stern und erinnern uns außerdem durch den Zusatz ›(BA)‹ daran, dass eine bedingte Ableitung beabsichtigt ist, die mit einer Subjunktion endet. Bei der Prämissenbeseitigung in Zeile 5 entfällt 2* unter den benutzten Prämissen.

3.3-K $\neg(P^1x \rightarrow Q^1y) \vdash_P \neg(\neg P^1x \vee Q^1y)$

In dieser Variante zur letzten Ableitungsbeziehung weist die Konklusion nicht die Form einer Subjunktion auf. Legt sie somit nicht die klassische Strategie der bedingten Ableitung nahe, so scheint auch ein indirekter Beweis mit der unnegierten Konklusion als Zusatzprämisse (Zeile 2) auf den ersten Blick nicht weit zu führen. Er müsste darauf hinauslaufen, einen Widerspruch zu erzeugen – zum Beispiel zur Prämisse, indem aus der Zusatzprämisse $(\neg P^1x \vee Q^1y)$ die Formel $(P^1x \rightarrow Q^1y)$ abgeleitet wird. Nun hat sich soeben in 3.3-J gezeigt, dass dies durch eine bedingte Ableitung gelingt. Es liegt also nahe, in die indirekte Ableitung die obige bedingte Ableitung einzuschieben. Bei der Prämissenbeseitigung (in Zeile 6) entfällt die Zusatzprämisse 3*. Die widersprüchliche Konjunktion der beiden Subjunktionen (Zeile 7) führt dann zur Reductio ad absurdum mit der angestrebten Konklusion (Zeile 8). Solche verschachtelten Ableitungen zeigen, wie nützlich es ist, bei den Zusatzprämissen den Typ der beabsichtigten Ableitung anzugeben.

Zeile	Formel	herangezogene Zeile	Regel	benutzte Prämisse
1.	$\neg (P^1x \rightarrow Q^1y)$		PE	(1), x, y
2.	$(\neg P^1x \vee Q^1y)$		PE* (IA)	(2*), x, y
3.	P^1x		PE* (BA)	(3*), x
4.	$\neg \neg P^1x$	3	DNE	3*, x
5.	Q^1y	2, 4	MTP	2*, 3*, x, y
6.	$(P^1x \rightarrow Q^1y)$	3, 5	PB	2*, x, y
7.	$\neg (P^1x \rightarrow Q^1y) \wedge$ $\wedge (P^1x \rightarrow Q^1y)$	1, 6	KE	1, 2*, x, y
8.	$\neg (\neg P^1x \vee Q^1y)$	2, 7	RAA	1, x, y

3.3-L $\forall x\, (P^1x \rightarrow Q^1x) \vdash_P (\forall x\, P^1x \rightarrow \forall x\, Q^1x)$

Wie man sich Gedanken über die Vertauschbarkeit von Quantoren, die am Formelanfang stehen, machen kann (3.3-E) bzw. über den Zusammenhang von Allquantor und Existenzquantor (vgl. 3.3-H und I) oder über logische Beziehungen zwischen Junktoren nachdenken kann (vgl. 3.3-G, J und K), so kann man sich auch fragen, ob es zwischen quantifizierten Formeln mit Junktoren charakteristische Verbindungen gibt. Beispielhaft wollen wir uns allquantifizierte Subjunktionen näher ansehen.

Nach 3.3-L kann man von einer allquantifizierten Subjunktion zur Subjunktion der allquantifizierten Teilausdrücke übergehen. Der Nachweis erfolgt durch eine bedingte Ableitung. Als Zusatzprämisse dient der Vordersatz der Konklusion (Zeile 3). Die übrigen Ableitungsschritte sind die Allquantor-Beseitigung (Zeilen 2 und 4), der Modus ponens (Zeile 5), die Allquantor-Einführung (Zeile 6) und die Prämissenbeseitigung (Zeile 7). Da die Variable x nicht markiert oder indiziert und weder im Wirkungsbereich der Quantoren noch in den Einzelformeln gebunden ist, spricht hier nichts gegen die Anwendung der Ableitungsregeln für Quantoren.

Zeile	Formel	herangezogene Zeile	Regel	benutzte Prämisse
1.	$\forall x\,(P^1x \rightarrow Q^1x)$		PE	(1)
2.	$(P^1x \rightarrow Q^1x)$	1	AB [x/x]	1
3.	$\forall x\, P^1x$		PE* (BA)	(3*)
4.	P^1x	3	AB [x/x]	3*
5.	Q^1x	2, 4	MP	1, 3*
6.	$\forall x\, Q^1x$	5	AE [x/x]	1, 3*
7.	$(\forall x\, P^1x \rightarrow \forall x\, Q^1x)$	3, 6	PB	1

Die Ableitungsbeziehung 3.3-L lässt sich nicht einfach umkehren. Aus ihrer Konklusion lässt sich aber eine auf den Existenzquantor eingeschränkte Formel ableiten. Das wird am Ende des nächsten Abschnitts unter 3.3-O gezeigt.

Ableitung logischer Gesetze

Die verschiedenen Ableitungsmethoden im Kalkül des natürlichen Schließens dienten bei den bisher beigebrachten Beispielen dazu, Konklusionen aus gegebenen Prämissen abzuleiten. Mit ihrer Hilfe lässt sich zeigen, dass es prädikatenlogische Entsprechungen zu bekannten Schlussformen gibt, und die Abhängigkeit bestimmter Zeichenfolgen voneinander kann nachgewiesen werden. Die Konklusionen sind gewissermaßen unselbstständig; ihre logische Geltung beruht auf den zugehörigen Prämissen.

Nun besagt aber ein metalogischer Grundsatz, dass jeder Ableitung $P_1, \ldots P_n \vdash_P K$ die Subjunktion $P_1 \land \ldots \land P_n \rightarrow K$ entspricht. Das heißt, wenn sich im Kalkül des natürlichen Schließens zu einer bestimmten Schlussform aus den Prämissen die Konklusion ableiten lässt, dann müsste es auch möglich sein, die entsprechende Subjunktion abzuleiten. Aber wie soll das möglich sein, wenn es hierfür keine Prämissen gibt? Nun weist die fragliche Formel die Form einer Subjunktion auf. Sie könnte also als Konklusion einer bedingten Ableitung betrachtet werden. Dabei müsste ihr Vordersatz zunächst als ›Zusatzprämisse‹ oder Hilfsannahme eingebracht und dann nach der Ableitung des Nachsatzes durch Prämissenbeseitigung in die angestrebte Subjunktion aufgenommen werden. Als besonders wichtig erachtete, häufig verwendete Subjunktionen, die sich auf diese Weise ohne Prämissen im prädikatenlogischen Kalkül ableiten lassen, heißen *logische Gesetze*.

3.3-M $\vdash_P (\forall x\, P^1x \rightarrow \exists x\, P^1x)$

Zur Erläuterung der Vorgehensweise greifen wir auf die Ableitung 3.3-C zurück. Dort wurde gezeigt: $\forall x\, P^1x \vdash_P \exists x\, P^1x$. Dieser Schlussform entspricht die Subjunktion $(\forall x\, P^1x \rightarrow \exists x\, P^1x)$. Wie angedeutet, führen wir den Vordersatz der Subjunktion als Hilfsannahme oder ›Zusatzprämisse‹ einer bedingten Ableitung ein.

Zeile	Formel	herangezogene Zeile	Regel	benutzte Prämisse
1.	$\forall x\, P^1x$		PE* (BA)	(1*)
2.	P^1x	1	AB [x/x]	1*
3.	$\exists x\, P^1x$	2	EE [x/x]	1*
4.	$(\forall x\, P^1x \rightarrow \exists x\, P^1x)$	1, 3	PB	☺

3.3-N $\vdash_P (P^1x \rightarrow Q^1y) \rightarrow (\neg Q^1y \rightarrow \neg P^1x)$

Die Kontrapositionsregel (1.1-K) hat in ihrer prädikatenlogischen Fassung mit einstelligen Prädikatoren die Form $(P^1x \rightarrow Q^1y) \vdash_P (\neg Q^1y \rightarrow \neg P^1x)$. Die ihr entsprechende Subjunktion hat diese Gestalt: $(P^1x \rightarrow Q^1y) \rightarrow (\neg Q^1y \rightarrow \neg P^1x)$. Da sich aus ihrem Vordersatz allein nichts ableiten ließe und der Nachsatz ebenfalls eine Subjunktion enthält, ziehen wir neben dem Vordersatz der Gesamtformel auch den Vordersatz des Nachsatzes heran und führen sie beide als Hilfsannahmen für eine verschachtelte bedingte Ableitung ein.

Zeile	Formel	herangezogene Zeile	Regel	benutzte Prämisse
1.	$(P^1x \rightarrow Q^1y)$		PE* (BA)	(1*), x, y
2.	$\neg Q^1y$		PE* (BA)	(2*), y
3.	$\neg P^1x$	1, 2	MT	1*, 2*, x, y
4.	$(\neg Q^1y \rightarrow \neg P^1x)$	2, 3	PB	1*, x, y
5.	$(P^1x \rightarrow Q^1y) \rightarrow$ $\rightarrow (\neg Q^1y \rightarrow \neg P^1x)$	1, 4	PB	☺

3.3-O $\vdash_P (\forall x\, P^1x \rightarrow \forall x\, Q^1x) \rightarrow \exists x\, (P^1x \rightarrow Q^1x)$

Im Folgenden greifen wir die bei 3.3-L angekündigte, in der Konklusion auf Existenzaussagen eingeschränkte Ableitungsbeziehung auf: $(\forall x\, P^1x \rightarrow \forall x\, Q^1x) \vdash_P \exists x\, (P^1x \rightarrow Q^1x)$. Ihr entspricht die Subjunktion 3.3-O. Wie gewohnt dient der Vordersatz der Subjunktion als ›Zusatzprämisse‹ einer bedingten Ableitung.

Außerdem werden der negierte Nachsatz sowie die Formel $\exists x \neg P^1x$ als Hilfsannahmen indirekter Ableitungen benötigt. Zur Abkürzung des Ableitungsgangs ziehen wir die schon abgeleiteten Beziehungen $(\neg P^1x \vee Q^1x) \vdash_P (P^1x \rightarrow Q^1x)$ (3.3-J) und $\neg \exists x \neg P^1x \vdash_P \forall x P^1x$ (3.3-I) heran. Die Bedingungen für die Anwendung der Quantorenregeln sind erfüllt.

Zeile	Formel	herangezogene Zeile	Regel	benutzte Prämisse
1.	$(\forall x P^1x \rightarrow \forall x Q^1x)$		PE* (BA)	(1*)
2.	$\neg \exists x (P^1x \rightarrow Q^1x)$		PE* (IA)	(2*)
3.	$\exists x \neg P^1x$		PE* (IA)	(3*)
4.	$\neg P^1\alpha$	3	EB [x/α]	3*
5.	$(\neg P^1\alpha \vee Q^1\alpha)$	4	DE	3*
6.	$(P^1\alpha \rightarrow Q^1\alpha)$	5	3.3-J	3*
7.	$\exists x (P^1x \rightarrow Q^1x)$	6	EE [α/x]	3*
8.	$\neg \exists x (P^1x \rightarrow Q^1x) \wedge$ $\wedge \exists x (P^1x \rightarrow Q^1x)$	2, 7	KE	2*, 3*
9.	$\neg \exists x \neg P^1x$	3, 8	RAA	2*
10.	$\forall x P^1x$	9	3.3-I	2*
11.	$\forall x Q^1x$	1, 10	MP	1, 2*
12.	Q^1x	11	AB [x/x]	1, 2*
13.	$(\neg P^1x \vee Q^1x)$	12	DE	1, 2*
14.	$(P^1x \rightarrow Q^1x)$	13	3.3-J	1, 2*
15.	$\exists x (P^1x \rightarrow Q^1x)$	14	EE [x/x]	1, 2*
16.	$\neg \exists x (P^1x \rightarrow Q^1x) \wedge$ $\wedge \exists x (P^1x \rightarrow Q^1x)$	2, 15	KE	1, 2*
17.	$\neg \neg \exists x (P^1x \rightarrow Q^1x)$	2, 16	RAA	1
18.	$\exists x (P^1x \rightarrow Q^1x)$	17	DNB	1
19.	$(\forall x P^1x \rightarrow \forall x Q^1x) \rightarrow$ $\rightarrow \exists x (P^1x \rightarrow Q^1x)$	1, 18	PB	☺

3.4 Semantik der Klassischen Prädikatenlogik

Nach dem Lobgesang auf die Syntax der Sprache der Klassischen Prädikatenlogik und auf den syntaktischen Kalkül des natürlichen Schließens mag es erstaunen, wenn die Semantik erneut zur Sprache kommt. Das liegt daran, dass die Syntax allein nicht alles leistet, was von der Logik erwartet wird. Es lassen sich zwar Schlüsse ziehen, indem Konklusionen aus vorgegebenen Voraussetzungen abgeleitet werden; es lassen sich vorgelegte formale Schlüsse und Beweise auf ihre Korrektheit und die Vollzähligkeit ihrer Prämissen überprüfen; es lassen sich logische Gesetze ableiten usw. Der Kalkül bietet alles, was aus formaler Sicht für gültige Schlüsse und Schlussfolgerungen erforderlich ist; aber bei ungültigen Schlüssen versagt er – ebenso bei nicht formal dargestellten, umgangs- oder wissenschaftssprachlich formulierten Schlüssen. Es fehlt der vorliegenden Darstellung bisher, was schon Aristoteles für selbstverständlich hielt: eine Methode zum Nachweis von Fehlschlüssen und ein Verfahren zur Überprüfung normalsprachlicher Argumentationen.

Hier springt – anknüpfend an Überlegungen des polnischen Logikers Alfred Tarski – die prädikatenlogische Semantik in die Bresche. Sie ermöglicht, wie im Kapitel 3.5 ausgeführt, den Nachweis von Fehlschlüssen und leistet darüber hinaus andere nützliche Dinge, die im Kapitel 3.6 zur Sprache kommen. Ihre Aufgabe besteht darin, die Bedeutung festzulegen, die den prädikatenlogischen Grundzeichen und Formeln durch ›Interpretation‹, wie man sagt, zukommen soll. Damit eröffnet sie zugleich die Möglichkeit, in der umgekehrten Richtung umgangs- oder wissenschaftssprachlich formulierte Aussagen, Schlüsse und Theorien in die Sprache der Klassischen Prädikatenlogik zu übersetzen.

Interpretation

Zum besseren Verständnis der Bedeutungszuweisung sei an die motivierenden Bemerkungen erinnert, die das Kapitel 3.2 einleiteten. Sie haben nicht nur zu den Zeichen der prädikatenlogischen Syntax hingeführt, sondern bereits andeutungsweise erkennen lassen, welche Bedeutung diese Zeichen jeweils sinnvollerweise zugeordnet bekommen: die Individuenkonstanten Namen oder Kennzeichnungen von Individuen, die Prädikatoren bestimmte Prädikate, die Quantoren quantitative Formulierungen, die Junktoren bestimmte Aussagenverknüpfungen usw. Alle diese Zuordnungen beziehen sich auf einen *Objektbereich* (abgekürzt ›O‹), der nicht leer ist und für den feststeht, welche Individuen, Eigenschaften und Beziehungen zu ihm gehören.

Um uns nicht zu sehr im Einzelnen festzulegen und die Anzahl der Symbole nicht ins Uferlose wachsen zu lassen, ordnen wir die einzelnen Individuenkonstanten, Prädikatoren usw. nicht konkret und konstant bestimmten Individuen, Eigenschaften oder Beziehungen zu. Wir werden also nicht sagen: a entspricht immer Sokrates, b Platon, c Aristoteles usw. Vielmehr nehmen wir nur eine typenmäßige Zuordnung vor, die für unsere Zwecke genügt und von Fall zu Fall wechselnde, aber im Rahmen einer Interpretation gleichbleibende Zuordnungen zulässt. In diesem Sinne werden für die Grundzeichen und Formeln, die zur Sprache der Klassischen Prädikatenlogik der ersten Stufe gehören (abgekürzt ›PL‹), die folgenden Bedeutungen festgelegt:

3.4-A *Zeichen der PL*	*Bedeutung dieser Zeichen (bezogen auf O)*
Individuenkonstante	ein Individuum aus O
freie Individuenvariable	ein Individuum aus O
n-stelliger Prädikator	ein n-stelliges Prädikat aus O

$\forall[v]$	für jedes Individuum [v aus O] gilt:
$\exists[v]$	für (mindestens) ein Individuum [v aus O] gilt:
$\neg$ F	es trifft nicht zu, dass F
$(F \wedge G)$	F und G
$(F \vee G)$	F oder G
$(F \rightarrow G)$	wenn F, dann G

›v‹ steht dabei für eine beliebige (gebundene) Individuenvariable, ›F‹ und ›G‹ sind Variablen für beliebige prädikatenlogische Formeln bzw. für deren Bedeutung.

Vor dem Hintergrund dieser Festsetzung lässt sich zum Beispiel die Formel

$\forall x\,(P^1x \rightarrow Q^2xa)$

wie folgt interpretieren. P^1 wird das Prädikat »... ist ein Logiker«, Q^2 das zweistellige Prädikat »... kennt ...« und a das Buch mit dem Titel »Begriffsschrift« zugeordnet. Dann erhält die Formel diese Bedeutung:

»Für jedes Individuum gilt: wenn es ein Logiker ist, dann kennt es die *Begriffsschrift*«.

Eine solche Bedeutungszuweisung wird durch die folgende Definition des Ausdrucks ›Interpretation‹ präzisiert:

3.4-B Für eine Formel F (oder für Formeln $F_1, \ldots F_n$) der Sprache der Prädikatenlogik liegt genau dann eine *Interpretation* I(F) (bzw. $I(F_1, \ldots F_n)$) über dem Objektbereich O vor, wenn die folgenden Bedingungen erfüllt sind:

1. Der Objektbereich O ist eine nicht-leere Menge;
2. jeder n-stellige Prädikator der Formel(n) ist einem n-stelligen Prädikat über O zugeordnet;
3. jede Individuenkonstante oder freie Individuenvariable der Formel(n) ist einem Individuum aus O zugeordnet;

4.	Quantoren und Junktoren erhalten die in 3.4-A angegebene Bedeutung. Dabei bleiben gebundene Individuenvariablen in den Kontext der semantischen Bedeutung eingebunden, die dem jeweiligen Quantor entspricht.

Hat man es mit einstelligen Prädikatoren in einzelnen Negationen, Konjunktionen oder Disjunktionen zu tun, dann findet man unter Eigenschaften und Gruppen von Lebewesen oder Dingen im Allgemeinen leicht geeignete Interpretationen. Zum Beispiel: $(P^1a \wedge P^1b)$ – Goethe war ein Dichter, und Schiller war ein Dichter; $\exists x\ (P^1x \vee Q^1x)$ – Für ein Individuum gilt: es ist groß oder es ist klein. Bei Subjunktionen spielt manchmal der Zusammenhang von Unter- und Oberbegriff eine Rolle: $\forall x\ (P^1x \rightarrow Q^1x)$ – Für jedes Individuum gilt: wenn es ein Rappe ist, dann ist es ein Pferd.

Komplizierter ist die Formel $(Q^2xa \rightarrow \forall y\ (R^2yx \rightarrow Q^2ya))$. Hierbei haben wir es mit zwei zweistelligen Prädikatoren (Q^2, R^2), einer Individuenkonstanten (a) und einer freien Individuenvariablen (x) zu tun, während die zweite Individuenvariable (y) durch den Allquantor gebunden ist. Wegen der Klarheit der Mathematik liegt eine arithmetische Interpretation nahe. Als Objektbereich wählen wir {1, 2, 3, ...}, die (nicht-leere) Menge der positiven ganzen Zahlen. Q^2 ordnen wir das zweistellige Prädikat »... > ...«, R^2 das zweistellige Prädikat »... ≥ ...«, der Individuenkonstanten a die 2 und der freien Variablen x die 3 zu. Dann erhalten wir diese Interpretation: »Wenn 3 > 2 ist, dann gilt für jede positive ganze Zahl: falls sie größer oder gleich 3 ist, so ist sie größer als 2«.

Hat man es nur mit einer *einzelnen* Formel zu tun, dann kann man eine beliebige für den Zweck passende Interpretation wählen. Soll dagegen einer bestimmten Formelmenge (zum Beispiel den Prämissen und der Konklusion eines Schlusses) eine Bedeutung zugewiesen werden, dann gilt die gewählte Interpretation für *alle* Formeln dieser Menge in gleicher Weise. So kann ich die einzelne Formel P^1x durchaus in der Weise interpretieren, dass ich dem Prädikator P^1 das einstellige Prädikat »... ist vage« zuordne. Habe ich dagegen eine Formelmenge zu interpretieren, bei der es mir passend erscheint, Aussagen über Sätze zu machen, dann passt das Prädikat »... ist vage« nicht in diesen Zusammenhang. Ich muss – zum Beispiel – »... ist syntaktisch mehrdeutig« als Alternative wählen, damit die *satz*bezogene Interpretation für die gesamte Formelmenge in sich stimmig bleibt.

Wahrheitswerte und Wahrheitswerttafeln

Oben haben wir Aussagen im Sinne des Zweiwertigkeitsprinzips durch ihre Wahrheit (bzw. Richtigkeit) oder Falschheit definiert. Es stellt sich nun die Frage, wie sich der Wahrheitsbezug für interpretierte prädikatenlogische Formeln darstellt. Auch hier soll das *Zweiwertigkeitsprinzip* gelten; das heißt, eine interpretierte Formel ist (überprüfbar) entweder wahr (bzw. richtig) oder falsch. In diesem Sinne treffen wir die folgende Festsetzung:

3.4-C *PL-Formel*	*Wahrheit oder Falschheit der interpretierten Formel über O*
$P^n\, t_1, \dots t_n$	wahr genau dann, wenn der Sachverhalt in O für das gewählte n-stellige Prädikat und die zugeordneten n Individuen besteht;
$\forall[v]\, F$	wahr genau dann, wenn I(F) für jedes Individuum aus O wahr ist;
$\exists[v]\, F$	wahr genau dann, wenn I(F) für (mindestens) ein Individuum aus O wahr ist;
$\neg\, F$	falsch genau dann, wenn I(F) wahr ist;
$(F \wedge G)$	wahr genau dann, wenn I(F) und I(G) beide wahr sind;

$(F \vee G)$	falsch genau dann, wenn I(F) und I(G) beide falsch sind;
$(F \rightarrow G)$	falsch genau dann, wenn I(F) wahr, aber I(G) falsch ist.

Die Festsetzung 3.4-C enthält noch ein zweites Prinzip, das insbesondere bei der Interpretation des Allquantors und der Junktoren deutlich wird. Hier hängt der Wahrheitswert des Gesamtausdrucks nur von den Wahrheitswerten der Teilausdrücke (aber nicht von deren Sinn oder Intension) ab und wird durch sie eindeutig bestimmt. Dieser Grundsatz heißt *Extensionalitätsprinzip*. Nachdem Ludwig Wittgenstein einen Satz als »Wahrheitsfunktion der Elementarsätze« charakterisiert hatte, wurde das Extensionalitätsprinzip auch von Rudolf Carnap aufgegriffen und setzte sich dann allgemein durch.[78]

Es sollen noch einige Erläuterungen folgen, die teils die Objektbereiche, teils die Junktoren betreffen. Es wurde schon darauf hingewiesen, dass der Objektbereich O nicht leer sein darf. Wäre diese Bedingung nämlich nicht erfüllt, dann könnten Formeln mit einem (nicht negierten) Existenzquantor niemals eine wahre Interpretation erhalten. Der banalen Formel $\exists x\ P^1x$ würde nie eine wahre Bedeutung entsprechen – ganz gleich, ob dem Prädikator das Prädikat »... ist ein Mensch« oder »... ist eine Philosophin« usw. zugeordnet würde und die Interpretation folglich »Für ein Individuum gilt: es ist ein Mensch« oder »Für ein Individuum gilt: es ist eine Philosophin« lauten würde. Da es in einem leeren Objektbereich gar kein Individuum gibt, werden solche Interpretationen auf keinen Fall wahr. Deshalb muss der Objektbereich mindestens ein Element enthalten.

Da man, wie schon angedeutet, die Interpretation im Hinblick auf den beabsichtigten Zweck wählen darf, besteht auch die Möglichkeit, einen passenden Objektbereich auszuwählen.

Betrachten wir zum Beispiel die Formel P^1a! Wir können als Objektbereich die (nicht-leere) Menge der positiven geraden Zahlen {2, 4, 6, ...} wählen, dem Prädikator P^1 das einstellige Prädikat »... ist die kleinste gerade Zahl« und der Individuenkonstanten a die Zahl 4 zuordnen. Dann ergibt sich für die Interpretation I_1 (P^1a) der Satz »4 ist die kleinste gerade Zahl«. Diese Aussage ist für positive gerade Zahlen mit ihren gewohnten Eigenschaften und Beziehungen falsch; denn 4 ist größer als 2 und somit nicht die kleinste gerade Zahl. – Wir wollen der Interpretation nun statt der Menge der positiven geraden Zahlen die Menge der Quadratzahlen {1, 4, 9, 16 ...} mit ihren gewohnten Eigenschaften und Beziehungen zugrunde legen, aber die Bedeutung des Prädikators und der Individuenkonstanten beibehalten. Unter diesen Bedingungen erhält die Interpretation I_2 (P^1a) »4 ist die kleinste gerade Zahl« den Wahrheitswert ›wahr‹.

Das heißt, je nach Wahl des Objektbereichs kann es vorkommen, dass sich die Interpretation einer prädikatenlogischen Formel das eine Mal als wahr, das andere Mal als falsch herausstellt. Deshalb ist es wichtig, den jeweiligen Objektbereich genau festzulegen und ihn ausdrücklich anzugeben. Wenn eine solche Festlegung nicht getroffen wird, dann gilt der *allgemeine Objektbereich* als zugrunde gelegt. Zu ihm gehören alle Individuen mit allen ihren Eigenschaften und Beziehungen.

Die Festlegung der Wahrheitswerte für die Interpretation der Junktoren lässt sich gut mit *Wahrheitswerttafeln* darstellen. Es handelt sich dabei um ein Verfahren, das der polnisch-amerikanische Logiker Emil Post und der österreichische Philosoph Ludwig Wittgenstein gleichzeitig, aber unabhängig voneinander im Jahre 1921 vorgestellt haben.[79] Vor dem Hintergrund des Zweiwertigkeitsprinzips, das in der Klassischen Prädikatenlogik gilt, kann jeder prädikatenlogischen Formel durch Interpretation einer der beiden Wahrheitswerte zugeordnet werden. Verknüpft man nun zwei, drei, vier oder mehr Formeln (F, G, H) durch Junktoren miteinander, so ergeben sich vier, acht, sechzehn usw. mögliche Wahrheitswertkombinationen. Zum Beispiel können bei zwei Formeln beide wahr, beide falsch oder nur eine von ihnen wahr sein. Allgemein gibt es für n beteiligte Formeln 2^n Wahrheitswertkombinationen, die in den 2^n Zeilen eines Schemas folgender Art angeordnet werden.

I(F)
wahr
falsch

I(F)	I(G)
wahr	wahr
wahr	falsch
falsch	wahr
falsch	falsch

I(F)	I(G)	I(H)
wahr	wahr	wahr
wahr	wahr	falsch
wahr	falsch	wahr
wahr	falsch	falsch
falsch	wahr	wahr
falsch	wahr	falsch
falsch	falsch	wahr
falsch	falsch	falsch

Die Darstellung der möglichen Wahrheitswerte oder Wahrheitswertkombinationen in einem solchen Schema heißt *Wahrheitswerttafel*, die Abfolge der Wahrheitswerte in einer Spalte *Wahrheitswertverlauf*. Aus Gründen der Übersichtlichkeit, Vergleichbarkeit und besseren Überprüfbarkeit sind unter der ersten Formel zunächst alle möglichen wahren, dann die falschen Fälle eingetragen worden und analog unter den anderen Formeln. Statt ›wahr‹ und ›falsch‹ werden im Anschluss an Wittgenstein oft die Abkürzungen ›w‹ und ›f‹, aber auch ›1‹ und ›0‹ oder › + ‹ und › – ‹ (wie bei Post) benutzt. Wir wollen dies nun auf die Wahrheitswertfestlegung anwenden, die in 3.4-C für die Junktoren getroffen wurde.

Der Wahrheitswert für die Interpretation der Negation ¬ F wurde durch die Festsetzung bestimmt (vgl. 3.4-C), dass er genau dann falsch ist, wenn I(F) wahr ist. In diesem Fall gibt es nur zwei Möglichkeiten: I(F) ist wahr und I(¬ F) falsch, oder I(F) ist falsch und I(¬ F) wahr. Als Wahrheitswertverlauf für die Interpretation der Negation ergibt sich also: f, w.

I(F)	I(¬ F)
wahr	falsch
falsch	wahr

Die übrigen Verknüpfungen enthalten zwei Formeln, so dass sich vier Wahrheitswertkombinationen ergeben, die in der Wahrheitswerttafel *vier Zeilen* erfordern. Zugleich werden *drei Spalten* benötigt: zwei für die beiden Ausgangsformeln und eine für deren Verknüpfung. Auch der Wahrheitswert der Verknüpfungen resultiert aus der Festlegung 3.4-C. Sie gibt jeweils einen Wert vor und damit indirekt die restlichen drei. Bei der Interpretation einer *Konjunktion* erhält man den Wahrheitswert ›wahr‹ genau dann, wenn beide Teilformeln wahr sind, in den anderen drei Fällen ›falsch‹. Die Interpretation der *Disjunktion* ergibt genau dann ›falsch‹, wenn beide Teilformeln falsch sind, in den anderen drei Fällen ›wahr‹; und die Interpretation der *Subjunktion* wird nur dann falsch, wenn die erste Teilformel wahr, die zweite dagegen falsch ist.

I(F)	I(G)	I(F ∧ G)	I(F)	I(G)	I(F ∨ G)	I(F → G)
wahr	wahr	wahr	wahr	wahr	wahr	wahr
wahr	falsch	falsch	wahr	falsch	wahr	falsch
falsch	wahr	falsch	falsch	wahr	wahr	wahr
falsch	falsch	falsch	falsch	falsch	falsch	wahr

Wie man sieht, treten bei den vier Junktoren unterschiedliche, somit charakteristische Wahrheitswertverläufe auf: I (¬ F): f, w; – I(F ∧ G): w, f, f, f; – I(F ∨ G): w, w, w, f; – I(F → G): w, f, w, w. Außerdem entspricht diese semantische Deutung der Junktoren den Verteilungen der Wahrheit oder Falschheit, die wir im Sinne der Sprachlogik für die Verneinung (1.1-H), für die und-

Einführung (1.1-B), das einschließende ›oder‹ (1.2-E) und den Bedingungssatz (1.1-E) festgestellt haben. Diese Feststellung und die Bedeutungsfestsetzung 3.4-A geben den Motivationshintergrund für die nachfolgenden Bemerkungen zur Übersetzung ab.

Neben der Bestimmung der Wahrheitswerte, die bei der Interpretation von Junktoren auftreten, machen es Wahrheitswerttafeln auf der Grundlage des Extensionalitätsprinzips auch möglich, den *Wahrheitswertverlauf komplexerer Formeln* festzustellen. Einfache Beispiele hierfür sind Formeln vom Typ

(F ∨ ¬ F) und ¬ (F ∧ ¬ F).

Sie entsprechen den antiken Grundsätzen vom ausgeschlossenen Dritten und vom ausgeschlossenen Widerspruch. Weil dabei nur einer Variablen Wahrheitswerte zugeordnet werden müssen, kommen wir mit einer zweizeiligen Wahrheitswerttafel aus. Sie wird horizontal in derselben Reihenfolge aufgebaut, wie die Formeln selbst: von der Ausgangsformel F und deren Negation ¬ F über die Disjunktion (F ∨ ¬ F) bzw. die Konjunktion (F ∧ ¬ F) bis hin zur Negation ¬ (F ∧ ¬ F).

I(F)	I(¬ F)	I(F ∨ ¬ F)	I(F ∧ ¬ F)	I[¬ (F ∧ ¬ F)]
wahr	falsch	**wahr**	falsch	**wahr**
falsch	wahr	**wahr**	falsch	**wahr**

Ein Wahrheitswertverlauf, der nur ›wahr‹ aufweist, heißt übrigens im Anschluss an eine (von ihm etwas anders gebrauchte) Wortprägung Ludwig Wittgensteins *tautologisch*, ein Wahrheitswertverlauf, der nur ›falsch‹ aufweist, *kontradiktorisch*. Das heißt, die Interpretation von Formeln der Art (F ∨ ¬ F) und ¬ (F ∧ ¬ F) ergibt Tautologien, die von Formeln des Typs (F ∧ ¬ F) Kontradiktionen.

Sehen wir uns nun Formeln der Form [(F ∨ G) ∧ ¬ (F ∧ G)] an! Hierin kommen zwei Formeln (F, G) vor, denen Wahrheitswerte zugeordnet werden müssen. Wir benötigen deshalb vier Zeilen. Formal haben wir es dabei mit einer Konjunktion zu tun, deren erstes Konjunktionsglied aus einer Disjunktion besteht und deren zweites Konjunktionsglied die Negation einer Konjunktion ist: F oder G, aber nicht F und G (bzw. entweder F oder G). Die Wahrheitswerttafel wird wieder in derselben Reihenfolge aufgebaut wie die Formel selbst: von den Ausgangsformeln F und G über die Disjunktion (F ∨ G), die Konjunktion (F ∧ G) und deren Negation bis hin zur Gesamtformel. Die Wahrheitswertzuweisung orientiert sich jeweils an den Grundbeziehungen der Übersicht 3.4-C.

I (F)	I (G)	I (F ∨ G)	I (F ∧ G)	I [¬ (F ∧ G)]	I [(F ∨ G) ∧ ¬ (F ∧ G)]
wahr	wahr	wahr	wahr	falsch	falsch
wahr	falsch	wahr	falsch	wahr	wahr
falsch	wahr	wahr	falsch	wahr	wahr
falsch	falsch	falsch	falsch	wahr	falsch

3.4-D Eine Formel der Form [(F ∨ G) ∧ ¬ (F ∧ G)] heißt *Alternative.* Sie kann abgekürzt werden durch (F ∨̇ G) oder (F >–< G). Ihre Interpretation ergibt den Wahrheitswertverlauf f, w, w, f.

Geübte können Wahrheitswerttafeln in der Weise verkürzen, dass sie die Abkürzungen w und f verwenden und – nach der Festlegung des Wahrheitswertverlaufs der beteiligten prädikativen Formeln am Anfang der Tafel – die Abkürzungen unter den jeweiligen Junktor der untersuchten Formel schreiben. Die verkürzte Wahrheitswerttafel der Alternative erhält dann die folgende Gestalt, bei der die Wahrheitswerte für die Interpretation des Hauptjunktors (in diesem Fall des ersten Konjunktors) in Großbuchstaben und fett hervorgehoben sind:

I (F)	I (G)	I [(F	∨	G)	∧	¬	(F	∧	G)]
wahr	wahr	w	w	w	**F**	f	w	w	w
wahr	falsch	w	w	f	**W**	w	w	f	f
falsch	wahr	f	w	w	**W**	w	f	f	w
falsch	falsch	f	f	f	**F**	w	f	f	f

Paraphrasierung

Angesichts des Umstands, dass die logischen Strukturen von Sätzen und Argumentationen oft nicht recht deutlich werden, stellt sich die Frage, ob sie sich mit Hilfe der formalen Logik besser erfassen und klarer darstellen oder überprüfen lassen. Dazu müssen solche Äußerungen aus der Umgangs- oder Wissenschaftssprache so in die Sprache der Klassischen Prädikatenlogik übersetzt werden, dass ihr Sinn ebenso wie ihre Wahrheit oder Falschheit möglichst erhalten bleiben. Das geschieht in zwei Schritten.

Ähnlich wie im Kapitel 3.1 bestimmte sprachliche Normierungen für quantifizierte Sätze vorgenommen wurden, überführt man in einem ersten Schritt die vielfältigen sprachlichen Ausdrucksmöglichkeiten – unter Beibehaltung ihres Sinns – so in standardisierte Formulierungen, dass sie logisch brauchbare Aussagen ergeben. Bei dieser Neuformulierung sind sowohl syntaktische als auch semantische Gesichtspunkte zu berücksichtigen. Man nennt diesen Schritt der Umformulierung normalsprachlicher Sätze heute im Anschluss an Willard Van Orman Quine *Paraphrasierung* und den umformulierten Satz *Paraphrase*.[80]

Im zweiten Schritt werden die zu Aussagen umformulierten Sätze in die Sprache der Klassischen Prädikatenlogik übersetzt. Wie man kaum erwarten kann, dass es für jeden Satz, der nicht ohnehin als Aussage anzusehen ist, eine Paraphrase gibt, so kann man kaum erwarten, dass Paraphrase und Übertragung in die prädikatenlogische Sprache eindeutige Ergebnisse liefern. Manche logisch interessant erscheinenden Sätze der Umgangs- oder der Wissenschaftssprache enthalten keinen erkennbaren oder nur einen mehrdeutigen Sinn. Im ersten Fall gibt es gar keine, im zweiten Fall mehrere mögliche Paraphrasen. Solche Alternativen sollten ausdrücklich genannt werden; entscheidet man sich für eine von ihnen, ist dies zu begründen. Um den irreführenden Eindruck der Eindeutigkeit zu vermeiden, sprechen wir bei der Übertragung in die Sprache der Logik nicht von »der« Formalisierung oder »der« Symbolisierung, sondern ziehen die Bezeichnung *Übersetzung* vor, die Interpretationsspielräume nicht ausschließt. Es mag an dieser Stelle genügen, die Schritte der Paraphrasierung und der Übersetzung andeutungsweise zu behandeln, ohne auf technische Details näher einzugehen. Interessierte können sie anderen Logikbüchern entnehmen.[81]

Bei der Paraphrase geht es zunächst darum, syntaktische und semantische Mehrdeutigkeit, vage Ausdrücke und Indikatoren zu erkennen und die Sätze, wo möglich, im Hinblick auf ihren Sinn und ihren Wahrheitsgehalt so zu formulieren, dass sich klare und eindeutige Aussagen ergeben. Dabei werden für Bindewörter und quantifizierende Ausdrücke die bereits eingeführten Standardformulierungen verwendet: »es trifft nicht zu, dass« für die Verneinung, »und« für das logische ›und‹, »oder« für das einschließende ›oder‹, »wenn-dann« bei Bedingungssätzen, »für jedes Individuum gilt:« für allquantifizierte Sätze und »für ein Individuum gilt:« für existenzquantifizierte Aussagen. Machen wir uns das an einem für diesen Zweck konstruierten Beispiel klar.

»Falls es um seine Kollegen geht, ist Peter kritisch oder unnachsichtig und dünnhäutig; aber sich selbst sieht er unkritisch.«

- Der mit »falls« eingeleitete Satz ist ein Bedingungssatz. Für die Paraphrase wählen wir »wenn ..., dann ...«.

- Der Nachsatz mit »... oder ... und ...« ist syntaktisch zweideutig. Es liegt nahe, die ersten beiden Ausdrücke zusammenzufassen.
- Die Ausdrücke »kritisch« und »unnachsichtig« geben keine Eigenschaften von Peter wieder, sondern sein Verhalten seinen Kollegen gegenüber; es handelt sich um zweistellige Prädikate.
- »Dünnhäutig« ist semantisch zweideutig. Gemeint ist wohl »empfindlich«.
- »Seine«, »sich selbst« und »er« sind Indikatoren; sie verweisen auf Peter.
- Da jemand kritisch und zugleich unnachsichtig sein kann, liegt es nahe, »oder« einschließend aufzufassen und durch »oder« wiederzugeben.
- »Aber« steht für »und«.
- Mit »un-« beginnende Adjektive sind häufig, aber nicht immer Verneinungen der entsprechenden Ausdrücke ohne »un-«. Während »unnachsichtig« über »nicht nachsichtig« in Richtung »streng, unerbittlich« hinausgeht und nicht ersetzt werden kann, ist »unkritisch« in diesem Zusammenhang als Verneinung von »kritisch« zu verstehen und entsprechend zu umschreiben.
- »Kollegen« enthält eine versteckte Allquantifizierung.

Unter Berücksichtigung dieser Gesichtspunkte scheint die folgende Paraphrase den vermutlich gemeinten Sinn des Beispielsatzes am ehesten in logisch brauchbarer Form wiederzugeben:

3.4-E »Für jedes Individuum gilt: wenn es Peters Kollege ist, dann gilt: (Peter ist ihm gegenüber kritisch oder Peter ist ihm gegenüber unnachsichtig) und Peter ist empfindlich; und es trifft nicht zu, dass Peter Peter kritisch sieht«.

Bei Paraphrasierungen darf man den Reichtum unserer Sprache an gleichartigen Ausdrücken nicht übersehen. So kann die Verneinung durch ›nicht‹ oder ›es ist nicht der Fall, dass‹ ausgedrückt werden, aber auch durch Varianten wie ›nichts‹, ›kein‹, ›niemand‹, ›nie‹, ›niemals‹, ›nirgends‹ oder ›nirgendwo‹. Ungeachtet der Bedeutungsvielfalt ersetzen wir solche verneinenden Ausdrücke durch ›es trifft nicht zu, dass‹, wenn dies ohne

Sinnverlust möglich ist. – Als Synonyme zu ›und‹ betrachten wir ›sowohl – als auch‹, ›außerdem‹, ›aber‹, ›sondern‹ (nach Verneinungen), ›dagegen‹, ›jedoch‹, ›obwohl‹ und ähnliche Ausdrücke. Auch ein Komma oder Semikolon kann ›und‹ vertreten (»Frege beeinflusste Husserl, Russell Wittgenstein«), es kann aber auch ›oder‹ ersetzen (»Ein Satz ist quantitativ allgemein, partikulär oder unbestimmt«). – Bei ›und‹ ist außerdem auf den Unterschied zwischen dem logischen und dem relationalen ›und‹ zu achten, bei ›oder‹ auf den Unterschied zwischen dem einschließenden ›oder‹ und dem ausschließenden ›entweder – oder‹.

Die Paraphrasierung von Bedingungssätzen kann durch unvollständige Formulierungen, Synonyme oder unumgängliche Fallunterscheidungen erschwert werden. Manchmal werden in den vorgefundenen Sätzen ›wenn‹ oder ›dann‹ oder beide Wörter ausgelassen (»Wenn Menschen schweigen, werden Steine schrei'n«; »Schweigen Menschen, schreien Steine«). Gängige Synonyme sind ›falls – so‹, ›sofern‹ und ›unter der Bedingung, dass‹. Außerdem gibt es drei Arten von Bedingungen: die hinreichende, die notwendige sowie die hinreichende und notwendige Bedingung.

Davon ist die *hinreichende Bedingung* wohl die gebräuchlichste: »Hat Karin ihre Hausaufgaben erledigt, geht sie spielen«. In diesem Beispiel gibt der Vordersatz die Bedingung an, unter der das im Nachsatz Ausgesagte erfolgt; er ist hierfür hinreichend. Solche hinreichenden Bedingungssätze werden in gewohnter Weise mit ›wenn–dann‹ paraphrasiert: »Wenn Karin Karins Hausaufgaben erledigt hat, dann geht Karin spielen«.

Betrachten wir ein anderes Beispiel: »Ida rezensiert ein Logik-Buch nur dann, wenn sie es ganz gelesen hat«. Hiermit ist offensichtlich *nicht* gemeint, Ida würde jedes Logik-Buch, das sie ganz gelesen hat, auch rezensieren – nach dem Motto: wenn gelesen, dann rezensiert. Der Satz sagt in Wirklichkeit genau umgekehrt aus: Wenn sie rezensiert, dann hat sie das Buch gelesen. Entscheidend ist in diesem Zusammenhang die Formulierung »nur dann, wenn«. Sie macht deutlich, dass sich die gewohnte wenn-dann-Beziehung in diesem Fall umkehrt. Der wenn-Satz enthält keine hinreichende Bedingung für das Rezensieren, sondern eine *notwendige Bedingung*, die erfüllt ist, wenn das im Nachsatz Ausgesagte eintritt. Dementsprechend muss der wenn-dann-Zusammenhang bei der Paraphrase notwendiger Bedingungen umgekehrt (und im konkreten Fall außerdem die versteckte Allquantifizierung beachtet) werden: »Für jedes Individuum gilt: wenn es ein Logik-Buch ist und Ida es rezensiert, dann hat Ida es ganz gelesen«. Man mache sich in diesem Zusammenhang klar, welche Konsequenzen die folgende Bestimmung des Gesetzes zur Organisation des österreichischen Reichsgerichts aus dem Jahre 1869 hatte: »Der Vorsitzende gibt nur dann, wenn die Stimmen gleich getheilt sind, seine Stimme ab«.

3.4-F »Etwas ist dann und nur dann ein quantifizierter Aussagesatz, wenn es ein allgemeiner oder ein partikulärer Satz ist.«

Die Formulierung ›dann und nur dann, wenn‹ meint: ›dann, wenn‹ und zugleich ›nur dann, wenn‹. Eine solche *hinreichende und notwendige Bedingung* enthält somit zwei Aspekte. Das heißt, wenn es sich, wie in 3.4-F angegeben, um einen Satz mit den genannten Eigenschaften handelt, dann liegt ein quantifizierter Aussagesatz vor; und wenn umgekehrt ein quantifizierter Aussagesatz gegeben ist, dann hat er die genannten Eigenschaften. Als Synonym für ›dann und nur dann, wenn‹ ist ›genau dann, wenn‹ in Gebrauch (in formalen Zusammenhängen mit ›gdw‹ abgekürzt). Wegen seiner Kürze wird dieser Ausdruck oft bevorzugt: »Etwas ist genau dann ein quantifizierter Aussagesatz, wenn es ein allgemeiner oder ein partikulärer Satz ist«. Diese Aussage bezieht sich auf alle quantifizierten Aussagesätze. Deshalb ist bei der Paraphrasierung eine versteckte Allquantifizierung zu berücksichtigen. Das Wort ›oder‹ ist einschließend gemeint, weil ein allgemeiner Satz den partikulären Fall im Sinne der Subalternation beinhaltet (vgl. 2.2-H). So ergibt sich ausformuliert der Satz: »Für jedes Individuum gilt: wenn es ein quantifizierter Aussagesatz ist, dann ist es ein Satz, und es ist allgemein oder es ist partikulär; und wenn es (umgekehrt) ein Satz ist, und es allgemein ist oder es partikulär ist, dann ist es ein quantifizierter Aussagesatz«.

Übersetzung

Nachdem ein Satz durch Paraphrasierung eine logisch brauchbare Gestalt erhalten hat, kann man an die Übersetzung in die Sprache der Klassischen Prädikatenlogik gehen. Sie erfolgt gewissermaßen so, dass man die für die Interpretation getroffenen Festsetzungen der Übersicht 3.4-A von rechts nach links liest. Dazu stellt man sich die folgenden Fragen und ergreift die entsprechenden Maßnahmen:

1) Welche Eigennamen oder Kennzeichnungen von Individuen enthält die Paraphrase? Zuordnung zu bestimmten Individuenkonstanten.
2) Welche Prädikate kommen vor, und welche Stellenzahl besitzen sie? Zuordnung zu Prädikatoren derselben Stellenzahl.
3) Gibt es offensichtliche oder versteckte quantitative Angaben? Zuordnung zu den entsprechenden Quantoren.
4) Welche logisch relevanten Verknüpfungen kommen vor? Zuordnung zu den Junktoren.

Dabei werden für gleiche Namen, Kennzeichnungen oder Prädikate gleiche Individuenkonstanten oder Prädikatoren, für unterschiedliche unterschiedliche verwendet. Sehen wir uns das anhand einiger Beispiele an, die im nächsten Kapitel benötigt werden.

3.4-G »Mozart hat den *Faust* nicht geschaffen.«

Kommentar: Bei diesem Beispielsatz handelt es sich um eine Verneinung. ›Mozart‹ ist semantisch mehrdeutig, weil neben Wolfgang Amadeus auch sein Vater Leopold und sein Sohn Franz Xaver als Komponisten bekannt sind. Gemeint ist aber wohl Wolfgang Amadeus als der bekannteste der drei.

Paraphrase: »Es trifft nicht zu, dass Wolfgang Amadeus Mozart den *Faust* geschaffen hat«.

Symbolzuordnung: In dem Satz kommen zwei Bezeichnungen (W. A. Mozart, *Faust*) und ein zweistelliges Prädikat (... hat ... geschaffen) vor. Für die Übersetzung ordnen wir dem Eigennamen ›Wolfgang Amadeus Mozart‹ die Individuenkonstante ›a‹, dem ›Faust‹ die Individuenkonstante ›b‹ und dem zweistelligen Prädikat ›... hat ... geschaffen‹ den zweistelligen Prädikator Q^2 zu.

Übersetzung: $\neg Q^2ab$.

3.4-H »Wenn Mozart den *Faust* schuf, dann war er ein Dichter.«

Kommentar: In diesem Fall handelt es sich um einen Satz mit einer hinreichenden Bedingung. Der Nachsatz enthält den Indikator ›er‹, der auf (Wolfgang Amadeus) Mozart zurückverweist.

Paraphrase: »Wenn Wolfgang Amadeus Mozart den *Faust* schuf, dann war Wolfgang Amadeus Mozart ein Dichter«.

Symbolzuordnung: Zusätzlich zu den Individuenkonstanten des vorangehenden Beispiels 3.4-G benötigen wir für das einstellige Prädikat ›... war ein Dichter‹ den einstelligen Prädikator P^1 und für das zweistellige Prädikat ›... schuf ...‹ den zweistelligen Prädikator Q^2.

Übersetzung: $Q^2ab \rightarrow P^1a$.

3.4-I »Das Gewordene hat einen Anfang.«

Kommentar: Der Ausdruck »das Gewordene« wirkt auf den ersten Blick wie ein Singular, enthält aber eine versteckte Allquantifizierung; denn er bezieht sich auf alles Gewordene.

Paraphrase: »Für jedes Individuum gilt: wenn es ein Gewordenes ist, dann hat es einen Anfang«.

Symbolzuweisung: Den einstelligen Prädikaten ›... ist ein Gewordenes‹ und ›... hat einen Anfang‹ ordnen wir die einstelligen Prädikatoren P^1 und Q^1 zu.

Übersetzung: $\forall x\ (P^1x \rightarrow Q^1x)$.

3.4-J »Die reine Logik ist mathematische Logik.«

Kommentar: Der Satz enthält ein durch ein Attribut ergänztes Subjekt und ein ebenso ergänztes Prädikatsnomen. (Eine Ergänzung durch einen Relativsatz wird übrigens formallogisch analog behandelt.) Da der Ausdruck ›Logik‹ sich hier auf verschiedene Arten der Logik bezieht, fassen wir ihn als versteckte Allquantifizierung auf.

Paraphrase: »Für jedes Individuum gilt: wenn es Logik ist und es rein ist, dann ist es Logik und es ist mathematisch«.

Symbolzuordnung: Für die Übersetzung ordnen wir den drei einstelligen Prädikaten ›... ist Logik‹, ›... ist rein‹ und ›... ist mathematisch‹ in dieser Reihenfolge die drei einstelligen Prädikatoren P^1, Q^1 und R^1 zu.

Übersetzung: $\forall x\ [(P^1x \wedge Q^1x) \rightarrow (P^1x \wedge R^1x)]$.

3.4-K »Die reine Logik ist symbolisch, und die mathematische Logik ist symbolisch.«

Kommentar: Hierbei handelt es sich um eine und-Verknüpfung mit versteckter Allquantifizierung.

Paraphrase: »Für jedes Individuum gilt: wenn es Logik ist und es rein ist, dann ist es symbolisch; und für jedes Individuum gilt: wenn es Logik ist und es mathematisch ist, dann ist es symbolisch«.

Symbolzuordnung: Zusätzlich zu den Symbolen des vorangehenden Beispiels 3.4-J benötigen wir für das einstellige Prädikat ›... ist symbolisch‹ den einstelligen Prädikator S^1.

Übersetzung: $\forall x\ [(P^1x \land Q^1x) \rightarrow S^1x] \land \forall x\ [(P^1x \land R^1x) \rightarrow S^1x]$.

3.4-L »Eine Aussage ist wahr oder falsch.«

Kommentar: Der Ausdruck ›eine Aussage‹ enthält wieder eine versteckte Allquantifizierung, weil er sich auf beliebige Aussagen bezieht. Da eine Aussage zudem nicht gleichzeitig wahr und falsch sein kann, haben wir es mit dem ausschließenden ›oder‹ zu tun. Wir paraphrasieren es mit ›entweder – oder‹.

Paraphrase: »Für jedes Individuum gilt: wenn es eine Aussage ist, dann ist es entweder wahr oder es ist falsch«.

Symbolzuordnung: Den drei einstelligen Prädikaten (... ist eine Aussage, ... ist wahr, ... ist falsch) ordnen wir die einstelligen Prädikatoren P^1, Q^1 und R^1 zu. Für die Alternative ›entweder F oder G‹ setzen wir $[(F \lor G) \land \neg\ (F \land G)]$ ein (vgl. 3.4-D).

Übersetzung: $\forall x\ \{P^1x \rightarrow [(Q^1x \lor R^1x) \land \neg\ (Q^1x \land R^1x)]\}$.

3.4-M »Ein Logiker analysiert Aussagesätze.«

Kommentar: Der Satz enthält mit ›ein Logiker‹ eine versteckte Allquantifizierung; denn es trifft wohl zu, dass sich jeder Logiker irgendwann mit Aussagen- und/oder Prädikatenlogik befasst. Das Wort ›Aussagesätze‹ wirkt auf den ersten Blick wie eine zweite Allquantifizierung; aber Logiker analysieren selbstverständlich nicht sämtliche Aussagesätze. So ist es wohl besser, den Existenzquantor zu verwenden.

Paraphrase: »Für jedes Individuum gilt: wenn es ein Logiker ist, dann gilt für (mindestens) ein Individuum: es ist ein Aussagesatz und jenes Individuum analysiert dieses«.

Symbolzuweisung: Den einstelligen Prädikaten ›... ist ein Logiker‹ und ›... ist ein Aussagesatz‹ ordnen wir die einstelligen Prädikatoren P^1 und Q^1 zu, dem zweistelligen Prädikat ›... analysiert ...‹ den zweistelligen Prädikator R^2.

Übersetzung: $\forall x\ [P^1x \rightarrow \exists y\ (Q^1y \wedge R^2xy)]$.

3.4-E' Kommen wir noch einmal auf die Paraphrase 3.4-E zurück: »Für jedes Individuum gilt: wenn es Peters Kollege ist, dann gilt: (Peter ist ihm gegenüber kritisch oder Peter ist ihm gegenüber unnachsichtig) und Peter ist empfindlich; und es trifft nicht zu, dass Peter Peter kritisch sieht«.

Symbolzuweisung: Dem Eigennamen ›Peter‹ ordnen wir die Individuenkonstante a zu, dem einstelligen Prädikat ›empfindlich‹ den einstelligen Prädikator P^1, den zweistelligen Prädikaten ›... ist Kollege von ...‹, ›... ist kritisch gegenüber ...‹, ›... ist unnachsichtig gegenüber ...‹ in dieser Reihenfolge die zweistelligen Prädikatoren Q^2, R^2 und S^2.

Übersetzung: $\forall x\ \{Q^2xa \rightarrow [(R^2ax \vee S^2ax) \wedge P^1a]\} \wedge \neg R^2aa$.

3.4-F' Die Paraphrase 3.4-F lautete: »Für jedes Individuum gilt: wenn es ein quantifizierter Aussagesatz ist, dann ist es ein Satz, und es ist allgemein oder es ist partikulär; und wenn es (umgekehrt) ein Satz ist, und es allgemein ist oder es partikulär ist, dann ist es ein quantifizierter Aussagesatz«.

Symbolzuweisung: Den einstelligen Prädikaten ›... ist ein quantifizierter Aussagesatz‹, ›... ist ein Satz‹, ›... ist allgemein‹ und ›... ist partikulär‹ ordnen wir in dieser Reihenfolge die einstelligen Prädikatoren P^1, Q^1, R^1 und S^1 zu.

Übersetzung: $\forall x\ \{[P^1x \rightarrow (Q^1x \wedge (R^1x \vee S^1x))] \wedge [(Q^1x \wedge (R^1x \vee S^1x)) \rightarrow P^1x]\}$.

Hinreichende und notwendige Bedingungen kommen – wie hier – bei Definitionen und außerdem bei vielen Sätzen der exakten Wissenschaften vor. Wegen ihres recht häufigen Vorkommens und ihrer vergleichsweise umständlichen logischen Darstellung hat man für die hinreichende und notwendige Bedingung ein eigenes Zeichen in die Sprache der Prädikatenlogik eingeführt: den *Bisubjunktor* $\leftrightarrow$ (auch: Koimplikation, Bikonditional; gelesen: genau dann, wenn). Mit seiner Hilfe lässt sich der Ausdruck $[(F \rightarrow G) \wedge (G \rightarrow F)]$ verkürzen zu $(F \leftrightarrow G)$. Die letzte Übersetzung reduziert sich damit auf

(F'') $\forall x \{P^1x \leftrightarrow [Q^1x \wedge (R^1x \vee S^1x)]\}$.

> **3.4-N** Syntaktische Festsetzung für den *Bisubjunktor*: $(F \leftrightarrow G)$ dient als Abkürzung für die Formel $[(F \rightarrow G) \wedge (G \rightarrow F)]$.
> Semantische Festsetzung für die Interpretation des *Bisubjunktors*: $I(F \leftrightarrow G)$ ist genau dann wahr, wenn I(F) und I(G) beide wahr oder beide falsch sind; ihm ist also der Wahrheitswertverlauf w, f, f, w zugeordnet.

Schwierigkeiten

Mögen Übersetzungen in die Sprache der Prädikatenlogik anfangs ungewohnt wirken, so können sich dabei weitere Schwierigkeiten ergeben, welche die und-Verknüpfung sowie nochmals Bedingungssätze betreffen.

Den ersten Punkt verdeutlichen Sätze wie »Ina drückt den Startknopf und fährt los« oder »Pia hat geheiratet und erwartet ein Kind«. Nun sind Konjunktionen, was die zweite Ableitung im Kapitel 3.3 gezeigt hat, kommutativ. Deshalb kann man durch eine entsprechende Ableitung und anschließende Interpretation zu den folgenden Sätzen kommen: »Ina fährt los und drückt den

Startknopf« oder »Pia erwartet ein Kind und hat geheiratet«. Offenbar kann – wie beim ersten Beispiel – in der normalsprachlichen und-Verknüpfung ein temporaler Aspekt mitschwingen. Er wird durch die zeitliche Abfolge der gesprochenen oder gelesenen Teilsätze unterstützt, bei der logischen Konjunktion aber nicht berücksichtigt. Beim ersten der beiden Beispielsätze ist, genauer gesagt, gemeint: »Nachdem Ina den Startknopf gedrückt hat, fährt sie los«.

In ähnlicher Weise kann die und-Verknüpfung – wie beim zweiten Beispiel – implizit einen kausalen Zusammenhang zwischen Grund und Folge enthalten, der ebenfalls in der logischen Konjunktion verlorengeht. Der Satz »Hans öffnet das Fenster, und es beginnt zu ziehen« beinhaltet gleichermaßen einen temporalen wie einen kausalen Aspekt, die beide durch die Kommutation ins Sinnlose verkehrt würden: »Es beginnt zu ziehen, und Hans öffnet das Fenster«. Wer solche zusätzlichen, über die bloße Aufzählung hinausgehenden temporalen oder kausalen Aspekte bei Sätzen bemerkt, die mit ›und‹ verknüpft sind, sollte entweder von einer Übersetzung ganz Abstand nehmen oder zumindest auf eine Rückübersetzung, das heißt auf eine Interpretation der erhaltenen Formeln verzichten.

Noch größere Probleme als die Kommutativität des Konjunktors bereitet die Festsetzung des Wahrheitswertverlaufs des Subjunktors: w, f, w, w. Diese Auffassung, die sich – wie erwähnt – schon bei Philon aus Megara findet, heißt *materiale Implikation*. Ihre ersten beiden Fälle wirken verhältnismäßig unkompliziert. Der Satz »wenn X, dann Y« sagt ja gerade aus, dass der Nachsatz, wenn der Vordersatz wahr ist, ebenfalls wahr ist (Fall 1). Eben deshalb kann der Satz als ganzer nicht wahr sein, wenn zwar der Vordersatz wahr ist, aber nicht der Nachsatz (Fall 2).

Allerdings ist zum ersten Fall eingewandt worden, dass der Wahrheitsgehalt des Satzes nicht einleuchtet, wenn die beiden

Teilsätze zwar wahr sind, aber in keinem Zusammenhang miteinander stehen (vgl. Anderson/Belnap/Dunn 1975). Betrachten wir zum Beispiel den Satz: »Wenn sich im Amazonas-Gebiet ein Urwald befindet, dann ist die Donau ein Fluss«. Sollte der Gesamtsatz wahr sein, bloß weil die beiden Teilsätze unzweifelhaft wahr sind? Welches Verständnis der wenn-dann-Beziehung liegt dem zugrunde? Nun handelt es sich bei Sätzen dieser Art eher um gewollt konstruierte Sonderfälle (welche die logische Allgemeingültigkeit des Falls 1 zugegebenermaßen in Frage stellen können) als um Thesen, die in der Philosophie oder Wissenschaft in dieser Form tatsächlich vertreten werden. Wer das Handauflegen als eine hinreichende Bedingung für die Gesundung von Patienten ansieht, tut dies vor dem Hintergrund einer Annahme, die eine Beziehung zwischen den beiden Vorgängen herstellt (Fall 1). Wer die Behauptung dagegen für falsch hält, tut dies, weil er am Gesundungseffekt zweifelt (Fall 2).

Noch problematischer erscheinen die Fälle 3 und 4, wonach ein Bedingungssatz, dessen Vordersatz falsch ist, wahr sein soll. Warum soll der Satz »wenn der Mond quadratisch ist, dann leben Menschen auf der Erde« wahr sein (Fall 3)? Anscheinend wird hier der Wahrheit des Nachsatzes besondere Bedeutung für die Wahrheit des Gesamtsatzes beigemessen. Sogar ein Bedingungssatz, dessen Vorder- und Nachsatz beide falsch sind (Fall 4), wirkt wie gängige Sprüche der Art: »Wenn Ostern und Pfingsten auf einen Tag fallen, dann heiße ich Theodor«.

Für die drei umstrittenen Fälle 1, 3 und 4 lassen sich beliebig viele Beispiele beibringen, welche die Wahrheitswertzuweisung für den Subjunktor und ihren Zusammenhang mit der wenn-dann-Beziehung unplausibel erscheinen lassen; und trotzdem hat sie einen brauchbaren logischen Kern (vgl. hierzu Quine 1950, § 3). Mit ›wenn – dann‹ wollen wir ja hauptsächlich aussagen, dass die Wahrheit des Vordersatzes die Wahrheit des Nachsatzes nach sich zieht. Dadurch wird eine Konstellation ausgeschlossen, bei der der Vordersatz wahr ist, der Nachsatz aber nicht. In Symbolen heißt das: F → G entspricht ¬ (F ∧ ¬ G); und diese Formel erhält gerade denselben Wahrheitswertverlauf wie der Subjunktor: w, f, w, w.

I (F)	I (G)	I [¬	(F	∧	¬	G)]
wahr	wahr	**W**	w	f	f	w
wahr	falsch	**F**	w	w	w	f
falsch	wahr	**W**	f	f	f	w
falsch	falsch	**W**	f	f	w	f

Identität und Relation

Logisch relevante Ausdrücke, die im alltäglichen Leben, aber auch im sozialphilosophischen Bereich und in den exakten Wissenschaften vorkommen, sind ›Gleichheit‹ und ›Identität‹: »Gleich und gleich gesellt sich gern«, »Gleichheit vor dem Gesetz«, »2 x 2 = 2^2«, »Identität der Gegensätze« usw. Wie die Beispiele zeigen, ist zwischen Gleichartigkeit oder Ähnlichkeit und Gleichheit im engeren Sinne zu unterscheiden. Die Gleichheit im Sinne der Gleichartigkeit bezieht sich immer auf einen besonderen Teilaspekt: die Gleichheit des Charakters oder der Interessen, die Gleichbehandlung ...

Im Gegensatz dazu bezieht sich die Gleichheit im engeren Sinne auf die ›Individuen‹ als ganze. Deshalb ist auch der Ausdruck ›unbedingte Gleichheit‹ verwendet worden; man könnte ebenso von Selbigkeit, Einerleiheit oder Identität sprechen. Die logische Bedeutung dieses Gleichheitsbegriffs zeigt sich darin, dass der Satz der Identität, wonach jedes Ding es selbst ist, neben dem Widerspruchssatz und dem Satz vom ausgeschlossenen Dritten seit dem Mittelalter zu den drei Grundsätzen der traditionellen Logik gehörte.

Umso mehr erstaunt, dass der Begriff der Gleichheit erst von Gottlob Frege zufriedenstellend analysiert worden ist.[82] Den theoretischen Hintergrund bildet seine Auffassung, ein sprachlicher Ausdruck könne sich sowohl auf das damit Bezeichnete als auch auf das damit Gemeinte beziehen. Von hier aus erklärte er die Gleichheit zweier Ausdrücke als die Identität des durch sie Bezeichneten. Während also mit 2 x 2 ein Rechenprodukt und mit 2^2 eine Quadratzahl *gemeint* sind, weist das Gleichheitszeichen zwischen ihnen darauf hin, dass beide Ausdrücke dieselbe Zahl 4 *bezeichnen*. Gleich (oder identisch) ist das ›Individuum‹, auf das sich die beiden – auf den ersten Blick Unterschiedliches betreffenden – Ausdrücke beziehen. Man kann auch sagen, die Gleichheit (oder Identität) ist eine Beziehung zwischen zwei Bezeichnungen ein und desselben Gegenstandes.

In der Prädikatenlogik könnte man diese Beziehung einfach durch einen zweistelligen Prädikator und zwei Individuenkonstanten ausdrücken. Wenn die Identität hier trotzdem besonders hervorgehoben wird, dann hat das den Grund, dass sie bestimmte Eigenschaften aufweist, deren ausdrückliche Berücksichtigung angezeigt scheint. Während ein normaler zweistelliger Prädikator von vornherein nichts Näheres über die Beziehung zwischen seinen beiden Termen festlegt, macht die Identität der beiden durch die Terme bezeichneten Individuen gerade die Besonderheit der Gleichheitsbeziehung aus. Insbesondere ist jedes Individuum mit sich selbst identisch; und im Fall der mathematischen Gleichheit gilt a = a. Solche Selbstbezüglichkeit heißt ›reflexiv‹.

> 3.4-O Eine zweistellige Beziehung – oder Relation R – heißt genau dann *reflexiv*, wenn für jedes Individuum x gilt: x steht zu sich selbst in der Beziehung R.
> Ein zweistelliger Prädikator Q^2 der Sprache der Prädikatenlogik heißt genau dann *reflexiv*, wenn gilt: $\forall x\ Q^2xx$.

Ein zweites Merkmal der Identitätsbeziehung ist durch ihre ›Symmetrie‹ gegeben. Wenn x mit y identisch ist, dann ist auch y mit x identisch. Allerdings sind keineswegs alle zweistelligen Relationen symmetrisch. So ist, wenn x die Mutter von y ist, y nicht die Mutter von x; und wenn x größer ist als y, dann ist y nicht größer als x. Dagegen gilt für die mathematische Gleichheit: wenn a = b ist, dann ist auch b = a.

3.4-P Eine zweistellige Beziehung – oder Relation R – heißt genau dann *symmetrisch*, wenn für je zwei Individuen x und y gilt: wenn x zu y in der Beziehung R steht, dann steht auch y zu x in dieser Beziehung.
Ein zweistelliger Prädikator Q^2 der Sprache der Prädikatenlogik heißt genau dann *symmetrisch*, wenn gilt:
$\forall x\ \forall y\ (Q^2xy \rightarrow Q^2yx)$.

Die Größer-Beziehung ist zwar nicht symmetrisch, dafür gilt aber Folgendes: Wenn ein Individuum größer ist als ein anderes und dieses zweite größer ist als ein drittes, dann ist das erste auch größer als das dritte. Für die Mutter-Beziehung gilt dies jedoch nicht; denn wenn x die Mutter von y und y die Mutter von z ist, dann ist x zwar die Großmutter, nicht aber die Mutter von z. Im Fall der mathematischen Gleichheit ergibt sich aus a = b und b = c die Schlussfolgerung a = c; und ebenso folgt aus der Identität zweier Individuen, wenn das zweite zusätzlich mit einem dritten identisch ist, auch die Identität des ersten mit dem dritten. Auf diese Eigenschaft von Beziehungen sind wir schon im Zusammenhang mit dem Kettenschluss gestoßen und haben sie ›transitiv‹ genannt (1.4-G).

3.4-Q Eine zweistellige Beziehung – oder Relation R – heißt genau dann *transitiv*, wenn für je drei Individuen x, y und z gilt: wenn x zu y und y zu z in der Beziehung R stehen, dann steht auch x zu z in dieser Beziehung.
Ein zweistelliger Prädikator Q^2 der Sprache der Prädikatenlogik heißt genau dann transitiv, wenn gilt:
$\forall x\ \forall y\ \forall z\ [(Q^2xy \wedge Q^2yz) \rightarrow Q^2xz]$.

Offensichtlich gelten alle drei genannten Eigenschaften sowohl für die mathematische Gleichheit als auch für die Identität. Eine Beziehung, die sich auf diese Weise von anderen Beziehungen abhebt, heißt Äquivalenzrelation. Mit anderen Worten, die Identität ist eine Äquivalenzrelation.

3.4-R Eine Beziehung, die reflexiv, symmetrisch und transitiv ist, heißt *Äquivalenzrelation.*

Eine weitere bemerkenswerte Eigenschaft der Identität ist die *Substituierbarkeit.* Wenn Peter Panter und Kurt Tucholsky identisch sind, dann macht es aus logischer Sicht keinen Unterschied, welchen der beiden Ausdrücke ich in *objektbezogenen* Aussagen über diesen Autor verwende. »Peter Panter war ein Mitarbeiter der ›Weltbühne‹«, »Kurt Tucholsky war ein Mitarbeiter der ›Weltbühne‹«, »Peter Panter verfasste das *Pyrenäenbuch*«, »Kurt Tucholsky verfasste das *Pyrenäenbuch*« – diese und ähnliche Aussagen sind logisch gleichwertig. Das Gesagte gilt jedoch nicht für Aussagen, die sich auf die Sprache selbst beziehen.[83] So besteht der Name ›Peter Panter‹ aus elf Buchstaben, ›Kurt Tucholsky‹ dagegen aus dreizehn. Außerdem drückt der Satz »Peter Panter ist mit Kurt Tucholsky identisch« etwas anderes aus als »Peter Panter ist mit Peter Panter identisch«. Im Objektzusammenhang müsste es aber möglich sein, den einen

Namen ohne Bedeutungsverlust logischer Art durch den anderen zu ersetzen.

Um die Eigenschaften der Identitätsrelation berücksichtigen zu können, erweitern wir die Klassische Prädikatenlogik erster Stufe zur *Prädikatenlogik mit Identität*. In deren Sprache nehmen wir zusätzlich zu den bisherigen Zeichen ein eigenes Zeichen für die Identität auf; und den zugehörigen Kalkül des natürlichen Schließens ergänzen wir durch neue Ableitungsregeln. Das heißt, zur Syntax der Sprache der Prädikatenlogik mit Identität gehören die Zeichen der Tafel 3.2-G und zusätzlich der *zweistellige Prädikator* I^2. (Andere Autoren verwenden = oder ≡.) Als *prädikative Formeln* gelten in der ›Prädikatenlogik mit Identität‹ auch Ausdrücke, in denen auf I^2 zwei Terme folgen. In diesem Sinne sind I^2xx, I^2xy, I^2xa, I^2aa, I^2ab usw. prädikative Formeln. Die *Formeln* im Allgemeinen setzen sich wie in 3.2-K festgelegt zusammen. Außerdem treffen wir für die *Semantik* ergänzend zu 3.4-A und 3.4-C zwei Festsetzungen:

1. Der Prädikator I^2 hat die Bedeutung, eine Leerstelle für das zweistellige Prädikat ›... ist gleich ...‹ zu sein.
2. Die über O interpretierte Formel $I(I^2t_1t_2)$ ist genau dann wahr, wenn die den beiden Termen t_1 und t_2 zugeordneten Individuen aus O identisch sind.

Lassen sich die im Kapitel 3.3 eingeführten *Ableitungsregeln* in geeigneter Weise ergänzen? Die Reflexivität ist, wie schon betont, ein charakteristisches Merkmal der Identitätsbeziehung. Jedes Individuum ist mit sich selbst identisch. Deshalb kann man es zulassen, zu jedem beliebigen Term t die prädikative Formel I^2tt in eine Ableitung einzuführen. Wegen der Substituierbarkeit liegt es außerdem nahe zuzulassen, dass in Ableitungen bei identischen Termen der eine durch den anderen ersetzt wird.

3.4-S	(1) Es sei t ein beliebiger prädikatenlogischer Term. In einer Ableitung kann an einer beliebigen Stelle die Formel I^2tt in einem neuen Schritt eingeführt werden. Dieser Schritt heißt *Identitätseinführung*, abgekürzt: *IE*. Er hängt von keiner Voraussetzung ab. (2) $I^2t_1t_2$ komme als Folgenglied in einer Ableitung vor; und beide Terme seien nicht gebunden. Dann kann aus der prädikatenlogischen Formel $F[t_1]$ mit dem Term t_1 die Formel $F[t_1/t_2]$ abgeleitet werden. Diese geht aus $F[t_1]$ dadurch hervor, dass t_1 an einer oder mehreren (aber nicht notwendigerweise an allen) Stellen durch t_2 ersetzt wird. Der Ableitungsschritt heißt *Identitätssubstitution*, abgekürzt: *IS [t_1/t_2]*. Die Voraussetzungen der neuen Formel sind dieselben wie bei $I^2t_1t_2$ und $F[t_1]$.

Bei der Identitätssubstitution wird gefordert, dass die beiden Terme ungebunden sein sollen. Sie ist bei gebundenen Variablen nämlich nicht unproblematisch, wie das folgende, von Patrick Suppes (1999: 103) erwähnte Beispiel zeigt:

Beispiel:					
	1.	I^2xy		PE	(1), x, y
	2.	$\exists x \neg I^2xy$		PE	(2), y
	3.	$\exists x \neg I^2xx$	1, 2	IS [y/x]	

Es gibt nichts Banaleres als die Annahme, zwei Terme seien identisch (z.B. 2 x 2 und 2^2), und die Behauptung, es gebe einen Term (x), der nicht mit einem anderen Term (y) identisch ist. Wäre nun die Identitätssubstitution bei quantifizierten Formeln möglich, dann würde sich daraus eine unsinnige Konsequenz ergeben: Es gäbe einen Term, der nicht mit sich selbst identisch ist. Deshalb wird die Einschränkung bei der Identitätssubstitution gefordert.

Nachdem die Eigenschaften der Reflexivität und der Substituierbarkeit in die beiden Ableitungsregeln IE und IS eingeflossen sind, stellt sich die Frage, wie es sich mit der Symmetrie und der Transitivität der Identitätsrelation verhält. Tatsächlich lassen sie sich in der Prädikatenlogik mit Identität mit Hilfe der beiden in 3.4-S genannten Ableitungsregeln beweisen. Dies sei beispielhaft für die *Symmetrie der Identität* gezeigt: $\forall x\ \forall y\ (I^2xy \rightarrow I^2yx)$. Wir nehmen eine bedingte Ableitung vor und führen den Vordersatz der Subjunktion als Hilfsannahme ein (Zeile 1). Da demnach x und y identisch sind, kann x in der Hilfsannahme durch y substituiert werden (Zeile 2). Aus demselben Grund kann das zweite y durch x substituiert werden (Zeile 3). Da es nach der Prämissenbeseitigung (Zeile 4) keine Beschränkungen für freie Variablen mehr gibt, können die beiden Allquantoren eingeführt werden (Zeilen 5 und 6).

Zeile	Formel	herangezogene Zeile	Regel	Prämisse
1.	I^2xy		PE* (BA)	(1*), x, y
2.	I^2yy	1	IS [x / y]	1*, x, y
3.	I^2yx	1, 2	IS [y / x]	1*, x, y
4.	$(I^2xy \rightarrow I^2yx)$	1, 3	PB	☺
5.	$\forall y\ (I^2xy \rightarrow I^2yx)$	4	AE [y / y]	./.
6.	$\forall x\ \forall y\ (I^2xy \rightarrow I^2yx)$	5	AE [x / x]	./.

Der Identitätsbegriff ist hilfreich, wenn man Anzahlbegriffe einführen oder Aussagen über eine bestimmte Anzahl von Individuen machen möchte. So kommt man über das bisher gebrauchte unbestimmte »mindestens ein« bei Existenzaussagen hinaus. Möchte man zum Beispiel ausdrücken, dass es (mindestens) zwei Individuen gibt, dann kann man das in der Weise tun, dass man sagt: »Es gibt ein Individuum x, und es gibt ein Individuum y, und x ist nicht mit y identisch«. Man kann auch ausdrücken, dass es eine bestimmte Anzahl von Individuen gibt – zum Beispiel *genau ein* Individuum mit einer bestimmten Eigenschaft: $\exists x\ [P^1x \wedge \forall y\ (P^1y \rightarrow I^2xy)]$, abgekürzt $\exists! x\ P^1x$. Außerdem lässt sich die Stellenzahl von Prädikaten formal genau angeben. Doch das sei hier nur angedeutet.

3.5 Schluss und Fehlschluss

»Wer Tiere liebt auf dieser Welt, gibt gerne etwas Futtergeld.«

Kann man aus diesem Vers, den spendensammelnde Zirkusmitarbeiter manchmal im Winter verwenden, schließen, dass diejenigen, die kein Futtergeld geben, nicht tierlieb sind? Am Anfang des Kapitels 3.4 schimmerte die Hoffnung durch, mit Hilfe der Semantik erstens Argumentationen und Schlüsse prüfen zu können, die umgangs- oder wissenschaftssprachlich formuliert sind, aber nicht unmittelbar einleuchten, und zweitens Fehlschlüsse nachweisen zu können. Diese beiden Themen wollen wir in diesem Kapitel behandeln.

Schlüsse und ihre Gültigkeit

Manch ein Schluss (zur Explikation des Begriffs vgl. 1.2-C) wirkt zunächst plausibel, das heißt, er wirkt, als folge die Konklusion aus den Prämissen; aber er ist trotzdem nicht gültig. Andere Schlüsse leuchten nicht sofort ein, stellen sich bei genauerer Prüfung aber als gültig heraus. Was ist ein gültiger Schluss? Was kann, wenn die Plausibilität nicht in Frage kommt, als Kriterium für die Gültigkeit von Schlüssen gelten? Die Wahrheit der Teilsätze? Sehen wir uns diesbezüglich einige Beispiele an!

3.5-A Alle Menschen sind sterblich. Also ist Sokrates sterblich.

Dieses Beispiel mag auf den ersten Blick plausibel wirken; und es ist auch so, dass Prämisse wie Konklusion wahr sind. Doch von der Syllogistik her ist schon bekannt, dass die zweite Prämisse fehlt, die für die Gültigkeit des Schlusses erforderlich ist. Sie würde garantieren, dass Sokrates ein Mensch ist. Dadurch würde sie die logisch notwendige Beziehung zwischen der ersten Prämisse und der Konklusion herstellen. ›Sokrates‹ könnte ja auch ein Hundename sein. Nach der Plausibilität scheidet also auch die Wahrheit von Prämissen und Konklusion als Kriterium für die Gültigkeit von Schlüssen aus.

3.5-B P1: Alle Menschen sind unsterblich.
P2: Sokrates ist ein Mensch.
K: Also ist Sokrates unsterblich.

Das Beispiel 3.5-B ist in formaler Hinsicht genauso aufgebaut wie der bekannte Syllogismus. Es liegt deshalb nahe zu vermuten, dass es sich um einen gültigen Schluss handelt. Nur das Prädikat ›sterblich‹ ist an allen Stellen seines Vorkommens durch das Wort ›unsterblich‹ ersetzt worden. Auffällig ist infolgedessen die falsche Konklusion. Da aus Wahrem nur Wahres folgt, kann es keinen formal korrekten Schluss mit wahren Prämissen und falscher Konklusion geben. In unserem Fall ist aber auch die erste Prämisse falsch. Mit anderen Worten, es kann durchaus gültige Schlüsse mit falscher Konklusion geben, sofern auch mindestens eine der Prämissen falsch ist. Wenn ein Schluss gültig ist, dann sagt das nichts über die Wahrheit oder Falschheit seiner Prämisse(n) oder seiner Konklusion aus, sondern nur etwas über die logische Beziehung zwischen Prämisse(n) und Konklusion.

Letztlich scheint alles auf die formale Korrektheit eines Schlusses hinauszulaufen. Mit anderen Worten, ein Schluss ist gültig, wenn er eine bestimmte Form aufweist. Wie lässt sich dieser Gedanke präzisieren? Welche Schlussformen entsprechen gültigen Schlüssen? Ein Schluss heißt bekanntlich gültig, wenn die Konklusion K aus den Prämissen P_1, ... P_n folgt. Dieser Zusammenhang kann je nach logischem System aussagenlogisch, syllogistisch, prädikatenlogisch usw. verstanden werden. Wir beschränken uns in diesem Kapitel auf den prädikatenlogischen Fall.

3.5-C Ein Schluss mit den Prämissen $P_1, \ldots P_n$ und der Konklusion K heißt genau dann *prädikatenlogisch gültig*, wenn sich (nach der Übersetzung seiner Komponenten in die Sprache der Prädikatenlogik) in einem prädikatenlogischen formalen System die Konklusion aus seinen Prämissen ableiten lässt. Man schreibt $P_1, \ldots P_n \Rightarrow_P K$.

Wir wollen diese Definition auf den Schluss 3.5-B anwenden. Die Paraphrasierung der ersten Prämisse lautet: »Für jedes Individuum gilt: wenn es ein Mensch ist, dann trifft es nicht zu, dass es sterblich ist«. Die zweite Prämisse muss nicht angepasst werden. Die Konklusion erhält die Fassung: »Es trifft nicht zu, dass Sokrates sterblich ist«. Wir ordnen den beiden einstelligen Prädikaten ›... ist ein Mensch‹ und ›... ist sterblich‹ die Prädikatoren P^1 und Q^1 sowie dem Namen ›Sokrates‹ die Individuenkonstante a zu. Übersetzung der Prämissen P_1 und P_2: $\forall x\, (P^1x \rightarrow \neg Q^1x)$; P^1a. Übersetzung der Konklusion K: $\neg Q^1a$. Ableitung im prädikatenlogischen Kalkül des natürlichen Schließens:

Zeile	Formel	herangezogene Zeile	Regel	benutzte Prämisse
1.	$\forall x\, (P^1x \rightarrow \neg Q^1x)$		PE	(1)
2.	P^1a		PE	(2)
3.	$(P^1a \rightarrow \neg Q^1a)$	1	AB[x/a]	1
4.	$\neg Q^1a$	2, 3	MP	1, 2

Aus den übersetzten Prämissen P_1 und P_2 des Schlusses 3.5-B lässt sich die übersetzte Konklusion K prädikatenlogisch ableiten: $[\forall x\, (P^1x \rightarrow \neg Q^1x), P^1a \vdash_P \neg Q^1a]$. Gemäß 3.5-C ist der Schluss prädikatenlogisch gültig: $[\forall x\, (P^1x \rightarrow \neg Q^1x), P^1a \Rightarrow_P \neg Q^1a]$.

Ableitungen setzen einen Blick für den Aufbau der Formeln voraus, die die Prämissen und die Konklusion bilden, und erfordern ein Gespür dafür, wie sich die Konklusion aus den Prämissen herausschälen lässt, was durch die Notwendigkeit indirekter oder bedingter Beweise noch erschwert werden kann. Als Alternative zu Ableitungen bietet sich deshalb bei Schlüssen, deren Teilsätze mit Junktoren gebildet sind, das Wahrheitswerttafelverfahren für den Nachweis ihrer Gültigkeit an. Die Wahrheitswerte werden hierbei ja rein schematisch zugeordnet – ein Vorgang, den sogar eine Rechenmaschine übernehmen kann. Dies sei anhand des folgenden Schlusses erläutert, dem die Alternative »die Welt ist entweder geschaffen oder ungeschaffen« und die Hypothese des Urknalls zugrunde liegen.

P1: Wenn die Welt geschaffen ist, dann ist die Welt ein Werk des Schöpfers.
P2: Ist die Welt ungeschaffen, so hat sie keinen Anfang in der Zeit.
P3: Die Welt hat aber einen Anfang in der Zeit.
K: Also ist die Welt ein Werk des Schöpfers.

Von diesen Sätzen erfordert nur die zweite Prämisse eine Paraphrase: »Wenn es nicht zutrifft, dass die Welt geschaffen ist, dann trifft es nicht zu, dass die Welt einen Anfang in der Zeit hat«. Den Bezeichnungen ›die Welt‹ und ›der Schöpfer‹ kann man die Individuenkonstanten a bzw. b, den beiden einstelligen Prädikaten ›... ist geschaffen‹ und ›... hat einen Anfang in der Zeit‹ die einstelligen Prädikatoren P^1 bzw. Q^1 und dem zweistelligen Prädikat ›... ist ein Werk von ...‹ den zweistelligen Prädikator R^2 zuordnen. Dann erhalten wir die folgende Übersetzung:

P1: $(P^1a \rightarrow R^2ab)$; – P2: $(\neg P^1a \rightarrow \neg Q^1a)$; – P3: Q^1a; – K: R^2ab.

Ein Schluss ist dadurch gekennzeichnet, dass die Konklusion aus den Prämissen folgen soll. ›Folgen‹ heißt, Prämisse(n) und Konklusion können zwar falsch sein, aber es darf nicht vorkommen, dass die Gesamtheit der Prämissen wahr ist, die Konklusion aber falsch. Diese Wahrheitsbedingungen entsprechen genau denen der Subjunktion. Deshalb stellen wir den übersetzten Schluss als Subjunktion aus der Konjunktion der Prämissen und der Konklusion dar und prüfen dann anhand einer Wahrheitswerttafel, ob der Wahrheitswertverlauf der Subjunktion überall den Wert ›wahr‹ aufweist. Wegen der drei prädikativen Formeln P^1a, Q^1a und R^2ab haben wir es mit acht Wahrheitswertkombinationen zu tun, für die wir acht Zeilen benötigen. (Aus Platzgründen wird das Interpretationszeichen fortgelassen.)

P^1a	Q^1a	R^2ab	$[((P^1a$	$\rightarrow$	$R^2ab)$	$\wedge$	$(\neg$	P^1a	$\rightarrow$	$\neg$	$Q^1a))$	$\wedge$	$Q^1a]$	$\rightarrow$	R^2ab
w	w	w	w	w	w	w	f	w	w	f	w	w	w	**W**	w
w	w	f	w	f	f	f	f	w	w	f	w	f	w	**W**	f
w	f	w	w	w	w	w	f	w	w	w	f	f	f	**W**	w
w	f	f	w	f	f	f	f	w	w	w	f	f	f	**W**	f
f	w	w	f	w	w	f	w	f	f	f	w	f	w	**W**	w
f	w	f	f	w	f	f	w	f	f	f	w	f	w	**W**	f
f	f	w	f	w	w	w	w	f	w	w	f	f	f	**W**	w
f	f	f	f	w	f	w	w	f	w	w	f	f	f	**W**	f

Da die Darstellung des Schlusses als Subjunktion in ihrem Wahrheitswertverlauf für alle denkbaren Wahrheitswertkombinationen ausschließlich ›wahr‹ aufweist, kann der Fall nicht auftreten, dass die Gesamtheit der Prämissen wahr wird, die Konklusion aber falsch. Der Schluss ist also gültig.

> **3.5-D** Ein Schluss mit aus Junktoren gebildeten Aussagen heißt *gültig*, wenn seine Darstellung als Subjunktion $P_1 \wedge \ldots \wedge P_n \rightarrow K$ einen tautologischen Wahrheitswertverlauf ergibt.

Das Wahrheitswerttafelverfahren mag sehr hilfreich sein, hat aber zwei Nachteile. Zum einen kann es nur auf Aussagen mit Junktoren angewendet werden; zum anderen werden die Tafeln sehr umfangreich, unübersichtlich und fehleranfällig, sobald die

Sätze eines Schlusses aus mehr als drei oder vier verschiedenen prädikativen Formeln aufgebaut sind.

Eine bemerkenswerte metalogische Feststellung besagt übrigens, dass es für alle *semantisch* mit dem Wahrheitswerttafelverfahren als *gültig* nachgewiesenen Schlüsse auch in *syntaktischer* Hinsicht eine prädikatenlogische Ableitung gibt, sie also ebenfalls *prädikatenlogisch gültig* sind.

Was ist ein Fehlschluss?

Im Laufe der vorangehenden Ausführungen sind wir wiederholt auf Argumentationen gestoßen, deren Anerkennung als Schlüsse problematisch schien. So benötigte Melissos für seinen indirekten Schluss eine Prämisse, die er nicht ausdrücklich als solche angegeben hatte; Zenons Schluss lieferte in Isokrates' Interpretation nicht die gewünschte Konklusion; von den 256 möglichen Syllogismen erwies sich die Mehrzahl als ungültig; und im ersten Beispiel dieses Kapitels (3.5-A) fehlte ebenfalls eine Prämisse. Deshalb hat man einen besonderen Ausdruck zur Bezeichnung solcher Fälle eingeführt und sagt: Ein Schluss, dessen Konklusion nicht aus seinen Prämissen folgt, heißt ›Fehlschluss‹. Deshalb lassen sich die Fehlschlüsse auch als diejenigen Argumentationen charakterisieren, die wahre Prämissen mit einer falschen Konklusion verbinden.

Doch das ist erst die halbe Wahrheit. Denn bekanntlich folgt aus dem Aussagesatz A zwar die doppelte Verneinung »es trifft nicht zu, dass nicht A« (vgl. 1.2-H). Aber syllogistisch betrachtet, folgt aus einem einzelnen Aussagesatz gar nichts. Ein Syllogismus setzt ja stets zwei Prämissen voraus, und diese müssen außerdem eine prädikative Beziehung zum Ausdruck bringen. Ob ein Fehlschluss vorliegt oder nicht, hängt also ebenfalls von dem logischen System (Syllogistik, Prädikatenlogik usw.) ab, auf das er sich bezieht. Ein aussagenlogisch gültiger Schluss kann durchaus ein syllogistischer Fehlschluss sein und umgekehrt.

3.5-E	Ein Schluss, der in Bezug auf ein bestimmtes logisches System L nicht gültig ist, d.h. ein Schluss, dessen Konklusion in L nicht aus den Prämissen folgt, heißt *Fehlschluss* in diesem System.

Um Fehlschlüsse von gültigen Schlüssen abgrenzen zu können, sind sie schon in der Antike ins Visier der Logiker geraten. So hat Aristoteles für die assertorische Syllogistik mit der Methode der Gegenbeispiele ein Verfahren entwickelt, mit dem sich syllogistische Fehlschlüsse nachweisen lassen (An. pr. I 4). Außerdem hat er in seiner Schrift *Sophistische Widerlegungen* versucht, eine erste Auflistung verschiedener Arten von Fehlschlüssen zu geben. Abgesehen von subjektiven Gründen, wie Nachlässigkeit der Argumentation oder Täuschungsabsicht, können unterschiedlichste sachliche Gründe für Fehlschlüsse verantwortlich sein: Besonderheiten des Sprachgebrauchs oder des Beweisziels sowie formal-logische Gesichtspunkte. Obwohl uns hier vor allem die Letzteren interessieren, sei eine knapp andeutende, keineswegs Vollständigkeit beanspruchende Übersicht vorangestellt.

Fehlschluss (1): sprachliche Gründe

Zur ersten Gruppe der Fehlschlüsse rechnet man solche, die sich aus rein sprachlichen Gründen ergeben (fallacia dictionis – Fehlschluss des Sprechens). Hierzu gehören – wie schon von Aristoteles bemerkt (Soph. el., Kap. 4) – vor allem syntaktische oder semantische Zwei- und Mehrdeutigkeiten. Diese können sich auf den Zusammenhang von Prämissen und Konklusion auswirken. Zudem lassen sich aus solchen Sätzen auch unzutreffende Schlussfolgerungen ziehen – im Fall einer syntaktischen Mehrdeutigkeit (vgl. 3.2-B) der ›Fehlschluss der Zweideutigkeit‹ (fallacia ambiguitatis).

»Erdenken Gottes ist Erhellung des Glaubens.«

Was ist in diesem Satz aus Karl Jaspers' *Einführung in die Philosophie* das Subjekt (das Erdenken?, die Erhellung?), was das Prädikatsnomen? Die Reihenfolge von Subjekt und Prädikatsnomen bzw. Objekt wird durch die Syntax der deutschen Sprache bekanntlich nicht eindeutig geregelt. Jaspers' Formulierung schließt nicht einmal die Identität beider Begriffe aus. Es könnte also auch gelten: »Erhellung des Glaubens ist Erdenken Gottes«. Nun ist nach Jaspers »das Erdenken Gottes [...] ein Beispiel alles wesentlichen Philosophierens«[84]. Aus diesen beiden Sätzen folgt im Sinne eines Kettenschlusses (1.4-H): »Erhellung des Glaubens ist ein Beispiel alles wesentlichen Philosophierens«. Doch diese Schlussfolgerung dürfte in ihrer Allgemeinheit weit über das hinausgehen, was Jaspers sagen wollte.

Häufiger als die syntaktischen geraten *semantische* Zwei- oder Mehrdeutigkeiten (vgl. 3.2-D) in den Blick, der Fehlschluss der Homonymie (fallacia aequivocationis).

»Ich bin eine Leiche. Leiche ist Mist. Mist ist Erde. Wenn aber die Erde eine Gottheit ist, so bin ich nicht eine Leiche, sondern ein Gott.« (DK 23 B 64)

Ausgehend von Prämissen, die man aus altgriechischer Sicht als wahr akzeptieren kann, steuert dieses dem Vorsokratiker Epicharmos zugeschriebene Epigramm nach Art eines Kettenschlusses auf die Schlussfolgerung »Epicharmos ist ein Gott« zu. Diese Konklusion ist aber offensichtlich falsch. Schuld an dem Fehlschluss ist das mehrdeutige Wort ›Erde‹. Es bezeichnet hier zum einen das Erdreich, zum anderen den Himmelskörper.

Zur Gruppe der Fehlschlüsse, die aus einer semantischen Zweideutigkeit resultieren, gehört auch die schon erwähnte syllogistische Quaternio terminorum.

Fehlschluss (2): nichtsprachliche Gründe

Logisch unzulässige Verwendung der Sprache ist nicht das Merkmal einer anderen Gruppe von Fehlschlüssen (fallacia extra dictionem – Fehlschluss aufgrund außersprachlicher Umstände). Ihre erste Untergruppe ergibt sich vielmehr aus der Verkennung dessen, was ein Schluss (oder ein Beweis) leisten soll. Eigentlich soll mit Hilfe eines Schlusses eine – vielleicht umstrittene – Behauptung durch eine lückenlose Reihe gesicherter Gründe, die Prämissen, in logisch einwandfreier Weise gestützt oder widerlegt werden. Man kann sich deshalb fragen, (1) ob ein sachdienlicher Zusammenhang zwischen den Prämissen und der Konklusion besteht, (2) ob die angeführten Gründe gesichert sind, (3) ob alle erforderlichen Prämissen lückenlos erwähnt sind und (4) ob der Schluss logisch stringent ist.

Das genannte Ziel des Schließens verfehlt offensichtlich, wer überhaupt keine sachbezogenen Gründe anführt, sondern sich statt dessen einfach auf eine Autorität beruft (auf Gott, eine bekannte Persönlichkeit, die Bibel oder einen anderen kanonischen Text; argumentum ex auctoritate – Argument aus der Autorität). So gibt Galileo Galilei in seinem *Dialog über die beiden hauptsächlichen Weltsysteme* einen Bericht wieder, wonach ein Philosoph nach einer sorgfältigen Leichensektion zum Nachweis der Nervenbahnen geäußert hat: »Ihr habt mir den Sachverhalt so augenfällig und umsichtig gezeigt – würde dem nicht der Text des Aristoteles widersprechen, der deutlich besagt, der Ausgangspunkt der Nerven sei das Herz, müsste man gezwungenermaßen zugeben, dass Ihr Recht habt«[85]. Varianten der Berufung auf eine

Autorität sind die Berufung auf die Mehrheitsmeinung (argumentum ex maioritate – Argument aus der Mehrheit) oder auf den allgemeinen Konsens (argumentum ex consensu omnium – Argument aus der Übereinstimmung aller). Letztere ist insbesondere bei religiösen Erörterungen beliebt: »Alle Völker stimmen darin überein, dass die Seele Bestand hat. Also hat die Seele Bestand«[86].

Die Zielsetzung wird ebenfalls verfehlt, wenn zwar sachliche Gründe angegeben werden, diese aber nicht auf die fragliche Behauptung selbst zielen. Das macht sich besonders gravierend bemerkbar, wenn zwischen Prämissen und Konklusion überhaupt kein sinnvoller Zusammenhang besteht (»Er ist ein Philosoph; denn er ist ein König«) oder wenn eine der Prämissen schlicht und einfach falsch ist (error fundamentalis – Grundirrtum): »Die Gestalt aller Lebewesen ist in der Eizelle vorgeformt. Präformation schließt Metamorphose aus. Folglich machen Insekten, die ja Lebewesen sind, keine Metamorphose durch«[87]. – Manchmal versucht man auch, eine Behauptung oder eine Theorie zu stützen oder zu widerlegen, indem man, statt sich hierauf zu beziehen, die Person des Behauptenden, seine Charaktereigenschaften oder Handlungen positiv bzw. negativ beurteilt (argumentum ad hominem – auf die Person bezogenes Argument). Zum Beispiel wird in letzter Zeit gern das Versagen einzelner Lehrer gegen das Gesamtkonzept der Reformpädagogik ins Feld geführt: »Lehrer müssen nicht geliebt werden. Die Reformpädagogik hat versagt«[88]. – Als Fehlschluss ist auch eine Begründung zu werten, die das Ziel, die angestrebte Konklusion, aus den Augen verliert und am Ende etwas ganz anderes nachgewiesen hat (ignoratio elenchi – Unkenntnis des Beweisens). So wirft Kant seinen Kritikern vor, sie würden bloß behaupten, seinen transzendentalen Idealismus widerlegt zu haben. In Wirklichkeit hätten sie Argumente gegen andere idealistische Standpunkte vorgebracht.[89]

Die Zielsetzung wird auch dann verfehlt, wenn die Begründung oder Widerlegung einer in Frage stehenden Behauptung ihrerseits auf Fragliches zurückgreift (petitio principii – Vorbringen des Anfänglichen). Das kann in der Weise geschehen, dass etwas noch Unbewiesenes als Prämisse dient. Oder so, dass eine der Prämissen die aus ihnen erschlossene Konklusion zur eigenen Rechtfertigung benötigt. Im Extremfall findet die Behauptung selbst als Prämisse Verwendung (circulus vitiosus – Zirkelschluss). Während diese Art des Fehlschlusses bei einer kurzen Argumentation mit wenigen Prämissen sofort ins Auge fallen dürfte, ist sie bei längeren Begründungen schwerer zu entdecken – zumal dann, wenn mit Synonymen gearbeitet wird. In einem Stück Molières begründet der *Arzt wider Willen* den Umstand, dass eine junge Frau stumm ist, damit, dass sie die Sprache verloren hat; und in *Der eingebildete Kranke* lässt derselbe Autor die einschläfernde Wirkung des Opiums durch eine »vis dormitiva« (schlafbewirkende Kraft) erklären.

Als Mangel, der nicht sprachlich bedingt ist, ist auch zu werten, wenn die Schlusskette nicht lückenlos ist, sondern die schon erwähnte Begründungslücke auftritt, bei Syllogismen ›Enthymem‹ genannt. Bei der Einführung dieses Begriffs bringt Aristoteles unter anderem das Beispiel, Pittakos sei freigebig, weil er ehrliebend ist (An. pr. II 27, 70 a 26-27). Wenn man diesen Schluss dem Verdikt des Fehlschlusses entziehen will, dann muss man eine weitere Prämisse hinzunehmen. Diese lässt sich den Vorgaben der Konklusion und der gegebenen Prämisse entnehmen. Der Prädikatsterm der Konklusion (»freigebig«) muss ihr Prädikatsterm werden und der Prädikatsterm der vorgegebenen Prämisse (»ehrliebend«) den Mittelbegriff bilden. So ergibt sich der folgende Syllogismus:

> Wenn freigebig allen Ehrliebenden zukommt
> und ehrliebend dem Pittakos zukommt,
> dann kommt freigebig dem Pittakos zu.

Was syllogistisch einfach und eindeutig wirkt, kann kompliziert werden, wenn man den Bereich der Syllogistik verlässt. Zwar erhielte man, nähme man die nun folgende Prämisse hinzu, einen Schluss, bei dem sich mittels Beseitigung der Allgemeinheit und Modus ponens die gewünschte Konklusion ermitteln ließe:

> Wenn jemand ehrliebend ist, dann ist er freigebig.
> Pittakos ist ehrliebend.
> Also ist Pittakos freigebig.

Man könnte als erste Prämisse aber auch den Satz wählen: »Pittakos ist nicht ehrliebend, oder Pittakos ist freigebig«. Die Konklusion würde man jetzt mit Hilfe des Gesetzes der doppelten Verneinung (1.2-H) und des Modus tollendo ponens (1.2-G) erhalten.

Diese Alternativen zeigen, dass die Ergänzung von Schlüssen mit einer Begründungslücke nicht unproblematisch ist. Denn es ist völlig unklar, welche Prämisse der Behauptende selbst bevorzugt hätte. Wäre Aristoteles zum Beispiel im konkreten Fall so weit gegangen, über einen verdienten, vorbildlichen Staatsmann und Gesetzgeber, wie Pittakos, zu sagen: »Er ist nicht ehrliebend, oder er ist freigebig«?

Fehlschluss (3): logische Aspekte

Wenn ein logisch korrekt gezogener Schluss zu einer nicht zutreffenden Konklusion kommt, dann ist mindestens eine seiner Prämissen falsch. Sind die Prämissen dagegen wahr und die Konklusion trotzdem falsch, dann kann der Fehlschluss – neben den anderen schon erwähnten sprachlichen und nicht-sprachlichen Faktoren – auch durch mangelnde logische Stringenz verursacht sein; mit anderen Worten, er verwendet eine unzulässige Schlussform. Argumentationen dieser Art bilden die andere Untergruppe nicht-sprachlich bedingter Fehlschlüsse. Aber wie können wir

Fehlschlüsse erkennen? Sehen wir uns einige Beispiele darauf an, ob sie prädikatenlogisch gültige Schlüsse *sind* oder ob sie bloß gültig *wirken*:

3.5-F Alles Gewordene hat einen Anfang. Also ist das, was einen Anfang hat, geworden. – Ist dieser Schluss gültig?

3.5-G Das Gewordene hat einen Anfang. Also hat das Ungewordene keinen Anfang.

3.5-H Die reine Logik ist mathematische Logik. Denn sie ist symbolisch, und die mathematische Logik ist symbolisch.

3.5-I Jedes Sprechen ist an sich ein Übersetzen. Jedes Sprechen ist an sich aber auch ein Denken. Folglich ist jedes Denken ein Übersetzen.

Noch einmal: Welche dieser Schlüsse sind prädikatenlogisch gültig, welche nicht? Wie können wir prädikatenlogische Fehlschlüsse erkennen und als solche nachweisen? Für die Prüfung der prädikatenlogischen *Gültigkeit* von Schlüssen besitzen wir bereits das nötige Handwerkszeug (vgl. 3.5-C und D).

Für den Nachweis prädikatenlogischer Fehlschlüsse benötigen wir offenbar ein Verfahren, das ähnlich wie die aristotelische Methode der syllogistischen Gegenbeispiele funktioniert. Erstaunlicherweise finden wir hierzu schon bei Aristoteles selbst einen methodischen Hinweis, obwohl die Fragestellung über die Syllogistik im engeren Sinne hinausgeht. In den *Sophistischen Widerlegungen* schreibt er Melissos den (nicht-syllogistischen) Schluss 3.5-F zu und bemerkt dazu:

»Das folgt aber nicht notwendigerweise. Denn wenn alles Gewordene einen Anfang hat, braucht deshalb nicht das, was einen Anfang hat, geworden zu sein, wie auch, wenn der Fieberkranke Körperwärme hat, der Körperwarme nicht fieberkrank sein muss« (Soph. el. 5, 167 b 17-20).

Auch in diesem nicht-syllogistischen Fall entlarvt Aristoteles die Argumentation mit einem Gegenbeispiel als Fehlschluss, indem er passend zur logischen Struktur der Satzfolge auf einen weniger abstrakten, anschaulichen Zusammenhang hinweist. Er behält die Allgemeinheit der Aussagen und ihre prädikative Form bei, behandelt die beiden Terme (das Gewordene, das einen Anfang Habende) aber wie Variablen, an deren Stelle andere Ausdrücke (der Fieberkranke, der Körperwarme) eingesetzt werden können.

Den Nachweis eines Fehlschlusses werden wir nun (und auch im weiteren Verlauf) nach dem Vorbild des aristotelischen Vorgehens in der Weise erbringen, dass wir erstens die *prädikatenlogische Struktur* der Argumentation erfassen und ihr dann zweitens durch Interpretation im Rahmen der prädikatenlogischen Semantik ein möglichst plausibles *Gegenbeispiel* an die Seite stellen, das eine wahre Prämisse mit einer falschen Konklusion verbindet. Für die Übersetzung der Argumentation 3.5-F in die Sprache der Prädikatenlogik können wir auf das Beispiel 3.4-I zurückgreifen.

3.5-F' *Übersetzung*: $\forall x\ (P^1x \rightarrow Q^1x)$. Also: $\forall x\ (Q^1x \rightarrow P^1x)$.

Interpretiert man nun P^1 durch »... ist fieberkrank« und Q^1 durch »... ist körperwarm«, dann ergibt sich eine wahre Prämisse (für jedes Individuum x gilt: wenn x fieberkrank ist, dann ist x körperwarm), aber eine falsche Konklusion; denn wie schon Aristoteles feststellte, ist nicht alles Köperwarme auch fieberkrank. Tatsächlich muss zu den Dingen, die ein bestimmtes Merkmal aufweisen, ja nicht alles gehören, was ebenfalls dieses Merkmal besitzt. Das kam schon zur Sprache, als es um die Notwendigkeit ging, bei der Konversion eines allgemeinen Aussagesatzes eine quantitative Einschränkung vorzunehmen (conversio per accidens – 2.2-K). Ein solcher Fehlschluss, der aus dem, was in der Prämisse nachfolgt (hier: Q^1x), unzulässigerweise auf das Vorangehende schließt (hier: P^1x), heißt *Fehlschluss der Folge* (fallacia consequentis).

An späterer Stelle kommt Aristoteles noch einmal auf diese Art des Fehlschlusses zurück. Er erwähnt neben der gerade behandelten eine zweite Form, die er wiederum Melissos zuschreibt (Soph. el. 28). Wurde im Fall 3.5-F die Reihenfolge, die Subjekt und Prädikat in der Prämisse einnahmen, in der Konklusion umgekehrt, so werden in 3.5-G Subjekt und Prädikat/Objekt der Prämisse in der Konklusion verneint.[90]

3.5-G' *Übersetzung*: $\forall x\ (P^1x \rightarrow Q^1x)$. Also: $\forall x\ (\neg P^1x \rightarrow \neg Q^1x)$.

Auch für diese Satzfolge lassen sich widerlegende Gegenbeispiele finden. Interpretieren wir zum Beispiel P^1 durch ›... ist ein Schwan‹ und Q^1 durch ›... ist etwas Seiendes‹! Wir erhalten dann einerseits die wahre Prämisse: »Für jedes Individuum x gilt: wenn x ein Schwan ist, dann ist x etwas Seiendes«. Andererseits ergibt sich die unzutreffende Konklusion: »Für jedes Individuum x gilt: wenn es nicht zutrifft, dass x ein Schwan ist, dann trifft es nicht zu, dass x etwas Seiendes ist«.

Zu 3.5-H: Das dritte Beispiel wirkt auf den ersten Blick wie ein Syllogismus der zweiten Figur, stellt sich bei genauerem Hinsehen aber als Fehlschluss heraus. Denn in der zweiten Figur gibt es gar keinen Modus mit drei allgemeinen bejahenden Teilsätzen. Die Übersetzung, die sich 3.4-J und K entnehmen lässt, lautet:

3.5-H' $\forall x\ [(P^1x \wedge Q^1x) \rightarrow S^1x] \wedge \forall x\ [(P^1x \wedge R^1x) \rightarrow S^1x]\}$.
Also: $\forall x\ [(P^1x \wedge Q^1x) \rightarrow (P^1x \wedge R^1x)]$.

Zum Nachweis dieses Fehlschlusses, der in einer philosophischen Veröffentlichung unterlaufen ist[91], benötigen wir ein Gegenbeispiel, bei dem $I(P^1)$ verknüpft mit $I(Q^1)$ und $I(P^1)$ verknüpft mit $I(R^1)$ Unterbegriffe von $I(S^1)$ sind, sich aber wechselseitig ausschließen. Wir können zum Beispiel P^1 durch ›... ist aus Gold‹, Q^1 durch ›... ist ein Armreif‹, R^1 durch ›... ist eine Halskette‹ und S^1 durch ›... ist ein Schmuckstück‹ interpretieren. So erhalten wir eine wahre Prämisse und eine falsche Konklusion:

(P) Für jedes Individuum x gilt: wenn x aus Gold und ein Armreif ist, dann ist x ein Schmuckstück; und für jedes Individuum x gilt: wenn x aus Gold und eine Halskette ist, dann ist x ein Schmuckstück.
(K) Für jedes Individuum x gilt: wenn x aus Gold und ein Armreif ist, dann ist x aus Gold und eine Halskette.

Zu 3.5-I: Auch das nun folgende Beispiel ist einem philosophischen Skript entnommen. Es wirkt auf den ersten Blick ebenfalls wie ein Syllogismus – diesmal der dritten Figur. Aber es handelt sich wieder nicht um einen gültigen Syllogismus. Denn es gibt in der dritten Figur keinen Modus mit drei allgemeinen bejahenden Teilsätzen (höchstens den Modus Darapti); außerdem sind die Terme der Konklusion vertauscht. Im Hinblick auf die Paraphrasierung sind nur die Allquantifizierung und der Folgerungsindikator zu beachten.

> Für jedes Individuum gilt: wenn es ein Sprechen an sich ist, dann ist es ein Übersetzen. Für jedes Individuum gilt: wenn es ein Sprechen an sich ist, dann ist es ein Denken. Also gilt für jedes Individuum: wenn es ein Denken ist, dann ist es ein Übersetzen.

Wir ordnen den einstelligen Prädikaten ›... ist ein Sprechen an sich‹, ›... ist ein Übersetzen‹ und ›... ist ein Denken‹ in dieser Reihenfolge die drei einstelligen Prädikatoren P^1, Q^1 und R^1 zu.

3.5-I' *Übersetzung:* $\forall x\ (P^1x \rightarrow Q^1x)$, $\forall x\ (P^1x \rightarrow R^1x)$
Also: $\forall x\ (R^1x \rightarrow Q^1x)$.

Da der Versuch einer Ableitung wegen der unpassenden Subjunktionsbeziehungen scheitert, liegt es nahe, nach einem Gegenbeispiel zum Nachweis des Fehlschlusses zu suchen. Dazu wählen wir drei Begriffe, von denen der erste ein Unterbegriff der beiden anderen ist (damit die beiden Prämissen wahr werden), der dritte aber kein Unterbegriff des zweiten ist (damit die Konklusion falsch wird): Rappe, Pferd, schwarzes Tier. Wie gewünscht erhalten wir zwei wahre Prämissen und eine falsche Konklusion:

(P1) Für jedes Individuum x gilt: wenn x ein Rappe ist, dann ist x ein Pferd.
(P2) Für jedes Individuum x gilt: wenn x ein Rappe ist, dann ist x ein schwarzes Tier.
(K) Für jedes Individuum x gilt: wenn x ein schwarzes Tier ist, dann ist x ein Pferd.

3.5-J Martin Walser hat einmal sinngemäß gesagt: »Wenn Westerwelle [durch Journalisten] ins Aus manövriert wird, dann wähle ich FDP«. Daraus zog das Wochenblatt DIE ZEIT am 20. Januar 2011 diesen »Umkehrschluss«: »Wenn Walser FDP wählt, dann wird Westerwelle ins Aus manövriert«.

Ist dieser »Umkehrschluss« gültig? Bei der Paraphrasierung ist nur zu beachten, dass der Indikator »ich« im Nachsatz der Prämisse auf Martin Walser verweist. Sie lautet also: »Wenn Westerwelle ins Aus manövriert wird, dann wählt Walser FDP«. Für die Übersetzung ordnen wir den drei Eigennamen ›Westerwelle‹, ›Walser‹ und ›FDP‹ in dieser Reihenfolge die Individuenkonstanten a, b und c zu. Dem einstelligen Prädikat ›... wird ins Aus manövriert‹ entspricht der einstellige Prädikator P^1, dem zweistelligen Prädikat ›... wählt ...‹ der zweistellige Prädikator Q^2.

Übersetzung: $P^1a \rightarrow Q^2bc$. Also $Q^2bc \rightarrow P^1a$.

Der ZEIT-»Umkehrschluss«, bei dem der Vorder- und der Nachsatz der Prämisse in der Konklusion in umgekehrter Reihenfolge erscheinen, erinnert stark an den oben unter 3.5-F erwähnten Fehlschluss der Folge. *Nicht quantifizierte Formeln*, wie diese, haben den Vorteil, dass sie unsere Phantasie bei der Suche nach einem passenden Gegenbeispiel nicht strapazieren. Denn die Suche nach einem Gegenbeispiel vereinfacht sich hierbei insofern, als es nach den Einsichten von Emil Post und Ludwig Wittgenstein genügt, jedem der elementaren Sätze einen der Wahrheitswerte ›wahr‹ oder ›falsch‹ zuzuordnen, so dass wir uns des Verfahrens der Wahrheitswerttafeln in stark vereinfachter Form bedienen können. Wenn die Konklusion, eine Subjunktion, zum Nachweis des Fehlschlusses falsch werden soll, dann müssen nach 3.4-C ihr Vordersatz Q^2bc wahr und ihr Nachsatz P^1a falsch werden. Unter diesen Bedingungen wird die Prämisse aber wahr. Denn bei falschem Vordersatz und wahrem Nachsatz wird der gesamte Bedingungssatz wahr.

I (P^1a)	I (Q^2bc)	I (P^1a	$\rightarrow$	Q^2bc)	I (Q^2bc	$\rightarrow$	P^1a)
falsch	wahr	falsch	WAHR	wahr	wahr	FALSCH	falsch

Das zeigt, dass es sich bei der Satzfolge 3.5-J um einen Fehlschluss handelt: Man darf nicht vom Nachsatz auf den Vordersatz schließen (fallacia consequentis – Fehlschluss der Folge).

3.5-K »Der Philosoph, der tritt herein
Und beweist Euch, es müsst' so sein:
Das Erst' wär so, das Zweite so,
Und drum das Dritt' und Vierte so;
Und wenn das Erst' und Zweit' nicht wär',
Das Dritt' und Viert' wär' nimmermehr.«[92]

Die durch »drum« angedeutete Beziehung zwischen der dritten und der vierten Zeile lässt sich formal durch einen Bedingungssatz ausdrücken. Die Individuenkonstanten a, b, c und d sollen in naheliegender Weise dem Ersten bis Vierten zugeordnet sein und die einstelligen Prädikate P_1^1, P_2^1, P_3^1, und P_4^1 deren Eigenschaften ausdrücken. So ergibt sich die folgende Schlussform:

3.5-K' $(P1^1a \wedge P2^1b) \rightarrow (P3^1c \wedge P4^1d)$.
Also: $\neg (P1^1a \wedge P2^1b) \rightarrow \neg (P3^1c \wedge P4^1d)$.

Wer Goethes Verse gelesen oder im Theater gehört hat, hat sich wohl über seine Ironie amüsiert; aber nicht einmal Kommentatoren haben sich gefragt, ob ein gültiger Schluss vorliegt oder ob Goethe seine sonstige Wissenschaftskritik hier noch überbietet, indem er dem Philosophen einen Fehlschluss in den Mund legt. Soll zum Nachweis eines Fehlschlusses die Subjunktion in der Konklusion falsch werden, dann muss, wie schon erwähnt, nach 3.4-C der Vordersatz wahr, der Nachsatz falsch werden. Der Vordersatz der Konklusion wird wahr, wenn $I(P1^1a \wedge P2^1b)$ falsch ist; das heißt, $P1^1a$ und $P2^1b$ können bei der Interpretation nicht beide zugleich wahr sein. Nehmen wir an, $P2^1b$ sei falsch. Der Nachsatz der Konklusion wird falsch, wenn $I(P3^1c \wedge P4^1d)$ wahr ist; das heißt, $P3^1c$ und $P4^1d$ müssen bei der Interpretation beide wahr werden; aber das lässt auch den Nachsatz der Prämisse und damit die gesamte Prämisse wahr werden. Bei der Wahrheitswerttafel benutzen wir ›w‹ und ›f‹ anstelle von wahr und falsch.

Prämisse	$I[(P1^1a$	$\wedge$	$P2^1b)$		$\rightarrow$		$(P3^1c$	$\wedge$	$P4^1d)]$
	w	f	f		**W**		w	w	w
Konklusion	$I[\neg$	$(P1^1a$	$\wedge$	$P2^1b)$	$\rightarrow$	$\neg$	$(P3^1c$	$\wedge$	$P4^1d)]$
	w	w	f	f	**F**	f	w	w	w

Bei den quantorenfreien Fehlschlüssen gibt es eine so große Vielfalt, dass sie hier nicht annähernd erwähnt werden können. Nach den Beispielen 3.5-J und 3.5-K mit nur einer Prämisse müssen zwei weitere Beispiele mit zwei Prämissen genügen, die in der alltäglichen Konversation – neben den gültigen Schlüssen Modus ponens und Modus tollens – besonders häufig vorkommen.

3.5-L Wenn die Evolutionstheorie recht hat, dann entwickelte sich die Fauna über einen langen Zeitraum.

Die Fauna entwickelte sich über einen langen Zeitraum.
Also hat die Evolutionstheorie recht.

Anders als bei den bisherigen Beispielen, deren Wahrheit oder logische Stringenz sich vielleicht nicht auf Anhieb beurteilen ließ, besteht das neue Beispiel aus drei Sätzen, denen die meisten Menschen zustimmen werden. Es wirkt also besonders logisch. Was könnte daran unzutreffend sein? Verwenden wir die Individuenkonstanten a und b für die Wörter ›Evolutionstheorie‹ bzw. ›Fauna‹ und die einstelligen Prädikate P^1 und Q^1 für ›... hat recht‹ bzw. ›... entwickelte sich über einen langen Zeitraum‹, dann ist die Form des Schlusses die folgende:

3.5-L' $P^1a \rightarrow Q^1b$, Q^1b. Also P^1a.

Spricht etwas dagegen, dass die Konklusion falsch wird? Offensichtlich nicht; denn beide Prämissen bleiben wahr, wenn P^1a falsch ist. Es handelt sich um einen Fehlschluss.

$I(P^1a)$	$I(Q^1b)$	$I(P^1a$	$\rightarrow$	$Q^1b)$	$I(Q^1b)$	$I(P^1a)$
falsch	wahr	falsch	WAHR	wahr	WAHR	FALSCH

3.5-M Wenn Mozart den *Faust* geschrieben hat, dann war er ein Dichter.
Mozart hat den *Faust* nicht geschrieben.
Also war Mozart kein Dichter.

Auch dieses Beispiel besteht aus drei zutreffenden Sätzen und wirkt besonders logisch. Aber die Form des Schlusses lässt seine Fehlerhaftigkeit deutlich werden, die der konkrete Inhalt verdeckt. Für die Übersetzung sei auf 3.4-G und H verwiesen.

3.5-M' $Q^2ab \rightarrow P^1a$, $\neg Q^2ab$. Also $\neg P^1a$.

Auch in diesem Fall können beide Prämissen wahr bleiben, wenn die Konklusion falsch wird. Letzteres ist der Fall, wenn $I(P^1a)$ wahr ist.

$I(P^1a)$	$I(Q^2ab)$	$I(Q^2ab$	$\rightarrow$	$P^1a)$	$I(\neg$	$Q^2ab)$	$I(\neg$	$P^1a)$
wahr	falsch	falsch	*wahr*	wahr	*wahr*	falsch	*falsch*	wahr

Da Fehlschlüsse dieser Art verhältnismäßig oft vorkommen, sei das Ergebnis für Bedingungssätze noch einmal festgehalten.

Zulässige Schlüsse sind
die Kontraposition (1.1-K): $F \rightarrow G$. Also $\neg G \rightarrow \neg F$;
der Modus ponens (1.1-F): $F \rightarrow G$, F. Also G;
der Modus tollens (1.4-E): $F \rightarrow G, \neg G$. Also $\neg F$.

Unzulässig sind dagegen die folgenden Argumentationen:

$\forall x (P^1x \rightarrow Q^1x)$. Also $\forall x (Q^1x \rightarrow P^1x)$ (3.5-F);
$\forall x (P^1x \rightarrow Q^1x)$. Also $\forall x (\neg P^1x \rightarrow \neg Q^1x)$ (3.5-G);
$F \rightarrow G$. Also $G \rightarrow F$ (3.5-J);
$F \rightarrow G$. Also $\neg F \rightarrow \neg G$ (3.5-K);
$F \rightarrow G$, G. Also F (3.5-L);
$F \rightarrow G, \neg F$. Also $\neg G$ (3.5-M).

Wenn ein Bedingungssatz als Prämisse gegeben ist, dann ist es weder zulässig, vom Nachsatz auf den Vordersatz zu schließen, noch korrekt, aus dem negierten Vordersatz den negierten Nachsatz herzuleiten.

Bisher sind vor allem normalsprachlich formulierte Schlüsse und Fehlschlüsse zur Sprache gekommen. Aber schon im Kapitel 3.3 wurden Fehlschlüsse angekündigt, auf die wir aus systematischen Überlegungen heraus gestoßen sind. Bei ihnen entfallen die vorbereitenden Schritte der Paraphrasierung und der Übersetzung, weil wir uns ja schon in der prädikatenlogischen Symbolik bewegen. Es kann also sofort mit der Interpretation im Hinblick auf ein passendes Gegenbeispiel begonnen werden.

3.5-N $(\exists x P^1x \wedge \exists x Q^1x)$. Also $\exists x (P^1x \wedge Q^1x)$.

Hier wird offensichtlich vorausgesetzt, dass es irgendein Individuum mit einer bestimmten Eigenschaft und ein weiteres Individuum mit einer anderen Eigenschaft gibt. Dagegen ist nichts einzuwenden. Behauptet wird nun aber, es gebe folglich ein Individuum mit beiden Eigenschaften. Das Nichtzutreffen der Konklusion im Allgemeinen wird am deutlichsten, wenn wir bei der Interpretation zwei Eigenschaften wählen, die sich wechselseitig ausschließen. Zum Beispiel könnte man die einstelligen Prädikatoren P^1 und Q^1 durch die einstelligen Prädikate ›... ist Papst‹ bzw. ›... ist ein Moslem‹ interpretieren. So erhalten wir die (zutreffende) Prämisse: »Für ein Individuum gilt: es ist Papst; und für ein Individuum gilt: es ist ein Moslem«. Dagegen wird die Konklusion falsch: »Für ein Individuum gilt: es ist Papst und es ist ein Moslem«.

3.6 Weitere Anwendungen

»Logic is an old subject and since 1879 it has been a great one.«
Willard Van Orman Quine

»Logic is an old subject and since the fourth century B.C. it has been a great one.«
Jonathan Lear

Syllogistik und Prädikatenlogik

Aristoteles' assertorische Syllogistik weist einige Besonderheiten auf, die den Eindruck erwecken können, im Vergleich mit ihr sei die Prädikatenlogik eine Erweiterung. So fällt hier die Beschränkung auf zwei Prämissen ebenso fort wie die Beschränkung auf zweistellige Prädikate der Form »... kommt ... zu« und auf Terme, die einstelligen Prädikaten entsprechen; und auch die Verwendung singulärer Terme unterliegt keinen Einschränkungen. Deshalb ist wiederholt gesagt worden, die aristotelische Syllogistik sei ein Teilsystem der monadischen, auf einstellige Prädikate begrenzten Prädikatenlogik bzw. ein Teilgebiet der Logik zweistelliger Relationen.[93]

Andererseits bestehen zwischen der Syllogistik und der Klassischen Prädikatenlogik einige Unterschiede, die einen Vergleich erschweren. Wer einen Syllogismus als Subjunktion darstellt $((P_1 \wedge P_2) \rightarrow K)$, vernachlässigt den *notwendigen* Zusammenhang zwischen den Prämissen und der Konklusion. Während Aristoteles ihn zum Kriterium für die Gültigkeit eines Syllogismus und sein Fehlen zum Indiz für einen Fehlschluss macht, ist für die prädikatenlogische Subjunktion eine bestimmte Wahrheitswertverteilung charakteristisch.

Ähnlich schwierig ist es, einen allgemeinen bejahenden Aussagesatz (»A kommt allen B zu«) prädikatenlogisch wiederzugeben. Die nächstliegende Umschreibung lautet: »Alle Individuen mit dem Prädikat B haben auch das Prädikat A«; und dies könnte man mit Hilfe des Allquantors und des Subjunktors so darstellen: $\forall x\ (B^1x \rightarrow A^1x)$ – für jedes Individuum gilt: wenn es B ist, dann ist es A. Doch diese Darstellung lässt (weil der Vordersatz einer Subjunktion ohne Beeinträchtigung der Wahrheit des Gesamtsatzes falsch sein kann) offen, ob es überhaupt ein Individuum mit dem Prädikat B gibt. Aristoteles dagegen bezieht seine Terme auf Existierendes, was man bei der Übertragung in die Prädikatenlogik nötigenfalls durch eine ausdrückliche Existenzannahme deutlich machen müsste.

Zudem bleibt die prädikative Beziehung, gemäß der etwas etwas zukommt, bei Aristoteles ziemlich unbestimmt. So lässt sich auch die Existenz als Prädikat auffassen. Damit wird der Unterschied zwischen einer Existenzaussage und einer prädikativen Zuschreibung verschleiert. Das hat zu philosophischen Irrtümern geführt, zu denen auch der ›ontologische‹ Gottesbeweis gehört. Anselm von Canterbury verstand Gott in seinem *Proslogion* als dasjenige Wesen, über das hinaus nichts Vollkommeneres gedacht werden kann. Würde Gott nun nicht existieren, dann könnte man sich ein Wesen denken, das nicht nur ebenso vollkommen ist wie er, sondern außerdem existiert. Mit anderen Worten, im Widerspruch zur Ausgangsprämisse, wonach man sich nichts Vollkommeneres als Gott denken kann, könnte man sich im Fall seiner Nichtexistenz etwas Vollkommeneres denken. Deshalb, so schloss Anselm, muss Gott existieren. Immanuel Kant und Gottlob Frege haben diesen Beweis kritisiert, weil darin die Existenz (Gottes) wie eine Eigenschaft eines Individuums bzw. wie eins der Prädikate behandelt wird, denen Gott seine Vollkommenheit verdankt.[94] In der Sprache der Prädikatenlogik unterscheidet man deshalb im Unterschied zur Syllogistik klar zwischen dem Existenzquantor und den Prädikatoren.

Beachtet man diese Vorbehalte, so kann man cum grano salis sagen, die syllogistischen Modi seien prädikatenlogisch gültig. Beispielhaft sei dies für den Modus Barbara gezeigt. Er besagt paraphrasiert:

> »Wenn für jedes Individuum gilt, dass es, falls es B ist, auch A ist, und wenn für jedes Individuum gilt, dass es, falls es C ist, auch B ist, dann gilt für jedes Individuum, dass es, falls es C ist, auch A ist«.

Wir ordnen den einstelligen Prädikaten A, B und C in dieser Reihenfolge die einstelligen Prädikatoren P^1, Q^1 und R^1 zu. So erhalten wir diese Übersetzung und für sie die folgende verschachtelte bedingte Ableitung:

$$[\forall x\,(Q^1x \rightarrow P^1x) \wedge \forall x\,(R^1x \rightarrow Q^1x)] \rightarrow \forall x\,(R^1x \rightarrow P^1x).$$

Nr.	Formel	Zeile	Regel	Prämisse
1.	$[\forall x\,(Q^1x \rightarrow P^1x) \wedge$ $\wedge\ \forall x\,(R^1x \rightarrow Q^1x)]$		PE* (BA)	(1*)
2.	R^1x		PE* (BA)	(2*), x
3.	$\forall x\,(R^1x \rightarrow Q^1x)$	1	KB	1*
4.	$(R^1x \rightarrow Q^1x)$	3	AB[x/x]	1*
5.	Q^1x	2, 4	MP	1*, 2*, x
6.	$\forall x\,(Q^1x \rightarrow P^1x)$	1	KB	1*
7.	$(Q^1x \rightarrow P^1x)$	6	AB[x/x]	1*
8.	P^1x	5, 7	MP	1*, 2*, x
9.	$(R^1x \rightarrow P^1x)$	2, 8	PB	1*
10.	$\forall x\,(R^1x \rightarrow P^1x)$	9	AE[x/x]	1*
11.	$[\forall x\,(Q^1x \rightarrow P^1x) \wedge$ $\wedge\ \forall x\,(R^1x \rightarrow Q^1x)] \rightarrow$ $\rightarrow \forall x\,(R^1x \rightarrow P^1x)$	1, 10	PB	☺

Auf gleiche Weise lässt sich der Modus Celarent übersetzen und dann ableiten. Diese beiden Modi bilden, wie im Abschnitt 2.3 dargestellt, die Grundlage der assertorischen Syllogistik und dienen zur Rechtfertigung aller anderen Modi. Zu deren Rechtfertigung werden außerdem die Konversionen benötigt, von denen beispielhaft schon auf die einfache Konversion partikulärer bejahender Aussagesätze eingegangen wurde (3.1-D), sowie die indirekte Ableitung, die auch in unserem Kalkül als Ableitungsmethode Verwendung findet. Mit anderen Worten, obwohl die Syllogistik nur über eine beschränkte Leistungsfähigkeit verfügt, besteht aus prädikatenlogischer Sicht kein Grund zum Zweifel an ihrer logischen Korrektheit.

Semantische Äquivalenz

Im Kapitel 3.4 haben wir für Formeln, die mit Junktoren verknüpft sind, verschiedene Wahrheitswertverläufe festgestellt, unter anderem den Wahrheitswertverlauf für die Interpretation der Alternative f, w, w, f (3.4-D) und den des Bisubjunktors w, f, f, w

(3.4-N). Negiert man nun eine dieser beiden Formeln, so ergibt sich der Wahrheitswertverlauf der anderen. Ein solches Zusammentreffen nennt man ›semantische Äquivalenz‹. (In der folgenden Definition – wie auch im weiteren Verlauf dieses Kapitels – stehen F, G und H für beliebige prädikatenlogische Formeln.)

3.6-A Zwei mit Junktoren gebildete prädikatenlogische Formeln F und G, denen derselbe Wahrheitswertverlauf zugeordnet ist, heißen *semantisch äquivalent*; abgekürzt: F äq G.

Man kann nun Wahrheitswertverläufe ermitteln und den Begriff der semantischen Äquivalenz heranziehen, um *Eigenschaften* einzelner Junktoren oder *logische Beziehungen* zwischen verschiedenen Junktoren näher zu untersuchen. So lässt sich das Gesetz der doppelten Verneinung (vgl. 1.2-H) mittels Äquivalenznachweis erhärten; ebenso lassen sich die Kommutativität und die Assoziativität der Konjunktion wie der Disjunktion (aber nicht der Subjunktion) zeigen.

F äq ¬ ¬ F	Gesetz der doppelten Negation
(F ∧ G) äq (G ∧ F)	Kommutativität der Konjunktion
[(F ∧ G) ∧ H] äq [F ∧ (G ∧ H)]	Assoziativität der Konjunktion
(F ∨ G) äq (G ∨ F)	Kommutativität der Disjunktion
[(F ∨ G) ∨ H] äq [F ∨ (G ∨ H)]	Assoziativität der Disjunktion

Für die Konjunktion und die Disjunktion gelten Distributivgesetze:

[F ∧ (G ∨ H)] äq [(F ∧ G) ∨ (F ∧ H)] und
[F ∨ (G ∧ H)] äq [(F ∨ G) ∧ (F ∨ H)].

Schließlich besteht die Möglichkeit, einzelne Junktoren durch andere darzustellen. Die Äquivalenzen ¬ (F ∧ G) äq (¬ F ∨ ¬ G) und ¬ (F ∨ G) äq (¬ F ∧ ¬ G) waren Wilhelm von Ockham schon um 1300 n. Chr. bekannt; sie wurden im 19. Jahrhundert von Augustus de Morgan wiederentdeckt und heißen seitdem *Gesetze von De Morgan.*[95] Es gelten aber auch die folgenden charakteristischen Beziehungen. Im ersten Fall werden die Konjunktion und die Subjunktion durch den Negator und den Disjunktor, im zweiten Fall die Disjunktion und die Subjunktion durch den Negator und den Konjunktor und im dritten Fall die Konjunktion und die Disjunktion durch den Negator und den Subjunktor dargestellt.

3.6-B	(F ∧ G) äq ¬ (¬ F ∨ ¬ G)	**3.6-B'**	(F → G) äq (¬ F ∨ G)
3.6-C	(F ∨ G) äq ¬ (¬ F ∧ ¬ G)	**3.6-C'**	(F → G) äq ¬ (F ∧ ¬ G)
3.6-D	(F ∧ G) äq ¬ (F → ¬ G)	**3.6-D'**	(F ∨ G) äq (¬ F → G)

Von diesen Beziehungen seien beispielhaft 3.6-B und 3.6-B' in Wahrheitswerttafeln dargestellt.

I(F)	I (G)	I (F ∧ G)	I [¬ (¬ F ∨ ¬G)	I (F → G)	I (¬ F ∨ G)
w	w	w **W** w	**W** f w f f w	w **W** w	f w **W** w
w	f	w **F** f	**F** f w w w f	w **F** f	f w **F** f
f	w	f **F** w	**F** w f w f w	f **W** w	w f **W** w
f	f	f **F** f	**F** w f w w f	f **W** f	w f **W** f

Erfüllbarkeit

Bei Interpretationen sind wir teils auf wahre, teils auf falsche Sätze gestoßen oder wir legten sie bewusst so an, dass sich wahre oder falsche Sätze ergaben. Der Zusammenhang bestimmter prädikatenlogischer Formeln mit Interpretationen, die zu wahren oder falschen Aussagen führen, ist nun kein Zufallsprodukt, sondern lässt sich systematisch erfassen. Formeln, die Interpretationen mit wahren Aussagen zulassen, heißen ›erfüllbar‹. Der Begriff des Erfüllens spielt »eine wichtige Rolle in den gegenwärtigen metamathematischen Forschungen«, weil »sich die übrigen semantischen Begriffe auf den Begriff des Erfüllens leicht zurückführen lassen«[96].

3.6-E	Eine prädikatenlogische *Formel* F heißt genau dann *prädikatenlogisch erfüllbar*, wenn es mindestens eine Interpretation I gibt, bei der I(F) ein wahrer Satz ist. Eine *Formelmenge* $\{F_1, \dots F_n\}$ heißt genau dann *prädikatenlogisch erfüllbar*, wenn es mindestens eine Interpretation I gibt, bei der die Verknüpfung $I(F_1)$ und ... und $I(F_n)$ ein wahrer Satz ist.

3.6-F Die Formeln $\exists x\ P^1x$ und $\forall x\ Q^1x$ sind prädikatenlogisch erfüllbar.

Für beide Fälle kann man zum Beispiel den Objektbereich der Pferde und eine Interpretation wählen, die den beiden einstelligen Prädikatoren P^1 und Q^1 das einstellige Prädikat ›... ist ein Wirbeltier‹ zuordnet. Dann erhält man sowohl für $I(\exists x\ P^1x)$ einen wahren Satz, nämlich »Für ein Pferd gilt: es ist ein Wirbeltier«, als auch für $I(\forall x\ Q^1x)$ den wahren Satz »Für jedes Pferd gilt: es ist ein Wirbeltier«. Darüber hinaus ist die Formelmenge, die aus den beiden genannten Formeln besteht, also $\{\exists x\ P^1x, \forall x\ Q^1x\}$ prädikatenlogisch erfüllbar. Den Nachweis liefert dieselbe Interpretation.

Bei Formeln, die mit Junktoren verknüpft sind, kann man wieder einmal auf die umständliche Suche nach passenden Interpretationen verzichten. Zur Feststellung der Erfüllbarkeit genügt es, sich den Wahrheitswertverlauf der Gesamtformel daraufhin anzusehen, ob darin der Wahrheitswert ›wahr‹ vorkommt. Das gilt insbesondere für die Negation, Konjunktion, Disjunktion und Subjunktion selbst (w, f; – w, f, f, f; – w, w, w, f; – w, f, w, w).

Eine erfüllende Interpretation über einem nicht-leeren Objektbereich heißt *Modell*. Während in der Architektur, Kunst oder Bildhauerei das ursprüngliche Muster, Vorbild oder die Urform eines noch zu verwirklichenden Gebäudes, Bildes oder Standbildes als »Modell« gilt, liegen die Verhältnisse in der Prädikatenlogik genau umgekehrt. Das Modell erscheint hier als das konkrete Ergebnis der Interpretation vorgegebener Formeln. Diese Auffassung von (formaler, zunächst bedeutungsloser) Syntax und (Interpretationen über Objektbereichen ermöglichender) Semantik geht auf Alfred Tarski zurück. Im Vergleich zu anderen Auffassungen der Semantik heißt sein Konzept *modelltheoretische Semantik*.[97]

Zwei bemerkenswerte Ergebnisse schränken die Größe der Objektbereiche ein, die bei der Suche nach erfüllenden Interpretationen erforderlich sind. Das erste wurde 1915 von dem deutschen Mathematiker Leopold Löwenheim veröffentlicht: Für jede erfüllbare Formel der Klassischen Prädikatenlogik erster Stufe mit Identität, die keine freie Individuenvariable enthält, gibt es schon über einem endlichen oder zumindest über einem abzählbar unendlichen Objektbereich ein Modell. Dabei gilt ein Objektbereich genau dann als abzählbar unendlich, wenn er sich eins zu eins auf die Menge der positiven ganzen Zahlen abbilden lässt. Der norwegische Mathematiker und Logiker Thoralf A. Skolem erweiterte dieses Ergebnis 1920 zum *Satz von Löwenheim-Skolem*. Er zeigte, dass Löwenheims Ergebnis nicht nur für einzelne Formeln, sondern sogar für eine widerspruchsfreie Menge abzählbar vieler prädikatenlogischer Formeln der genannten Art gilt.[98]

Allerdings sind nicht alle Formeln erfüllbar. Das gilt, wie bereits im Kapitel 3.4 im Abschnitt über die Wahrheitswerttafeln erwähnt, schon für die kontradiktorische Formel $(F \wedge \neg F)$. Denn ihr entspricht der Wahrheitswertverlauf: f, f.

3.6-G	Eine prädikatenlogische *Formel* F heißt genau dann *prädikatenlogisch unerfüllbar*, wenn sie nicht erfüllbar ist, das heißt, wenn es keine Interpretation I gibt, bei der I(F) ein wahrer Satz wird. Eine *Formelmenge* $\{F_1, \ldots F_n\}$ heißt genau dann *prädikatenlogisch unerfüllbar*, wenn es keine Interpretation I gibt, bei der die Verknüpfung $I(F_1)$ und ... und $I(F_n)$ wahr wird.

Allgemeingültigkeit

Noch interessanter als die bisher betrachteten sind Formeln, denen ein Wahrheitswertverlauf zugeordnet ist, der nur ›wahr‹ aufweist, oder deren Interpretationen immer wahre Aussagen ergeben. Das ist zum Beispiel bei $(F \vee \neg F)$ der Fall, was man leicht mit einer zweizeiligen Wahrheitswerttafel feststellen kann. Bejahung oder Verneinung, das Prinzip vom ausgeschlossenen Dritten, war ein Grundsatz der traditionellen Logik. Formeln mit ausschließlich wahrem *Wahrheitswertverlauf* entsprechen, so kann man verallgemeinernd sagen, den logischen Gesetzen.

Ähnliches gilt für $(\forall x\ P^1x \rightarrow \exists x\ P^1x)$ (vgl. 3.3-M). Denn für jede beliebige *Interpretation* I über einem beliebigen nicht-leeren Objektbereich O mit einem beliebigen einstelligen Prädikat P gilt: Wenn für *jedes* Individuum aus O gilt, dass ihm das Prädikat P zukommt, dann gilt selbstverständlich für *ein* Individuum aus O, dass ihm das Prädikat P zukommt. (An dieser Stelle sieht man übrigens noch einmal, wie wichtig es ist zu fordern, dass der Objektbereich nicht leer ist. Denn wenn O leer wäre, dann wäre der jedes Individuum aus O betreffende Vordersatz trivialerweise wahr, aber der Nachsatz falsch.) In diesem Sinne definieren wir die Allgemeingültigkeit.

3.6-H	Eine prädikatenlogische Formel F heißt genau dann *prädikatenlogisch allgemeingültig*, wenn jede Interpretation I(F) über jedem nicht-leeren Objektbereich O wahr ist.

Während für die *Erfüllbarkeit* einer Formel oder Formelmenge *eine* wahre Interpretation über *einem* beliebigen (nicht-leeren) Objektbereich genügt, ist *Allgemeingültigkeit* erst gegeben, wenn *alle* Interpretationen über *allen* nicht-leeren Objektbereichen zu wahren Aussagen führen.

Die allgemeingültigen Formeln der Klassischen Prädikatenlogik erster Stufe sind gerade die prädikatenlogischen Gesetze, das heißt die ohne Prämissen im Kalkül des natürlichen Schließens für die Klassische Prädikatenlogik erster Stufe ableitbaren Formeln. Das ist der Inhalt des vielbeachteten Vollständigkeitssatzes, der 1930 von dem österreichischen Logiker Kurt Gödel bewiesen wurde.

3.6-I Die Formel [F → (G ∧ ¬ G)] → ¬ F ist allgemeingültig.

Sie trägt den Namen *Absurditätsgesetz*. Der Nachweis erfolgt mit dem Wahrheitswerttafelverfahren.

I(F)	I(G)	I{[F	→	(G	∧	¬ G)]	→	¬ F}
w	w	w	f	w	f	f	**W**	f
w	f	w	f	f	f	w	**W**	f
f	w	f	w	w	f	f	**W**	w
f	f	f	w	f	f	w	**W**	w

Ebenfalls mit Wahrheitswerttafeln oder Interpretationen nachweisbar sind unter anderem die folgenden logischen Gesetze (für beliebige prädikatenlogische Formeln F, G und H bzw. für beliebige Individuenvariablen v und w):

- $(F \vee \neg F)$ – Satz vom ausgeschlossenen Dritten
- $\neg (F \wedge \neg F)$ – Satz vom ausgeschlossenen Widerspruch
- $F \rightarrow (F \vee G)$ – Additionsgesetz
- $(F \rightarrow G) \rightarrow (\neg G \rightarrow \neg F)$ – Kontrapositionsgesetz
- $[(F \wedge G) \rightarrow H] \rightarrow [F \rightarrow (G \rightarrow H)]$ – Exportationsgesetz
- $[F \rightarrow (G \rightarrow H)] \rightarrow [(F \wedge G) \rightarrow H]$ – Importationsgesetz

Beziehungen zwischen All- und Existenzquantor:

- $\forall v\, F[v] \rightarrow \neg \exists v \neg F[v]$; $\exists v\, F[v] \rightarrow \neg \forall v \neg F[v]$
- $\forall v \neg F[v] \rightarrow \neg \exists v\, F[v]$; $\exists v \neg F[v] \rightarrow \neg \forall v\, F[v]$
- $\neg \forall v\, F[v] \rightarrow \exists v \neg F[v]$; $\neg \exists v\, F[v] \rightarrow \forall v \neg F[v]$
- $\neg \forall v \neg F[v] \rightarrow \exists v\, F[v]$; $\neg \exists v \neg F[v] \rightarrow \forall v\, F[v]$

Vertauschbarkeit von Quantoren:

- $\forall v\, \forall w\, F[v, w] \rightarrow \forall w\, \forall v\, F[v, w]$
- $\forall v\, \exists w\, F[v, w] \rightarrow \exists w\, \exists v\, F[v, w]$
  (Man beachte die Einschränkung der Allgemeinheit)
- $\exists v\, \forall w\, F[v, w] \rightarrow \forall w\, \exists v\, F[v, w]$
- $\exists v\, \exists w\, F[v, w] \rightarrow \exists w\, \exists v\, F[v, w]$

Beziehungen zwischen Quantoren und Junktoren:

- $\forall v\, (F[v] \wedge G[v]) \rightarrow (\forall v\, F[v] \wedge \forall v\, G[v])$
- $(\forall v\, F[v] \wedge \forall v\, G[v]) \rightarrow \forall v\, (F[v] \wedge G[v])$
- $(\forall v\, F[v] \vee \forall v\, G[v]) \rightarrow \forall v\, (F[v] \vee G[v])$
  (Die Umkehrung gilt nicht)
- $\forall v\, (F[v] \rightarrow G[v]) \rightarrow (\forall v\, F[v] \rightarrow \forall v\, G[v])$
- $(\forall v\, F[v] \rightarrow \forall v\, G[v]) \rightarrow \exists v\, (F[v] \rightarrow G[v])$
  (Man beachte die Einschränkung der Allgemeinheit)
- $\exists v\, (F[v] \wedge G[v]) \rightarrow (\exists v\, F[v] \wedge \exists v\, G[v])$
- $(\exists v\, F[v] \wedge \exists v\, G[v]) \rightarrow \exists v\, (F[v] \vee G[v])$
  (Man beachte den Wechsel des Junktors)
- $\exists v\, (F[v] \vee G[v]) \rightarrow (\exists v\, F[v] \vee \exists v\, G[v])$
- $(\exists v\, F[v] \vee \exists v\, G[v]) \rightarrow \exists v\, (F[v] \vee G[v])$
- $(\exists v\, F[v] \rightarrow \exists v\, G[v]) \rightarrow \exists v\, (F[v] \rightarrow G[v])$
  (Die Umkehrung gilt nicht)

Widerspruchsfreiheit

Schon Platon betonte im *Theaitetos* (200 d), man solle sich bei Erklärungen nicht selbst widersprechen; und Aristoteles hielt das Prinzip vom ausgeschlossenen Widerspruch für einen der wichtigsten Grundsätze jeder philosophischen oder wissenschaftlichen Äußerung (vgl. 1.1-J). Seitdem gehörte die Forderung nach Widerspruchsfreiheit immer zu den Grundlagen der Logik und der Wissenschaftstheorie (wenn man einmal von dialektischen und parakonsistenten Theorien absieht). Was ist damit gemeint? Nach Aristoteles stehen Aussagesätze, die ein und dasselbe bejahen und zugleich verneinen, im Widerspruch zueinander; sie können nicht gleichzeitig mit dem Anspruch auf Wahrheit geäußert werden (Met. IV 6, 1011 b 15-17 u. 20-21). Während Aristoteles' Erläuterung Syntaktisches und Semantisches vermischt, hat man ihr nach der Unterscheidung syntaktischer und semantischer Aspekte in den Sprachen der Logik separate Definitionen für jeden der beiden Aspekte an die Seite gestellt.

3.6-J Eine endliche Menge prädikatenlogischer Formeln $\{F_1, \ldots F_n\}$ heißt genau dann *semantisch widerspruchsfrei* (oder *semantisch konsistent*), wenn es eine Interpretation I über einem nichtleeren Objektbereich O gibt, bei der die Formeln $I(F_1), \ldots I(F_n)$ allesamt wahre Aussagen sind.

Eine gleichwertige Formulierung würde sich mit Hilfe des Begriffs der prädikatenlogischen Erfüllbarkeit ergeben. Man kann sagen: Eine prädikatenlogische Formelmenge $\{F_1, \ldots F_n\}$ ist genau dann semantisch widerspruchsfrei, wenn es eine erfüllende Interpretation für die Gesamtheit der fraglichen Formeln gibt. Bei diesen beiden Definitionen ist zweierlei zu beachten. Zum einen kommen nur endlich viele Formeln in Betracht. Zum anderen ist *eine* Interpretation für alle Formeln erforderlich; es würde nicht ausreichen, verschiedene Interpretationen für die einzelnen Formeln anzugeben.

Zum Beispiel sind die beiden Formeln $\exists x\ P^1x$ und $\forall x\ Q^1x$ zusammen semantisch widerspruchsfrei. Wie sich bereits in 3.6-F gezeigt hat, gibt es eine Interpretation, die beide Formeln zugleich erfüllt. Auch die drei Formeln, mit denen wir die Reflexivität, Symmetrie und Transitivität definiert haben (3.4-O bis 3.4-Q), bilden zusammen eine semantisch widerspruchsfreie Formelmenge. Wählen wir nämlich als Interpretation den allgemeinen Objektbereich und die Identitätsrelation, dann gehen die drei Formeln in wahre Sätze über, weil diese Relation reflexiv, symmetrisch und transitiv ist.

3.6-K Eine endliche Menge prädikatenlogischer Formeln heißt genau dann *syntaktisch widerspruchsfrei* (oder *syntaktisch konsistent*) in einem formalen System der Klassischen Prädikatenlogik, wenn sich daraus in diesem System kein Widerspruch der Form $(F \wedge \neg F)$ ableiten lässt.

Die syntaktische Definition der Widerspruchsfreiheit lässt sich schwerer anwenden als ihr semantisches Pendant 3.6-J. Denn der Nachweis dafür, dass es unmöglich ist, eine bestimmte Formel aus einer vorgegebenen Formelmenge abzuleiten, ist oft nicht leicht zu erbringen. Hilfreicher ist die syntaktische Definition der Inkonsistenz.

3.6-L Eine endliche Menge prädikatenlogischer Formeln ist genau dann *syntaktisch inkonsistent* in einem formalen System der Klassischen Prädikatenlogik, wenn sich daraus in diesem System ein Widerspruch der Form $(F \wedge \neg F)$ ableiten lässt.

In der *Politeia* legt Platon im Zusammenhang mit der These von der Unsterblichkeit der Seele Sokrates die folgende Argumentation in den Mund. Für ein jedes gibt es ein spezifisches Gutes, das es erhält, und ein spezifisches Böses, das es zerstört. Mit anderen Worten, das für ein jedes spezifische Böse zerstört jedes. Für die Seele gibt es nichts spezifisch Böses, das sie zerstört, und unspezifisch Böses kann sie ohnehin nicht zerstören. Also ist die Seele etwas immer Seiendes und folglich unsterblich (608 e-611 a).

Sind die Aussagen dieser Argumentation widerspruchsfrei? Obwohl vermutlich jeder schnell bemerkt, dass Sokrates zuerst etwas ganz allgemein für alle Dinge behauptet und dann für ein Einzelding das Gegenteil aussagt, sei der Fall formal durchgespielt. Die erste entscheidende Behauptung besagt: »Für jedes Individuum x gilt: für ein Individuum y gilt: y ist das spezifisch Böse für x, und y zerstört x«. Die zweite entscheidende Behauptung besagt: »Es trifft nicht zu, dass für ein Individuum z gilt: z ist das spezifisch Böse der Seele, und z zerstört die Seele«. Da Sokrates in diesem Zusammenhang auch »unsere Seele« sagt und von der »Seele der Sterblichen« spricht (608 d; 610 c), kann man »die Seele« für ein bestimmtes Individuum halten und ihr zum Zweck der Übersetzung in die Sprache der Prädikatenlogik die Individuenkonstante a zuordnen. Zusätzlich benötigt werden zwei zweistellige Prädikatoren P^2 und Q^2 für die Prädikate »... ist das spezifisch Böse für ...« und »... zerstört ...«. So erhält man die beiden Formeln:

$$\forall x\ \exists y\ (P^2yx \wedge Q^2yx) \text{ und } \neg\ \exists z\ (P^2za \wedge Q^2za).$$

Um die Widersprüchlichkeit dieser Formeln nachzuweisen, setzt die folgende Ableitung die Allquantorbeseitigung ein, wodurch man aus der ersten Prämisse eine Aussage über das Individuum a erhält (Zeile 3), sowie die Existenzquantorbeseitigung und -wiedereinführung, wodurch man von y über α zu z gelangt (Zeilen 4 und 5). Der Widerspruch ergibt sich dann durch Konjunktionseinführung (Zeile 6).

Zeile	Formel	herangezogene Zeile	Regel	benutzte Prämisse
1.	$\forall x\ \exists y\ (P^2yx \wedge Q^2yx)$		PE	(1)
2.	$\neg\ \exists z\ (P^2za \wedge Q^2za)$		PE	(2)
3.	$\exists y\ (P^2ya \wedge Q^2ya)$	1	AB[x / a]	1
4.	$(P^2\alpha a \wedge Q^2\alpha a)$	3	EB[y / α]	1
5.	$\exists z\ (P^2za \wedge Q^2za)$	4	EE[α / z]	1
6.	$\neg\ \exists z\ (P^2za \wedge Q^2za) \wedge$ $\wedge\ \exists z\ (P^2za \wedge Q^2za)$	2, 5	KE	1, 2

Um die Argumentation zu verteidigen, könnte jemand einwenden, Sokrates habe mit der ersten Behauptung gar nicht alle Dinge gemeint, sondern nur alle Dinge mit Ausnahme der Seele. Doch eine solche Verteidigung würde die Begründung jener Behauptung außer Acht lassen. Sokrates bedient sich nämlich einer induktiven Rechtfertigung. Diese schließt aus den Feststellungen, dass das Auge, der Leib, das Korn, das Holz, das Eisen usw. sein spezifisch Böses hat, auf den allgemeinen Fall und kann deshalb keine Ausnahmen zulassen.

Abhängigkeit und Unabhängigkeit

Die Frage, ob eine oder mehrere Aussagen einer vorgegebenen Aussagenmenge wohl von den übrigen Aussagen dieser Menge abhängig oder unabhängig sind, ist ebenfalls antiken Ursprungs. Wie sich im Kapitel 2.3 zeigte, prüfte schon Aristoteles, ob die »Hypothesen« seiner Syllogistik abhängig oder unabhängig voneinander sind, und führte zum Beispiel den Modus Darii auf den Modus Celarent zurück. Das Thema bekam zusätzliches Gewicht, als der Philosoph Gẹminos im 1. Jahrhundert v. Chr. nachzuweisen versuchte, dass Euklids Parallelenpostulat nicht unabhängig ist, sondern von den anderen Axiomen und Postulaten der euklidischen Geometrie abhängt. Er löste damit lang anhaltende Diskussionen aus, die erst im 19. Jahrhundert zu brauchbaren Ergebnissen führten. Wir definieren die Abhängigkeit syntaktisch, die Unabhängigkeit syntaktisch und semantisch.

3.6-M	Es seien F, F_1, ... F_n Formeln der Sprache der Prädikatenlogik. (1) Die Formel F heißt genau dann von einer Formelmenge {F_1, ... F_n} *syntaktisch abhängig* in einem formalen System der Klassischen Prädikatenlogik, wenn F in diesem System aus der Konjunktion der Formeln F_1, ... F_n oder aus einzelnen dieser Formeln ableitbar ist. (2a) Die Formel F heißt genau dann von einer Formelmenge {F_1, ... F_n} *syntaktisch unabhängig* in einem formalen System der Klassischen Prädikatenlogik, wenn F in diesem System aus der Konjunktion der Formeln F_1, ... F_n *nicht* ableitbar ist. (2b) Die Formel F heißt genau dann *semantisch unabhängig von einer Formelmenge* {F_1, ... F_n}, wenn F keine Folgerung aus der Formelmenge ist, das heißt, wenn es eine Interpretation I gibt, bei der die Verknüpfung I(F_1) und ... und I (F_n) wahr, I(F) aber falsch wird. (3) Die Formeln F_1, ... F_n heißen genau dann *semantisch unabhängig voneinander*, wenn jede dieser Formeln semantisch unabhängig von allen anderen ist.

Betrachten wir als Beispiel zur Erläuterung dieser Definitionen die Formeln

(F_1) $\exists x\,(P^1x \wedge Q^1x)$ und

(F_2) $\exists x\,(P^1x \wedge R^1x) \wedge \forall x\,(R^1x \rightarrow Q^1x)$.

In den beiden Formeln kommen drei einstellige Prädikatoren vor; die Individuenvariablen sind alle gebunden. Da die erste Formel nur eine Existenzaussage enthält, die zweite aber eine darüber hinausgehende Allaussage, liegt die Vermutung nahe, dass die zweite Formel von der ersten unabhängig ist. Der Nachweis hierfür ist gemäß 3.6-M (2b) durch eine Interpretation zu erbringen, bei der die erste Formel wahr, die zweite falsch wird.

Wir ziehen den Objektbereich der Zahlen heran und ordnen P^1 das einstellige Prädikat ›... ist gerade‹, Q^1 das Prädikat ›... ist eine Quadratzahl‹ und R^1 das Prädikat ›... ist eine Primzahl‹ zu. So erhalten wir die folgenden Aussagen:

I(F_1) Es gibt eine Zahl, für die gilt: sie ist gerade und sie ist eine Quadratzahl. – Da die Zahl 4 (aber auch 16, 64 usw.) eine gerade Quadratzahl ist, ist dieser Satz wahr.

I(F_2) Es gibt eine Zahl, für die gilt: sie ist gerade, und sie ist eine Primzahl; und für jede Zahl gilt: wenn sie eine Primzahl ist, dann ist sie eine Quadratzahl. – Die erste Hälfte dieses Satzes ist zwar wahr, nämlich für die Zahl 2. Aber die zweite Hälfte ist falsch, weil Primzahlen keine Quadratzahlen sein können. Damit ist der Satz als ganzer falsch. Das heißt, F_2 ist semantisch unabhängig von F_1.

Andererseits ist F_1 syntaktisch abhängig von F_2. Das zeigt die folgende Ableitung von F_1 aus F_2.

Zeile	Formel	herangezogene Zeile	Regel	benutzte Prämisse
1.	$\exists x\,(P^1x \wedge R^1x) \wedge$ $\wedge\ \forall x\,(R^1x \rightarrow Q^1x)$		PE	(1)
2.	$\exists x\,(P^1x \wedge R^1x)$	1	KB	1
3.	$(P^1\alpha \wedge R^1\alpha)$	2	EB[x/α]	1
4.	$R^1\alpha$	3	KB	1
5.	$\forall x\,(R^1x \rightarrow Q^1x)$	1	KB	1
6.	$(R^1\alpha \rightarrow Q^1\alpha)$	5	AB[x/α]	1
7.	$Q^1\alpha$	4, 6	MP	1
8.	$P^1\alpha$	3	KB	1
9.	$(P^1\alpha \wedge Q^1\alpha)$	7, 8	KE	1
10.	$\exists x\,(P^1x \wedge Q^1x)$	9	EE[α/x]	1

4. Ausblick[99]

Die Logik hat das Ziel, formale Beziehungen zwischen sprachlichen Äußerungen zu erfassen und systematisch zu ordnen. ›Formal‹ nennt man hierbei solche Beziehungen, die – losgelöst vom Inhalt der Äußerungen – allein aufgrund syntaktischer Zusammenhänge zwischen den zugelassenen Zeichen und Zeichenreihen oder aufgrund bestimmter semantischer Zuordnungen bestehen. Anders als die Grammatik richtet die Logik ihre Aufmerksamkeit auf den Aspekt der Allgemeingültigkeit, auf Begründungs- oder Folgerungszusammenhänge und Ähnliches. Da es viele verschiedene Arten sprachlicher Äußerungen gibt, die zugrunde gelegten Alphabete und syntaktischen Regeln je nach dem besonderen Zweck voneinander abweichen können und unterschiedliche semantische Bezüge denkbar sind, gibt es eine ganze Reihe logischer Systeme.

4.1 Klassische Prädikatenlogik im Kontext

Bei sprachlichen Äußerungen können wir uns unterschiedlichster Satzarten bedienen. Neben sachbezogenen Feststellungen finden Sätze über Mögliches und Notwendiges, Fragen, Wertungen, Festsetzungen, Vorschriften usw. Verwendung. Sie alle können Gegenstand einer logischen Untersuchung werden. So gibt es neben der Aussagenlogik, der assertorischen Syllogistik und der Prädikatenlogik, die sich auf ›Aussagen‹ im logischen Sinne beziehen, weitere Arten der Logik: die *Modallogik*, die Aussagesätze über Mögliches und Notwendiges untersucht; die *Interrogativlogik* der Beziehungen zwischen Fragen und Antworten; die *doxastische* Logik, die sich mit Glaubens- und Meinungsäußerungen befasst; die wissensbezogene Äußerungen analysierende *epistemische* Logik und die Logik wertender oder vorschreibender Sätze (*deontische* Logik, auch Normenlogik, Imperativlogik). In den letzten Jahren haben die Logiker ihr Augenmerk außerdem stärker auf die zeitlichen Formen der Verben, auf zeitpragmatische Aspekte sprachlicher Äußerungen und auf die Darstellung der Beziehungen von Zuständen und Ereignissen gerichtet (*Zeitlogik*, auch Ereignislogik).

Beziehen sich die Aussagenlogik, die assertorische Syllogistik und die Prädikatenlogik zwar allesamt auf ›Aussagen‹, dringen sie bei ihrer Analyse doch unterschiedlich weit in sie ein. Folglich weichen sie in der Syntax und der Semantik ihrer Sprachen voneinander ab. So verwendet die aristotelische Syllogistik einheitliche Terme für Subjekt- und Prädikatausdrücke und lässt singuläre Terme nur als Subjektterme zu; sie untersucht nur Subjekt-Prädikat-Beziehungen (einstellige Prädikate), die sie mit Hilfe des zweistelligen Prädikats ›... kommt ... zu‹ beschreibt, und beschränkt sich auf Schlüsse mit zwei Prämissen, die sie als Bedingungssätze formuliert. Die Prädikatenlogik unterscheidet dagegen zwischen Individuenkonstanten bzw. -variablen und Prädikatoren, berücksichtigt unterschiedlichste Beziehungen in Gestalt mehrstelliger Prädikatoren, lässt Individuenkonstanten auch in anderen als Subjektpositionen zu und beschränkt die Anzahl der Prämissen nicht unnötig.

Gemeinsam ist der Klassischen Aussagenlogik und der Klassischen Prädikatenlogik, dass sie sich auf die Grundsätze der Zweiwertigkeit und der Extensionalität stützen. Diese Grundsätze werden von anderen Richtungen im Bereich der Aussagen- und Prädikatenlogik aber nicht unbedingt akzeptiert, die deshalb auch *nicht-klassisch* genannt werden. Zum Beispiel hat sich bei Versuchen zur Axiomatisierung naturwissenschaftlicher Theorien gezeigt, dass der Grundsatz der Zweiwertigkeit eine starke Einengung mit sich bringt. Es schien demgegenüber vorteilhaft, neben den beiden Wahrheitswerten ›wahr‹ und ›falsch‹ noch einen dritten Wahrheitswert oder gar noch mehr Wahrheitswerte zur Verfügung zu haben, um auch nur wahrscheinliche oder unbestimmt bleibende Phänomene beschreiben zu können (*dreiwertige*, *mehrwertige* Logik). Fließende Übergänge im technischen Bereich – zum Beispiel bei Regelungssystemen – haben eine noch weitergehende kontinuierliche Unterteilung zwischen den Eckpunkten ›falsch‹ (0) und ›wahr‹ (1) nahegelegt (*Fuzzy*-Logik).

Andere Abweichungen beziehen sich auf Grundsätze der traditionellen Logik, die aber auch in der neueren Klassischen Logik als logische Gesetze präsent sind. Hierzu gehört erstens der Grundsatz vom ausgeschlossenen Widerspruch: $\neg (F \wedge \neg F)$. Er ist denjenigen ein Dorn im Auge, die Widersprüche natürlicherweise für gegeben halten und solche Widersprüche zur Sprache bringen möchten (*dialektische* Logik). Andere möchten diesen Grundsatz in der Weise aushebeln, dass sie den Schluss $F, \neg F \Rightarrow (F \wedge \neg F)$ nicht zulassen (*nicht-adjunktive* Logik). Umstritten ist zweitens der Grundsatz vom ausgeschlossenen Dritten: $F \vee \neg F$. Nachdem um 1900 logische Widersprüche in grundlegenden logischen und mathematischen Theorien auftraten, wurde diesem Grundsatz in Verbindung mit indirekten Beweisen über unendlichen Objektmengen die Schuld an solchen Problemen gegeben. Vertreter der *intuitionistischen* oder der *konstruktivistischen* Logik versuchten unter weitgehendem Verzicht auf diesen Grundsatz, widerspruchsfreie Theorien aufzubauen.

Ein heißes Eisen stellt schließlich die Normierung der Subjunktion dar. Dass sich aus etwas Falschem, wie einem Widerspruch, Beliebiges ergeben soll (ex contradictione quodlibet: $(F \land \neg F) \rightarrow G$), wird manchmal nicht akzeptiert. Nur Subjunktionen, die einen *logischen* Zusammenhang zwischen Vorder- und Nachsatz erkennen lassen, wie $((F \land \neg F) \rightarrow F)$ oder $((F \land \neg F) \rightarrow \neg F)$, sollen allgemeingültig sein (*parakonsistente* Logik). Statt eines logischen Zusammenhanges verlangen andere Logiker einen Bedeutungszusammenhang zwischen Vordersatz und Nachsatz und stellen die Allgemeingültigkeit von Subjunktionen andernfalls in Frage. Das gilt zum Beispiel für $(F \rightarrow (G \lor \neg G))$ oder $(F \rightarrow (G \rightarrow F))$ oder $(\neg F \rightarrow (F \rightarrow G))$ (*Relevanzlogik*).

Die Systeme der Syllogistik und der Prädikatenlogik, die hier ausführlicher dargestellt wurden, erschließen ihre Konklusionen *deduktiv* im Ausgang von verhältnismäßig allgemeinen Voraussetzungen mittels festgelegter Schlussregeln mit großer Präzision. Dadurch unterscheiden sie sich von Überlegungen, die vom Einzelnen ausgehend aufs Allgemeine schließen; diese bilden von alters her den Gegenstand der *induktiven* Logik[100] und regten, weil sie nur eine gewisse Wahrscheinlichkeit für sich in Anspruch nehmen können, in neuerer Zeit weitergehende Untersuchungen zur *Wahrscheinlichkeitslogik* an. Obwohl schon Sextus Empiricus induktive Schlussfolgerungen für »ungewiss« hielt, hat noch Averroës (1126-1198) für seinen (induktiven) Beweis des Grundsatzes, dass alles Seiende dem Dasein des Menschen angemessen ist, »Gewissheit« beansprucht:

> »Dass alle [seienden Dinge] dem Dasein des Menschen angemessen sind, ergibt sich mit Gewissheit, wenn man bedenkt, wie die Nacht, der Tag, die Sonne und der Mond dem Dasein des Menschen angemessen sind, aber auch die vier Jahreszeiten oder der Ort, an dem er sich aufhält, nämlich die Erde. Ebenso offenbart sich die Angemessenheit von vielen Tieren, Pflanzen und leblosem Material oder vielen partikulären Dingen, wie

die Regenfälle, die Flüsse oder überhaupt die Erde, das Wasser, das Feuer und die Luft [usw.]«[101].

Ähnlich problematisch wie der induktive ist der *Analogieschluss*. Hierbei wird daraus, dass sich zwei Sachverhalte ähneln, geschlossen, dass ein weiteres Merkmal des einen auch dem anderen zukommt. So berichtet Aristoteles, Alkmeion habe die Unsterblichkeit der Seele beweisen wollen, indem er darauf hinwies, dass (1) die Seele dem Göttlichen gleiche, weil sie sich wie dieses (Sonne, Mond, Sterne und der Himmel selbst) in ständiger Bewegung befinde und (2) das Göttliche unsterblich sei.[102]

Der amerikanische Philosoph Charles Sanders Peirce (1839-1914) hat die Aufmerksamkeit auf eine vierte Schlussweise gelenkt, die *Abduktion*, und sah darin eine der wichtigsten Methoden der wissenschaftlichen Hypothesenbildung. Anders als die Deduktion, die aus einem allen Dingen einer bestimmten Art zukommenden Merkmal und der Zugehörigkeit zu dieser Art auf den Besitz dieses Merkmals schließt, anders als die Induktion, die aus dem Besitz eines Merkmals und der Zugehörigkeit zu einer bestimmten Art darauf schließt, dass alle Dinge dieser Art das Merkmal aufweisen, schließt die Abduktion aus einem allen Dingen einer bestimmten Art zukommenden Merkmal und dem Besitz dieses Merkmals darauf, dass der Träger dieses Merkmals jener Art angehören muss. Peirce selbst gab hierfür dieses Beispiel: Alle Bohnen in diesem Sack sind weiß; diese Bohnen sind weiß; also stammen diese Bohnen aus jenem Sack.[103]

Neben der deduktiven Schlussweise kamen in der Klassischen Aussagen- und Prädikatenlogik, wie schon erwähnt, im Laufe der Zeit unterschiedliche Methoden zur Anwendung. Gottlob Frege (1879) verwendete in seiner *Begriffsschrift* für die Klassische Prädikatenlogik erster Stufe mit Identität, die die Aussagenlogik mit umfasste, die *axiomatische* Methode; er arbeitete mit neun Axiomen und dem Modus ponens als Ableitungsregel. Emil Post und Ludwig Wittgenstein führten 1921 mit der Wahrheitstafelmethode ein *semantisches* Entscheidungsverfahren in die Aussagenlogik ein. Analog wurde später für die Prädikatenlogik im Anschluss an Alfred Tarski die modelltheoretische Interpretation prädikatenlogischer Formeln üblich. Ab 1930 versuchte Arend Heyting, die Aussagen- und Prädikatenlogik ohne aus intuitionistischer Sicht heikle Axiome mit *konstruktiven* Verfahren aufzubauen. Die 1933 eingereichte Dissertation von Gerhard Gentzen enthielt einen »Kalkül des natürlichen Schließens« für die klassische und die intuitionistische Prädikatenlogik erster Stufe, der sich als *Regelkalkül* auf Ableitungsregeln beschränkt und auf Axiome verzichtet. 1955 entwickelte der niederländische Logiker Evert W. Beth einen auch nach ihm benannten Tableau-Kalkül (Beth-Kalkül, Baumkalkül), in dem die Frage, ob eine logische Folgerung vorliegt, nicht durch direkte Ableitung geklärt wird, sondern durch den Versuch, ein Gegenbeispiel zu konstruieren oder die gegenteilige Annahme als nicht möglich zu verwerfen. Einen ähnlichen Zugang zu dieser Fragestellung wählte John Alan Robinson 1965 mit seiner auch im Bereich des automatischen Beweisens anwendbaren *Resolutionsmethode*.[104]

Mit Hilfe dieser prädikatenlogischen Methoden lässt sich der Begriff der logischen Folgerung präzisieren, und es lassen sich Nachweise führen für die Erfüllbarkeit oder die Allgemeingültigkeit prädikatenlogischer Formeln, die prädikatenlogische Gültigkeit von Schlüssen, das Vorliegen eines Fehlschlusses, die Konsistenz oder Inkonsistenz von Formelmengen, die Abhängigkeit oder Unabhängigkeit einer Formel von anderen Formeln. Des Weiteren können in einem gegebenen Kalkül sämtliche Folgerungen aus einer bestimmten Formelmenge abgeleitet und funktionale Beziehungen erfasst werden.

In der Prädikatenlogik erster Stufe, die hier bisher betrachtet wurde, beziehen sich die Quantoren immer auf Individuenvariablen, die Prädikatoren manchmal auch auf Individuenkonstanten. So kann man mit Hilfe des Existenzquantors ausdrücken, dass es in einem gegebenen Objektbereich ein Individuum (bzw. mehrere Individuen) gibt, auf das ein bestimmtes Prädikat zutrifft. Ganz ähnlich lässt sich mit Hilfe des Allquantors sagen, dass ein Prädikat auf jedes Individuum dieses Objektbereichs zutrifft. Dagegen lässt es die Sprache der Prädikatenlogik erster Stufe nicht zu, eine Aussage über (mindestens) *ein Prädikat* oder über *alle Prädikate* zu machen.

Diese Beschränkung erweist sich schon dann als hinderlich, wenn wir uns mit der philosophischen Problematik der Identität von Individuen beschäftigen wollen. Im Anschluss an Gottfried Wilhelm Leibniz' Grundsatz der Identität des Nichtunterscheidbaren (Principium identitatis indiscernibilium) gelten zwei Individuen a und b als identisch, wenn sie alle Eigenschaften gemeinsam haben. Wer dies formallogisch ausdrücken möchte, muss über die Möglichkeit verfügen, eine Aussage über diejenigen einstelligen Prädikatoren zu machen, die jenen Eigenschaften entsprechen. Das heißt, man benötigt eine logische Syntax, mit der man den Ausdruck »für jeden einstelligen Prädikator gilt: ...« wiedergeben kann. Im allgemeinen Fall bezieht sich die Forderung, über Prädikatoren quantifizieren zu können, nicht nur auf Eigenschaften und die ihnen entsprechenden einstelligen Prädikatoren. Sie müsste sich auch auf Relationen und die ihnen entsprechenden mehrstelligen Prädikatoren beziehen.

Um dem zu entsprechen, wird die Syntax der Prädikatenlogik in zweifacher Hinsicht angereichert. Zum einen stellt man Variablen als Platzhalter für beliebige Prädikatoren mit beliebiger (endlicher) Stellenzahl zur Verfügung, zum Beispiel $\mathcal{P}^1$, $\mathcal{P}^2$, ... $\mathcal{P}^n$ oder $\mathcal{P}$ (für Prädikatoren schlechthin, deren Stellenzahl unbestimmt bleibt). Zum anderen muss es erlaubt sein, über diese Prädikatorenvariablen zu quantifizieren. Genauer gesagt, es muss möglich sein, prädikatenlogische Formeln zu bilden, die mit den folgenden Quantifizierungen beginnen: $\exists \mathcal{P}^1$, $\exists \mathcal{P}^2$, ..., $\forall \mathcal{P}^1$, $\forall \mathcal{P}^2$, ... Unter diesen Voraussetzungen kann man die Identität folgendermaßen definieren: $\forall x \, \forall y \, [I^2 xy \leftrightarrow_{def} \forall \mathcal{P}^1 (\mathcal{P}^1 x \leftrightarrow \mathcal{P}^1 y)]$. Mit anderen Worten, für jedes Individuum x und für jedes Individuum y gilt: x ist genau dann identisch mit y, wenn für jedes (einstellige) Prädikat gilt: es trifft genau dann auf x zu, wenn es auf y zutrifft.

Diese Erweiterung der Syntax der Prädikatenlogik müsste noch in zweifacher Hinsicht ergänzt werden. Ein Kalkül der Prädikatenlogik benötigt Regeln zur Einführung und zur Beseitigung von Quantoren, die sich auf Prädikatorenvariablen beziehen. Die zugehörige Semantik benötigt Festsetzungen zur Interpretation von quantifizierten und nicht-quantifizierten Formeln mit Prädikatorenvariablen. Ein System dieser Art heißt *Prädikatenlogik zweiter Stufe.* Darin sind Ableitungen komplexerer prädikatenlogischer Gesetze sowie die Prüfung der Gültigkeit von Schlüssen, der Erfüllbarkeit, Allgemeingültigkeit, Widerspruchsfreiheit oder Abhängigkeit von Formeln mit Prädikatorenvariablen möglich. All das sei hier aber nur erwähnt.[105]

4.2 Metalogische Fragen

Idealerweise sollte die Klassische Prädikatenlogik erster Stufe in ihrem erweiterten Gegenstandsbereich auf der theoretischen Ebene zumindest alles das leisten, was die aristotelische Logik für die syllogistischen Schlüsse leistete. Mit anderen Worten, sie sollte widerspruchsfrei sein, alle gültigen prädikatenlogischen Schlussformen vollzählig erfassen, sie auf möglichst wenige, voneinander unabhängige Grundsätze zurückführen, aus denen sie alle ableitbar sind, und eine Methode zum Nachweis von Fehlschlüssen bereitstellen. Tut sie das?

Fragen dieser Art heißen im Allgemeinen *metatheoretisch*, weil sie Reflexionen über eine Theorie beinhalten, und, wenn sie sich auf die Logik beziehen, *metalogisch*. Metalogische Fragen haben sich fast alle Autoren gestellt, denen wir die Aussagen- und Prädikatenlogik verdanken: Sind diese Systeme der Logik *widerspruchsfrei*? Sind sie *vollständig* in dem Sinne, dass alle semantisch allgemeingültigen Formeln und nur sie darin abgeleitet werden können? Sind ihre Grundzeichen, Axiome und Ableitungsregeln *unabhängig* voneinander? Sind sie außerdem *entscheidbar*, das heißt, gibt es in einem solchen System ein Verfahren, mit dessen Hilfe sich letztlich für jede vorgegebene prädikatenlogische Formel (und für jeden als Subjunktion dargestellten Schluss) in endlich vielen Schritten feststellen lässt, ob sie allgemeingültig oder ableitbar ist?

Viele dieser Fragen bezogen sich anfangs auf die Klassische Aussagen- und Prädikatenlogik, wie sie 1910 in dem ersten Band des Standardwerks *Principia Mathematica* von Alfred North Whitehead und Bertrand Russell bzw. 1928 in den *Grundzügen der theoretischen Logik* von David Hilbert und Wilhelm Ackermann vorgestellt wurden. Wegen der Vielzahl der Fragen, der Vielfalt der inzwischen erlangten Ergebnisse und der Komplexität der hierfür eingesetzten Methoden müssen in dieser Einführung wenige Andeutungen genügen.

Unabhängigkeit[106]

Schon Gottlob Frege (1879: VII) hielt seinen »Nachweis des Zusammenhanges zwischen den Bedeutungen der Wörter: wenn, und, nicht, oder, es giebt, einige, alle« für beachtenswert. Er reduzierte daraufhin in seiner *Begriffsschrift* die Anzahl der Junktoren und der Quantoren und beschränkte sich auf Negator, Subjunktor und Allquantor. Wenn man der Frage auf den Grund gehen möchte, welche der Junktoren unverzichtbar sind und bei welchen ein Abhängigkeitsverhältnis vorliegt, dann muss man sich zuerst fragen, wie viele Wahrheitswertverläufe es überhaupt gibt.

I(F)	I(G)	1	2	3	4	5	6	7	8	9	10	11	12	13	14	15	16
w	w	w	f	w	w	w	f	f	f	w	w	w	w	f	f	f	f
w	f	w	w	f	w	w	f	w	w	w	f	f	f	w	f	f	f
f	w	w	w	w	f	w	w	f	w	f	w	f	f	f	w	f	f
f	f	w	w	w	w	f	w	w	f	f	f	w	f	f	f	w	f

Einige dieser Verläufe sind uns schon bekannt, andere lassen sich durch Negation leicht zuordnen. Zum Beispiel ist (1) der Wahrheitswertverlauf einer beliebigen allgemeingültigen Formel, wie (F ∨ ¬ F), (16) die Negation dazu. (2) ist die Negation der Konjunktion (12) usw. Auf diese Weise reduziert sich die Anzahl der wichtigen Wahrheitswertverläufe schon erheblich. Darüber hinaus kann man mit Äquivalenznachweisen Folgendes zeigen: Sowohl Freges Beschränkung auf den Negator und den Subjunktor (vgl. 3.6-D und D') als auch die Verwendung von Negator und Disjunktor (vgl. 3.6-B und B') in den Systemen von Whitehead / Russell bzw. Hilbert / Ackermann sind ausreichend zur Darstellung aller anderen Junktoren und Wahrheitswertfunktionen; außerdem sind die beiden in dem jeweiligen System verwendeten Junktoren semantisch unabhängig voneinander. Diese Verknüpfungspaare bilden also – jedes für sich – eine *Junktorenbasis*.

1880/81 wurde Charles S. Peirce auf den Wahrheitswertverlauf der Spalte 15 aufmerksam. Der später verliehene Name *Peirce-Funktion* (oder Peircescher Junktor) deutet darauf hin. Da es sich hierbei um die Negation der Disjunktion handelt, wird oft der

Name *NOR-Funktion* (von »not or«) verwendet, manchmal zur Erinnerung an den französischen Logiker Jean G. P. Nicod auch *Nicodsche Funktion.* Sie erhält (wie ›weder – noch‹) genau dann den Wahrheitswert ›wahr‹, wenn beide Teilausdrücke falsch sind. Symbolisch dargestellt wird sie durch einen nach unten gerichteten Pfeil: ↓. 1912 wies der amerikanische Logiker Henry Maurice Sheffer nach, dass die NOR-Funktion ausreicht, um alle anderen Junktoren darzustellen. Da sich schon in 3.6-B und B' gezeigt hat, dass der Konjunktor und der Subjunktor sich durch den Negator und den Disjunktor darstellen lassen, genügt es an dieser Stelle, beispielhaft zu zeigen, dass der Negator und der Disjunktor sich ihrerseits durch die NOR-Funktion darstellen lassen.

I(F)	I(F ↓ F)
w	f
f	w
	≈ I(¬ F)

I(F)	I(G)	I(F ↓ G)	I[(F ↓ G) ↓ (F ↓ G)]
w	w	f	w
w	f	f	w
f	w	f	w
f	f	w	f
			≈ I(F ∨ G)

1916 wies Nicod nach, dass auch der Wahrheitswertverlauf (2) allein zur Darstellung aller übrigen Wahrheitswertfunktionen oder Junktoren genügt. Als Negation der Konjunktion erhielt diese Wahrheitswertfunktion den Namen *NAND-Funktion* (von »not and«); sie ist (wie »nicht beide zugleich«) genau dann falsch, wenn beide Teilausdrücke wahr sind; ihr Symbol ist der *Sheffer-Strich* |. Die Negation ¬ F wird durch (F|F), die Disjunktion (F ∨ G) durch [(F|F)|(G|G)] dargestellt. Das theoretisch bedeutsame, aber praktisch kaum beachtete Resultat besagt also: Für die Syntax der Prädikatenlogik sind – neben den Prädikatoren, Individuenvariablen und -konstanten – nur ein Quantor und ein Junktor als Grundzeichen erforderlich.

Bei einem axiomatischen Aufbau der Logik stellt sich außerdem die Frage nach der Abhängigkeit oder *Unabhängigkeit der Axiome*. Während sich der Hilbert-Schüler Paul Bernays und Jan Łukasiewicz zwischen 1918 und 1926 mit den aussagenlogischen Axiomensystemen von Whitehead/Russell und David Hilbert beschäftigten, bemerkten sie, dass deren Axiome die Forderung der Unabhängigkeit nicht erfüllten. So setzten die *Principia Mathematica* (1910-13: I, 100f.) fünf Axiome voraus, von denen das vierte sich als von den übrigen abhängig erwies. Bernays konnte aber die semantische Unabhängigkeit der restlichen vier Axiome zeigen. Nach ihm haben noch mehrere andere Logiker Beweise für die Unabhängigkeit verbesserter Axiomensysteme vorgelegt.

Dass die Axiome der Klassischen Prädikatenlogik erster Stufe, die Hilbert und Ackermann in den *Grundzügen* formuliert hatten, unabhängig voneinander sind, wies John C. C. McKinsey nach. Die *Unabhängigkeit der Ableitungsregeln* dieses Systems zeigte Karl Schröter.

In unserer Einführung ist die Forderung der Unabhängigkeit, wie schon in den Kapiteln 3.2 und 3.3 angedeutet, aus Gründen der leichteren Anwendbarkeit unbeachtet geblieben. Mit zwei Quantoren und vier Junktoren wurden viel mehr Grundzeichen als erforderlich in die prädikatenlogische Syntax aufgenommen. Auch unser Kalkül des natürlichen Schließens enthält, zum Teil bedingt durch den zweiten Quantor und die zusätzlichen Junktoren, mehr Ableitungsregeln als notwendig.

Widerspruchsfreiheit

Vor dem Hintergrund des traditionellen, bis in die Antike zurückgehenden Grundsatzes vom ausgeschlossenen Widerspruch, musste es Bestürzung hervorrufen, als ab 1896 Widersprüche in der Mengenlehre, einer grundlegenden mathematischen Theorie, entdeckt wurden (die Antinomien von Cantor und Burali-Forti). Deshalb erhob David Hilbert die verschärfte, über Aristoteles hinausgehende Forderung, nicht nur Widersprüche zu vermeiden, sondern für die Axiome jeder einzelnen Theorie ausdrücklich »zu beweisen, daß dieselben unter einander widerspruchslos sind, d. h. daß man auf Grund derselben mittels einer endlichen Anzahl von logischen Schlüssen niemals zu Resultaten gelangen kann, die mit einander in Widerspruch stehen«[107]. Die Situation spitzte sich weiter zu, als Bertrand Russell 1902 einen Widerspruch in den logischen Grundlagen der von Gottlob Frege entwickelten Arithmetik entdeckte, die Russellsche Antinomie. Aber wie soll man nachweisen, dass in einer bestimmten Theorie kein Widerspruch auftreten kann? Hilbert selbst hatte hierzu zunächst einen semantischen Weg eingeschlagen. In den *Grundlagen der Geometrie* lieferte er 1899 als Erster einen solchen Nachweis der Widerspruchsfreiheit, indem er für die Geometrie ein (als widerspruchsfrei unterstelltes) arithmetisches Modell, wie man heute sagen würde, angab.

Ebenfalls auf semantische Weise wies Emil Post 1921 erstmals die Widerspruchsfreiheit des Aussagenkalküls der *Principia Mathematica* nach. Er setzte voraus, dass jeder aussagenlogischen Formel einer der beiden Wahrheitswerte ›wahr‹ oder ›falsch‹ zugewiesen wird, und zeigte, dass alle im Kalkül ableitbaren Formeln wahr werden. Deshalb müssten, wenn eine Formel und ihre Negation ableitbar wären, beide wahr sein. Das widerspräche aber der Festsetzung für den Wahrheitswertverlauf der Negation. Also ist dieser Aussagenkalkül widerspruchsfrei.

1928 wiesen David Hilbert und sein Schüler Wilhelm Ackermann die Widerspruchsfreiheit der Klassischen Prädikatenlogik erster Stufe syntaktisch nach. Dabei legten sie ihren eigenen Prädikatenkalkül und einen etwas veränderten Widerspruchsbegriff zugrunde. Wenn ein System in dem Sinne widersprüchlich ist, dass man eine Formel zugleich mit ihrer Negation ableiten kann, dann kann man wegen $[(F \wedge \neg F) \rightarrow G]$ (für beliebige prädikatenlogische Formeln F und G) letztlich alles ableiten. Im Umkehrschluss muss ein System, in dem sich nicht jede prädikatenlogische Formel ableiten lässt, widerspruchsfrei sein. Die Autoren zeigten nun, dass sich in ihrem Kalkül, wenn man einen Objektbereich mit nur einem Individuum zugrunde legt, nicht alle Formeln ableiten lassen, weshalb er widerspruchsfrei ist.

Auch ein Regelkalkül ohne Axiome sollte widerspruchsfrei sein. Das wäre garantiert, wenn sich nachweisen ließe, dass sich mit seinen Ableitungsregeln aus wahren Formeln stets nur wahre Formeln ableiten lassen, so dass kein Widerspruch entstehen kann. Edward John Lemmon hat dies für einen Kalkül des natürlichen Schließens in der Gestalt eines Sequenzen-Kalküls mit einem an die vollständige Induktion angelehnten Verfahren gezeigt.

Vollständigkeit

Nachdem die neuere Logik neben dem syntaktischen Ansatz zunehmend semantische Betrachtungen einbezogen hatte, stellte sich die Frage, ob die Einheitlichkeit der Ergebnisse trotz dieser Zweigleisigkeit gewahrt bleibt. Sind alle in einem formalen System syntaktisch ableitbaren logischen Gesetze semantisch allgemeingültig? Und umgekehrt: Sind alle semantisch allgemeingültigen Formeln syntaktisch ohne Prämissen ableitbar? Um diese Fragen geht es beim Thema ›Vollständigkeit‹.[108]

Ein Logik-Kalkül L heißt *vollständig* genau dann, wenn alle semantisch allgemeingültigen Formeln und nur sie logische Gesetze sind, das heißt in L ohne Prämissen abgeleitet werden können. Diese Definition beinhaltet wegen des Zusammenhangs von allgemeingültiger Subjunktion und gültigem Schluss auch

Folgendes: Jeder logischen Folgerung im semantischen Sinne, bei der aus der Prämissenmenge P die Konklusion K folgt, entspricht ein syntaktischer Vorgang, bei dem sich aus den Prämissen P die Konklusion K ableiten lässt, und umgekehrt. In Symbolen ausgedrückt: wenn $P \Rightarrow K$, dann $P \vdash_L K$; und wenn $P \vdash_L K$, dann $P \Rightarrow K$. (Manchmal werden die beiden Aspekte voneinander getrennt und die erste Beziehung ›Vollständigkeit‹, die zweite ›Korrektheit‹ genannt.)

Der erste Vollständigkeitsbeweis stammt wiederum von Emil Post, der ihn 1921 für den aussagenlogischen Teil der *Principia Mathematica* erbrachte. Die Vollständigkeit der Klassischen Prädikatenlogik erster Stufe bewies der österreichische Logiker Kurt Gödel 1930. Wegen ihrer grundlegenden Bedeutung sind diese Ergebnisse später von anderen Autoren mit anderen Beweismethoden bestätigt worden. Für seinen Sequenzen-Kalkül gab auch Lemmon einen Vollständigkeitsbeweis.

Nachdem sich alles Wünschenswerte nach und nach hatte beweisen lassen, landete Gödel 1931 einen Überraschungscoup. Er zeigte mit Bezug auf die *Principia Mathematica*, dass die Klassische Prädikatenlogik zweiter Stufe *nicht* vollständig ist, wenn sie in bestimmter Weise widerspruchsfrei ist. Dazu bediente er sich einer völlig neuen Methode, die danach wiederholt mit Erfolg angewandt worden ist. Er ordnete den Grundzeichen der untersuchten Theorie bestimmte Zahlen zu, so dass ihre Sätze und Beweise als endliche Zahlenfolgen erscheinen (»Gödelisierung«, auch »Arithmetisierung«), und stellte über diese Zahlen und Zahlenfolgen metatheoretische Betrachtungen an. So gelang es ihm, einen Ausdruck A und dessen Negation $\neg A$ zu konstruieren, von denen einer wahr sein muss (wegen der Negation aber auch nur einer wahr sein kann), für die es aber im vorausgesetzten Logik-Kalkül keine Ableitung gibt. Das heißt, der Kalkül ist nicht vollständig.

Dieses Ergebnis gilt aber, wie der amerikanische Logiker und Mathematiker Leon Henkin 1950 zeigte, nur bedingt; es hängt von der Art der verwendeten Semantik ab. Hat man es zum Beispiel mit der Formel P^1x zu tun, dann liefert die gewohnte Interpretation das Ergebnis, dass das P^1 zugeordnete Prädikat auf dasjenige Individuum im Objektbereich O zutrifft, das x entspricht. Man könnte aber auch sagen, dass dieses Individuum zur Menge M der Individuen mit diesem Prädikat gehört, einer Teilmenge von O. $\neg P^1y$ würde in diesem Zusammenhang bedeuten, dass das y entsprechende Individuum zum relative Komplement der Menge M gehört (das heißt zur Restmenge im gesamten Objektbereich O). Bezieht man Interpretationen nun hinsichtlich der Individuenvariablen und n-stelligen Prädikatoren auf solche Mengeneinteilungen statt auf ganz O und erweitert den Modellbegriff entsprechend, dann lässt sich, so Henkin, die Vollständigkeit der Klassischen Prädikatenlogik höherer Stufen beweisen.

Widerspruchsfreiheit und Entscheidbarkeit

Aus Gödels Unvollständigkeitssatz ergeben sich zwei weitere bemerkenswerte Konsequenzen.

Die erste betrifft die Widerspruchsfreiheit. Sie wurde, wie erwähnt, manchmal syntaktisch nachgewiesen. Aber welchen Wert können syntaktische Schritte in einem Kalkül für sich beanspruchen, dessen Widerspruchsfreiheit noch nicht feststeht, sondern erst noch erwiesen werden soll? Um dieser misslichen Lage zu entgehen, schlug Hilbert vor, bei Beweisen der Widerspruchsfreiheit auf formales Schließen zu verzichten und nur endlich viele unproblematische, auf endliche Bereiche bezogene Schritte zu vollziehen, also nur »finite Methoden« einzusetzen.

Nun konstruierte Gödel im Rahmen der *Principia Mathematica* (PM) aber einen Satz W, der besagt: »Das System PM ist widerspruchsfrei«. Anschließend zeigte er die Gültigkeit der Subjunktion W → A. Wenn nun W in PM ableitbar wäre, dann wäre auch A in PM ableitbar. Aber dessen Unableitbarkeit hatte sich ja bereits gezeigt. Folglich ist auch W, die These der Widerspruchsfreiheit des Systems PM, nicht beweisbar. Mit anderen Worten, es gibt innerhalb des Systems PM nicht die Möglichkeit, seine Widerspruchsfreiheit mit den eigenen methodischen Mitteln zu beweisen, geschweige denn, wie von Hilbert gefordert, mit bloß finiten Methoden.

Diese Feststellung schließt Beweise der Widerspruchsfreiheit der Prädikatenlogik zweiter Stufe nicht gänzlich aus; aber ein solcher Beweis ist kompliziert. Tatsächlich gelang es Gerhard Gentzen wenige Jahre später, die Widerspruchsfreiheit der Prädikatenlogik höherer Stufen zu beweisen. Dazu benötigte er allerdings die »transfinite Induktion«.[109]

Ein weiteres Ergebnis deutet schon der Titel des erwähnten Aufsatzes *Über formal unentscheidbare Sätze* von Gödel an. Es betrifft die – teils semantisch, teils syntaktisch formulierte – Frage, ob es in einem gegebenen logischen Kalkül eine Methode gibt, mit der sich für jede darin formulierbare Formel in endlich vielen Schritten entscheiden lässt, ob sie oder ihre Negation darin allgemeingültig – oder ableitbar – ist.

Für die Aussagenlogik ist diese Frage aus semantischer Sicht durch die Methode der Wahrheitswerttafeln positiv beantwortet worden, die Emil Post und Ludwig Wittgenstein 1921 einführten. Für die Prädikatenlogik erwies sich die Beantwortung als schwieriger. So trug man zunächst einzelne positive Teilergebnisse zusammen: für einstellige Prädikatoren, für spezielle Quantorenkombinationen, für Formeln, die sich in bestimmter Weise auflösen lassen, usw. Die so geweckte Hoffnung, nach und nach zur positiven Beantwortung der Hauptfrage zu kommen, ist auch in diesem Fall durch Gödel erschüttert worden. Wie er zeigte, kommen im Klassischen Prädikatenkalkül erster Stufe, wenn er in bestimmter Weise widerspruchsfrei ist (ω-Widerspruchsfreiheit), nicht-entscheidbare Ausdrücke vor. Dieses Ergebnis ist 1936 durch die amerikanischen Logiker Alonzo Church und John B. Rosser für den schlechthin widerspruchsfreien Kalkül verallgemeinert worden: »The general case of the Entscheidungsproblem of the engere Funktionenkalkül is unsolvable«[110]. Das gilt selbstverständlich erst recht für die Klassische Prädikatenlogik höherer Stufen.

	widerspruchsfrei	vollständig	entscheidbar
Aussagen-logik	ja Post 1921	ja Post 1921	ja Post u.a. 1921
Prädikaten-logik I	ja Hilbert/Ack.1928	ja Gödel 1930	nein Gödel 1931 Church 1936
Prädikaten-logik II	ja Gentzen 1936	(nein/ja) Gödel 1931 Henkin 1950	nein (a fortiori)

Anmerkungen

1 Ingemar Düring (Hg.), Der Protreptikos des Aristoteles, Frankfurt/M. 1969, B 31.
2 Hermann Diels/Walther Kranz (Hg.), Die Fragmente der Vorsokratiker, 3 Bände, 17. Aufl. (= Nachdruck der 6., verb. Aufl. 1951) Berlin 1974, bes. 30 B 7 (1). Im Folgenden wird die Fragmentsammlung abgekürzt mit ›DK‹.
3 Aristoteles, De interpretatione, Kap. 10, 20 a 20-21, in: ders., Kategorien/Lehre vom Satz, übers. von E. Rolfes, Hamburg 1962, S. 107f. ›Kategorien‹ wird im Folgenden mit ›Cat.‹, ›Lehre vom Satz‹ mit ›De int.‹ abgekürzt.
4 Aristoteles, Metaphysik, Buch IV, Kap. 8, 1012 a 34-1012 b 1, übers. von F. Bassenge, Berlin 1960, S. 101. Der Titel wird im Folgenden mit ›Met.‹ abgekürzt.
5 Met. XI 3, 1060 b 31-36, 1061 a 10-11, 1061 b 11-12 u. 14-17, Übers. Bassenge, a.a.O., S. 251-253.
6 Sextus Empiricus, Adversus mathematicos libri 7-11, II, 113; ders. 1998, S. 102f.
7 Sextus Empiricus, Pyrrhoneion Hypotyposeis, II 157; ders. 2013, S. 193; vgl. Susanne Bobzien, The Development of *Modus Ponens* in Antiquity. From Aristotle to the 2nd Century AD, in: Phronesis 47, 2002, S. 359-394.
8 Jungius (1638) 1957: III.xvii.10; Wilhelm Moritz Drobisch, Neue Darstellung der Logik nach ihren einfachsten Verhältnissen, mit Rücksicht auf Mathematik und Naturwissenschaft, 2. Aufl. Leipzig 1851 (3. Aufl. 1863; Nachdr. Hildesheim 1998), § 94.
9 Aristoteles, Physikvorlesung, VIII 1, 251 b 12-15, in Anlehnung an die Übersetzung von H. Wagner, Berlin ²1972, S. 217. Der Titel wird im Folgenden mit ›Phys.‹ abgekürzt.
10 Zu den geometrischen Zusammenhängen vgl. Aristoteles, Met. IX 9, 1051 a 24-26; William D. Ross, Aristotle's Physics, Oxford 1936, S. 532; Aristoteles, Physikvorlesung, Übers. Wagner, a.a.O., S. 485.
11 Aristoteles, De int. VI, 17 a 25-26 u. 31-34, Übers. Rolfes, a.a.O., S. 99.
12 Aristoteles, Cat., Kap. 4, 2 a 7-8, a.a.O., S. 45. Vgl. ders., Über die See-

le, III 6, 430 b 26-27, hg. von H. Seidl, Hamburg 1995, S. 177 f.: »Das bejahende Urteil sagt etwas über etwas aus, wie das verneinende, und jedes ist wahr oder falsch«.

13 Aristoteles, Analytica priora, I 1, 24 a 16-17, übers. von Th. Ebert u. U. Nortmann, Berlin 2007, S. 15. Der Titel wird im Folgenden mit ›An. pr.‹ abgekürzt.

14 Aristoteles, Met. III 2, 996 b 29-30; IV 7, 1011 b 23-24; Übers. Bassenge, a.a.O., S. 58 u. 99.

15 Vgl. zum Beispiel: Aristoteles, Topik, II 8, 113 b 17-26.

16 Die Bedeutung der Wörter ἔστιν und οὐκ ἔστιν ist für die formallogische Betrachtung sekundär. Ein Überblick über verschiedene Interpretationsvorschläge findet sich bei Christof Rapp, Vorsokratiker, München ^{2}2007, Kap. V; Manfred Kraus, Parmenides, in: Helmut Holzhey (Hg.), Grundriss der Geschichte der Philosophie – Die Philosophie der Antike, Band 1, Basel 2013, S. 441-530, bes. 461 f.

17 Die Auffassung, dass Parmenides in seinem Fragment DK 28 B 2 die Voraussetzungen für einen Schluss im Sinne des *modus tollendo ponens* schafft, vertritt Jaap Mansfeld, Die Offenbarung des Parmenides und die menschliche Welt, Assen 1964, S. 55-62; vgl. Die Vorsokratiker I, gr.-dt., hg. von J. Mansfeld, Stuttgart 1995, S. 289-291; M. Kraus, Parmenides, a.a.O., S. 466. Von einem »disjunktiven Syllogismus« bzw. »Disjunktivbeweis«, der »über die Ausschließung der zweiten Möglichkeit zum Beweis der ersten gelangt«, sprechen auch Joachim Klowski, Parmenides' Grundlegung seiner Seinslehre B 2-7, in: Rheinisches Museum für Philologie 120, 1977, S. 97-137, bes. 98 f. u. 105; Uvo Hölscher (Hg.), Parmenides. Vom Wesen des Seienden. Die Fragmente, Frankfurt/M. 1986, S. 80-89.

18 Beides meint schon Ernst Heitsch, Parmenides. Die Anfänge der Ontologie, Logik und Naturwissenschaft. Die Fragmente, München 1974, S. 79 u. 115 f.

19 Aristoteles, Phys. II 8, 199 a 3-5, in Anlehnung an die Übersetzung von Wagner, a.a.O., S. 52.

20 Sextus Empiricus, Pyrrhoneion Hypotyposeis, II, 158; vgl. ders. 2013, S. 193.

21 Vgl. Alexander Gottlieb Baumgarten, Aesthetica, Frankfurt 1750-58, § 862, wo er den »syllogismum disiunctivum tollendo ponentem« erwähnt; dt.-lat.: Ästhetik, übers., eingel. und hg. von D. Mirbach,

Hamburg 2007, Bd. 2, S. 882f.

22 An der MTP-Interpretation ist wiederholt Kritik geübt worden; vgl. Hermann Schmitz, Der Ursprung des Gegenstandes: von Parmenides bis Demokrit, Bonn 1988, § 7 b.

23 Olof Gigon, Der Ursprung der griechischen Philosophie von Hesiod bis Parmenides, Basel/Stuttgart [2]1968, S. 250.

24 DK 44 B 2 (ohne Konjektur). Zur Echtheit des Fragments vgl. Walter Burkert, Lore and Science in Ancient Pythagoreanism, übers. von E. L. Minar jr., Cambridge, Mass. 1972, Kap. III, 2; Carl A. Huffman, Philolaus of Croton. Pythagorean and Presocratic. A commentary on the fragments and testimonia with interpretative essays, Cambridge 1993, Kap. I, 2. Zur Biographie vgl. Huffman, Kap. I, 1; Platon, Phaidon, 61 d-e; Diogenes Laertios, Leben und Meinungen berühmter Philosophen, übers. von O. Apelt, hg. v. K. Reich, Hamburg [2]1967, VIII, 84-85.

25 August Boeckh, Philolaos des Pythagoreers Lehren nebst den Bruchstücken seines Werkes, Berlin 1819, S. 48f.

26 DK 44 B 2; Konjektur entsprechend DK 44 B 2, 4.

27 W. Burkert, Lore and Science, a.a.O., S. 260: »what Philolaus presents is an imitation of an Eleatic proof: first the possible cases are enumerated, then one after another is eliminated, until the actual one remaines«; vgl. Jonathan Barnes, The Presocratic Philosophers, London 1979, Bd. II, S. 84f., auch [2]1982, S. 386; Martha C. Nussbaum, Eleatic Conventionalism and Philolaus on the Conditions of Thought, in: Harvard Studies in Classical Philology 83, 1979, S. 63-108, bes. 97.

28 Huffman 1997, S. 105: »Thus, on this interpretation, as on the standard interpretation, the fragment does proceed by first listing three possibilities and then eliminating two. However, what the standard interpretation did not recognize is that this argument applies only to the basic elemental powers«.

29 J. Mansfeld (Hg.), Die Vorsokratiker I, a.a.O., S. 143.

30 Zum Beispiel Katerina Ierodiakonou, Logik, in: Der neue Pauly. Enzyklopädie der Antike, hg. von H. Cancik u. H. Schneider, Stuttgart/Weimar 1996-2003, Bd. 7, Sp. 393-400, bes. 394; Pascal Mueller-Jourdan, Logik, in: Reallexikon für Antike und Christentum, Stuttgart 1950 ff, Bd. 23 (2010), Sp. 286-326, bes. 288.

31 Zur Biographie vgl. Millj Laura Gemelli Marciano (Hg.), Die Vorsokratiker, gr.-lat.-dt., Mannheim 2007-2010, Bd. II, S. 120-122 (Zenon),

Bd. III, S. 200ff. (Melissos), hier auch Fragmente und Zeugnisse.

32 Vgl. Gemelli Marciano (III, 190) und Christof Rapp, Melissos aus Samos, in: Helmut Holzhey (Hg.), Grundriss der Geschichte der Philosophie, Die Philosophie der Antike, a.a.O., Bd. 1, S. 573-598, bes. 590.

33 Sextus Empiricus, Pyrrhoneion Hypotyposeis, II 157; vgl. ders. 2013, S. 193.

34 Jungius 1638: III.xvii.11; Drobisch, Neue Darstellung der Logik, a.a.O., § 94.

35 DK 29 B 3. Übersetzung in Anlehnung an J. Mansfeld (Hg.), Vorsokratiker II, a.a.O., S. 35.

36 Isokrates, Helenae encomium (X) 3, in: Isocrate, Discours, hg. von G. Mathieu u. É. Brémond, Bd. 1, Paris [4]1972, S. 164; Platon, Parmenides, 128 c; Aristoteles, Soph. el. 33, 182 b 25-27; Top. VIII 8, 160 b 8f.; Phys. VI 9, 239 b 11f. Zur Frage der Verlässlichkeit dieser Quellen vgl. Gregory Vlastos, Plato's Testimony concerning Zeno of Elea, in: Journal of Hellenic Studies 95, 1975, S. 136-172.

37 Zu Aristoteles vgl. Diogenes Laertios, Leben und Meinungen, a.a.O., IX, 25; zu Simplikios vgl. DK 29 B 2; zur Neubewertung des Parmenides vgl. Olof Gigon, Der Ursprung der griechischen Philosophie von Hesiod bis Parmenides, Basel 1945, S. 251: Parmenides hat »in 28 B 8, 6ff. eine These durch Widerlegung des Gegenteils bewiesen«; J. Mansfeld, Die Offenbarung des Parmenides, a.a.O., S. 96; Karl Bormann, Parmenides. Untersuchungen zu den Fragmenten, Hamburg 1971, S. 159-161; u.a.

38 Vgl. hierzu Panagiotis Thanassas, Die erste »zweite Fahrt«. Sein des Seienden und Erscheinen der Welt bei Parmenides, München 1997, S. 119-128.

39 »[19] Wie sollte es wohl entstehen? [20] Denn wenn es entstand, dann ist es nicht, auch nicht, wenn es einmal sein wird. [21] So ist Entstehen ausgelöscht«. – Die übrigen Entstehensalternativen behandelt Parmenides nicht mit gleicher logischer Konsequenz. So ist unübersehbar, dass es weder eine disjunktive Prämisse mit den Alternativen oder eine festgelegte Anzahl von Alternativen gibt noch eine streng logische Argumentation erkennbar ist.

40 Aristoteles, Met. M 7, 1081 b 35-37 u. 1082 a 4-8, in Anlehnung an die Übersetzung Bassenge (a.a.O., S. 315f.) unter Auslassung modaler Ausdrücke.

41 Vgl. Christoph Riedweg, Eintrag »Hippasos [5]«, in: Der kleine Pauly, a.a.O., Bd. 5, Sp. 573-574. Zum Beweis der Inkommensurabilität vgl. Aristoteles, An. pr. I 23, 41 a 26-30; I 44, 50 a 37-38.

42 Wilhelm Nestle, Vom Mythos zum Logos, Stuttgart 1940 u.ö.

43 Aristoteles, An. pr. II 11, 61 a 18-21; II 14, 62 b 29-31; II 11, 62 a 13-17; übers. von E. Rolfes, Hamburg 1975, S. 116, 122 u. 119; Soph. el. 5, 167 b 22-24.

44 U. Hölscher (Hg.), Parmenides, a.a.O., S. 80.

45 U. Hölscher (Hg.), Parmenides, a.a.O., S. 91.

46 H. Schmitz, Der Ursprung des Gegenstandes, a.a.O., S. 191 f.; vgl. Karl Reinhardt, Parmenides und die Geschichte der griechischen Philosophie, Bonn 1916, S. 39-43; U. Hölscher (Hg.), Parmenides, a.a.O., S. 89-93.

47 Arthur Schopenhauer, Die Welt als Wille und Vorstellung [1819], in: ders., Sämtliche Werke, hg. von W. v. Löhneysen, Frankfurt/M. 1986, Bd. I, S. 86.

48 ›Apodiktisch‹ wird hier in Anlehnung an das griechische Wort ›Apodeixis‹ (= Beweis) verwendet. Kant benutzt den Ausdruck in seiner Terminologie für notwendige Urteile.

49 D. Martin Luthers Werke. Kritische Gesamtausgabe, Weimar 1883 ff., 39. Band, 2. Abteilung, S. 79: »Isti sunt virgines, qui sequuntur agnum Dei. Sed illi, qui sunt in matrimonio, non sunt virgines. Ergo coniuges non sequuntur agnum Dei.«

50 Vgl. Galen 1960, Kap. VIII.1 und XII.1, wo nur drei Figuren assertorischer Schlüsse erwähnt werden. Zur weiteren Entwicklung vgl. Johannes Duns Scotus, Opera omnia, hg. von L. Wadding, Paris 1891 ff., Bd. II, S. 81-177, ›in librum primum priorum Analyticorum quaestiones‹, qu. XXIV; Johannes Buridanus, Summulae de syllogismis, hg. von J. Spruyt, Turnhout [2010], S. 14.

51 Arnold Oberschelp, Logik für Philosophen, Mannheim 1992, S. 125; 2., verb. Aufl. 1997, S. 125.

52 Vgl. Aristoteles, An. pr. I 4, 25 b 32-35; I 23, 41 a 14-15; ferner I 5, 27 a 9-13; I 6, 28 b 7-9. Zu anderen Erklärungen vgl. Łukasiewicz [2]1957, § 9; Patzig [3]1969, S. 118 ff.; Albrecht 1970, Kap. 5; Aristoteles 2007, S. 343 ff.

53 Lamberto d'Auxerre, Logica (Summa Lamberti), hg. v. F. Alessio, Firenze 1971; William of Sherwood, Introductiones in logicam. Ein-

führung in die Logik, lat.-dt., hg. u. übers. v. H. Brands u. Chr. Kann, Hamburg 1995; Petrus Hispanus, Logische Abhandlungen = Tractatus/Summulae logicales, übers. v. W. Degen u. B. Pabst, München 2006.

54 Luther, Werke, a.a.O., Bd. 39, Abt. 1, S. 394: »Omnis, qui habet fidem, habet etiam dolorem de peccato. Magi habuerunt fidem. Ergo habuerunt etiam dolorem de peccato.«

55 Ebenda, Bd. 39, Abt. 2, S. 124: »Iustis non est lex posita. Christiani sunt iusti. Ergo Christianis non est lex posita.« Bekannt ist der Bibelvers ›Dem Gerechten ist kein Gesetz gegeben‹.

56 D. Martin Luthers Werke, a.a.O., Bd. 39, Abt. 2, S. 225: »Non omnes qui Christum appellant dominum, sunt iusti. Omnes christiani hoc faciunt. Ergo non omnes christiani sunt iusti.«

57 Aristoteles' Definition ist später in den Grundsatz *dictum de omni et de nullo* (Satz über alles und nichts) übergegangen. Anders als die gegenwärtige Logik setzt er bei allgemeinen bejahenden Aussagesätzen voraus, dass sie sich auf mindestens ein gegebenes Objekt beziehen und dass sich zur Kontrolle immer ein Objekt aus der Objektmenge herausgreifen lässt. Zur Veranschaulichung von Syllogismen dienten schon in der Antike Linien und Bögen. Johann Christoph Sturm verwendete Kreise (Universalia Euclidea, 1661), John Venn Ellipsen (Symbolic Logic, 1881); vgl. J. Bocheński 1962, S. 163, 302, 304-306; H. Scholz [3]1967, S. 43f.

58 Vgl. A. Menne u. N. Öffenberger (Hg.), Über den Folgerungsbegriff in der aristotelischen Logik, Hildesheim 1982, [2]1995.

59 Thomas Reid, Essays on the Intellectual Powers of Man, hg. v. D. R. Brookes, Edinburgh 2002, S. 180-183. Auch Adolf Trendelenburg (Kuno Fischer und sein Kant, Leipzig 1869, S. 16) glaubte, in Kuno Fischers Kant-Darstellung eine quaternio terminorum entdecken zu können (vgl. Kuno Fischer, Anti-Trendelenburg, 2. Aufl. Jena 1870, Teil VII).

60 Platon, Euthyphron, 12 c; ders., Protagoras, 331 a-332 a, 350 b-351 b.

61 Endet der Modusname auf ›p‹ (wie ›Bamalip‹), dann ist die partikuläre Konklusion durch einschränkende Konversion des entsprechenden allgemeinen Satzes abzuleiten.

62 Zu den erwähnten logischen Beziehungen vgl. Aristoteles, An. pr. I 5, 27 a 29-31; Cat. 10-11; De int. 6-7; ihre schematische Darstellung in

einem Quadrat findet sich aber erst in einem Manuskript des Lucius Apuleius von Madaura (2. Jh. n. Chr.); die Logiker des Mittelalters erhielten davon Kenntnis durch Boëthius (frühes 6. Jh.); vgl. Heinrich Schepers, Eintrag »Quadrat, logisches«, in: Joachim Ritter / Karlfried Gründer (Hg.), Historisches Wörterbuch der Philosophie, Basel 1971-2007, Bd. 7, Sp. 1733-1736.

63 An. pr. I 1, 24 a 10-11: »Πρῶτον εἰπεῖν περὶ τί καὶ τίνος ἐστὶν ἡ σκέψις, ὅτι περὶ ἀπόδειξιν καὶ ἐπιστήμης ἀποδεικτικῆς«. Zu den folgenden Ausführungen vgl. An. pr. I 4, 25 b 26-31; Met. I 2; IV 6; VI 1; Nikomachische Ethik VI 3; An. post. I 2-3 und 10; II 19.

64 Phys. I 5, 188 a 27-28, Übers. Wagner, a.a.O., S. 17.

65 Die Darstellung dieses und der folgenden Abschnitte dieses Kapitels folgt Wilhelm Büttemeyer, Einführung in die formale Logik. Studienbrief der FernUniversität in Hagen, Hagen 2013, S. 132-139.

66 An. pr. I 32, 47 a 33-35, Übers. Ebert / Nortmann, a.a.O., S. 78: »Das Notwendige [ist] aber umfassender als der Syllogismus. Jeder Syllogismus ist nämlich etwas Notwendiges, aber nicht alles Notwendige ist ein Syllogismus«; I 6, 28 a 28: »Beweis« von Felapton durch einschränkende Konversion; I 6, 28 b 13-14: »Beweis« von Datisi durch einfache Konversion, reductio ad impossibile oder Ekthesis; auch I 5, 27 b 2; I 6, 28 a 23; I 7, 29 b 12.

67 Die Schlussregeln der Subalternation werden nicht benötigt, weil sich die subalternen Modi auch mittels reductio ad impossibile beweisen lassen. Weitere Schlussregeln – wie der Prämissentausch und der Modus ponens, von denen oft gesagt wird, Aristoteles benutze sie stillschweigend und ohne Begründung – sind ebenfalls nicht erforderlich, wenn man sich an Aristoteles' eigene Annahmen und an seinen Wortlaut hält.

68 Zur Vorgeschichte der Arbeiten Freges vgl. Risto Vilkko, A Hundred Years of Logical Investigations. Reform Efforts of Logic in Germany 1781-1879, Paderborn 2002.

69 Charles Morris, Foundations of the Theory of Signs, Chicago 1938 u.ö.; dt.: Grundlagen der Zeichentheorie, übers. von R. Posner, München 1972 u.ö.

70 Gottlob Frege, Über Sinn und Bedeutung [1892], in: ders., Kleine Schriften, hg. von I. Angelelli, Darmstadt 1967, S. 143-162, bes. 144.

71 Werner Strombach, Die Gesetze unseres Denkens. Eine Einführung

in die Logik, München 1970, S. 73, 10, 73, 81, 83, 91, 53.

72 Gottlob Frege, Funktion und Begriff [1891], in: ders., Kleine Schriften, a.a.O., S. 125-142, bes. 132. Der Ausdruck »truth-function« findet sich in Alfred North Whitehead / Bertrand Russell, Principia Mathematica, Cambridge 1910-13, Bd. 1, S. 8.

73 Jan Łukasiewicz, Logika dwuwartościowa (Zweiwertige Logik), in: Przegląd filozoficzny (Lwow) 23, 1921, 189-205; vgl. ders., Philosophische Bemerkungen zu mehrwertigen Systemen des Aussagenkalküls [1930], in: D. Pearce / J. Woleński (Hg.), Logischer Rationalismus. Philosophische Schriften der Lemberg-Warschauer Schule, Frankfurt / M. 1988, S. 100-119, bes. 108.

74 Paul Lorenzen, Metamathematik, Mannheim 1962, S. 15.

75 In einigen Lehrbüchern wird vereinbart, dass der Konjunktor stärker binden soll als der Disjunktor und dieser wieder stärker als der Subjunktor, so dass viele Klammern wegfallen können. Statt $[(X \vee (Y \wedge Z)) \rightarrow X]$ kann man dann schreiben: $X \vee Y \wedge Z \rightarrow X$.

76 Die von Gentzen angegebenen »Schlußfiguren-Schemata« wurden nach und nach verändert und angereichert. So führte Quine (1950: § 28) die Technik der Markierung (Flagging) ein; Suppes (1957: § 4.1) hat sie auf freie Variablen in Prämissen angewendet. Auch die Indizierung frei gewordener Variablen und die hier übernommene »Rule of existential specification« gehen auf Suppes (1957: §§ 4.5 bzw. 4.3) zurück. Die Methode der bedingten Ableitung entwickelten Alfred Tarski und Jacques Herbrand in den Jahren 1929-1930 bei beweistheoretischen Überlegungen zum Deduktionstheorem.

77 Anders als in angelsächsischen Logik-Lehrbüchern steht in der ersten Spalte einer Ableitung die fortlaufende Zeilennummer, nicht die jeweils vorausgesetzte Prämisse; diese erscheint wegen ihrer Bedeutung aber ebenso gut sichtbar in der letzten Spalte. Die jeweilige Ableitungsregel und die Zeilen, auf die sie sich bezieht, sind eigenen Spalten zugeordnet. Der spaltenweise Wechsel von Zahlen und Buchstaben soll größtmögliche Übersichtlichkeit garantieren.

78 Ludwig Wittgenstein, Tractatus logico-philosophicus [1921], Nr. 5; Rudolf Carnap, Logische Syntax der Sprache, Wien 1934, ^{2}1968, Teil IV.B.e.

79 Emil Post, Introduction to a General Theory of Elementary Propositions, in: American Journal of Mathematics 43, 1921, S. 163-185;

Ludwig Wittgenstein, Tractatus logico-philosophicus [1921], 4.25 ff.
80 Willard Van Orman Quine, Elementary Logic, Boston 1941, §§ 10 u. 13.
81 Zu Übersetzungen und ihrer Adäquatheit vgl. Beckermann 2014, Kap. 17.2 und 21; Georg Brun, Philosophische Probleme der logischen Formalisierung, 2., durchges. Aufl. Heusenstamm 2004; Hermes 1991, Kap. I, §§ 6-7; Kamitz 2007, Kap. B.3 und C.5; Suppes 1999, Kap. 3.
82 Vgl. Frege 1879: § 8; ders., Über Sinn und Bedeutung, a.a.O. Zur Prädikatenlogik mit Identität vgl. Suppes 1999: ch. 5.1; E. J. Lemmon, Beginning Logic, London 1971, ch. 4.3
83 Die Unterscheidung zwischen Äußerungen *in* einer Sprache und Aussagen *über* eine Sprache, zwischen ›objektsprachlichen‹ und ›metasprachlichen‹ Aussagen geht auf Alfred Tarski zurück; vgl. ders., Der Wahrheitsbegriff in den formalisierten Sprachen [1935], in: Berka / Kreiser 1986, S. 445-546, bes. 460.
84 Karl Jaspers, Einführung in die Philosophie, München 1959, S. 49.
85 Galileo Galilei, Opere, hg. von F. Brunetti, 2 Bände, Torino ²1980, Bd. II, S. 142.
86 Vgl. Marcus Tullius Cicero, Tusculanae disputationes, I, xvi, 36: »permanere animos arbitramur consensu nationum omnium«.
87 Präformationstheorie des 18. Jahrhunderts.
88 Gabriele Behler, Reformpädagogik, in: Die Zeit, Nr. 39, 23. September 2010.
89 Immanuel Kant, Prolegomena ..., 1. Teil, Anmerkung III.
90 Dass auch der Fall 3.5-G zum Fehlschluss der Folge gerechnet wird, mag folgenden Grund haben. Aus ($P^1x \rightarrow Q^1x$) ergibt sich gemäß Kontrapositionsregel korrekterweise ($\neg Q^1x \rightarrow \neg P^1x$). Wird nun statt dessen ($\neg P^1x \rightarrow \neg Q^1x$) behauptet, so handelt es sich mit der Vertauschung von Vorder- und Nachsatz um einen Fehlschluss der Folge.
91 Giulio Preti, Cosa è la logica?, in: Studi filosofici (Milano) 2, 1941, S. 35-54, bes. 38 f.
92 Johann Wolfgang Goethe, Faust, Teil I, Verse 1928-1933.
93 Vgl. Franz von Kutschera, Elementare Logik, Wien / New York 1967, S. 340; Patzig 1959: 198; auch Aristoteles, Die Hauptwerke: ein Lesebuch, hg. v. O. Höffe, Tübingen 2009, S. 10.
94 Anselm von Canterbury, Monologion. Proslogion, lat.-dt., übers. v. R. Allers, Köln 1966, Proslogion, Kap. II-III; Immanuel Kant, Kritik

der reinen Vernunft [1781], A 592-602; Gottlob Frege, Grundlagen der Arithmetik [1884], § 53.

95 Guillelmus De Ockham, Opera philosophica et theologica, Bd. I: Summa logica, hg. v. Ph. Boehner u.a., St. Bonaventure, N.Y., 1974, pars II, cap. 32-33; Augustus De Morgan, Formal Logic; Or, the Calculus of Inference, Necessary and Probable, London 1847, Nachdr. Ohio 2010, S. 118.

96 Alfred Tarski, Der Wahrheitsbegriff in den Sprachen der deduktiven Disziplinen [1932], in: Berka / Kreiser 1986, S. 402-404, bes. 404; ders., Grundlegung der wissenschaftlichen Semantik [1936], in: Berka / Kreiser 1986, S. 396-402, bes. 400.

97 Alfred Tarski, Contributions to the Theory of Models, in: Indagationes Mathematicae 16, 1954, S. 572-588; ders. 1966: § 37.

98 Leopold Löwenheim, Über Möglichkeiten im Relativkalkül, in: Mathematische Annalen 76, 1915, S. 447-470; Thoralf A. Skolem, Logisch-kombinatorische Untersuchungen über die Erfüllbarkeit oder Beweisbarkeit mathematischer Sätze nebst einem Theoreme über dichte Mengen [1920], Nachdr. in ders., Selected Works in Logic, hg. v. J. E. Fenstad, Oslo 1970, S. 103-136.

99 Die Ausführungen dieses Teils stützen sich stellenweise auf Wilhelm Büttemeyer, Einführung in die formale Logik, a.a.O., Kap. 6.

100 Von der im Text genannten Art der Induktion unterscheidet sich die ›vollständige Induktion‹. Sie bezieht sich nur auf Objektmengen, die (wie die positiven ganzen Zahlen) so geordnet sind, dass es ein Anfangselement gibt und für jedes Element feststeht, was als sein Nachfolger gilt. Wenn man hier für das Anfangsglied eine bestimmte Behauptung konstatieren kann und zusätzlich nachzuweisen vermag, dass diese Behauptung, wenn sie für ein bestimmtes, beliebig gewähltes Objekt gilt, auch für dessen Nachfolger gilt, dann gilt diese Behauptung für alle Objekte dieser Menge. Die vollständige Induktion ist in den exakten Wissenschaften ein vollgültiges Beweismittel.

101 Averroes (Ibn Rushd), Die Untersuchung über die Methoden der Beweise im Rahmen der religiösen Glaubenssätze, in: ders., Die entscheidende Abhandlung usw., übers. u. hg. von Patric O. Schaerer, Stuttgart 2010, S. 87; vgl. Sextus Empiricus, Grundriß der pyrrhonischen Skepsis, II, 204; ders. 2013, S. 206.

102 Aristoteles, De anima, I 2, 405 a 29-405 b 1.

103 Charles S. Peirce, On the Natural Classification of Arguments; ders., Deduction, Induction, and Hypothesis, beide in: Writings of Charles S. Peirce: a chronological edition, Bloomington, Ind. 1982ff., Bd. 2, S. 23-48; Bd. 3, S. 323-338, bes. 326.

104 Frege 1879; Post, Introduction, a.a.O.; Wittgenstein, Tractatus, a.a.O.; Tarski, Contributions, a.a.O.; Arend Heyting, Die formalen Regeln der intuitionistischen Logik, in: Sitzungsberichte der Preußischen Akademie der Wissenschaften 1930, S. 42-56; ders., Mathematische Grundlagenforschung: Intuitionismus Beweistheorie, Berlin 1934, Nachdr. 1974, S. 13-18; Gentzen 1935; Beth, Semantic entailment, a.a.O.; John Alan Robinson, A Machine-oriented Logic Based on the Resolution Principle, in: Journal of the ACM 12, 1965, S. 23-41.

105 Vgl. zur Vertiefung Günter Asser, Einführung in die mathematische Logik. Teil III: Prädikatenlogik höherer Stufe, Leipzig 1981; David Hilbert/Wilhelm Ackermann, Grundzüge der theoretischen Logik, Berlin [6]1972, Kap. 4.

106 Zur Unabhängigkeit der Junktoren vgl. Charles S. Peirce, A Boolian Algebra with One Constant (MS 378, 1880-81), in: Writings of Charles S. Peirce, a.a.O., Bd. IV, S. 218-221; Henry Maurice Sheffer, A Set of Five Independent Postulates for Boolean Algebras, with Application to Logical Constants [1912], in: Transactions of the American Mathematical Society 14, 1913, S. 481-488; Jean G. P. Nicod, A Reduction in the Number of the Primitive Propositions of Logic [1916], in: Proceedings of the Cambridge Philosophical Society 19, 1916-19, S. 32-41. – Zur Unabhängigkeit der Axiome vgl. Jan Łukasiewicz, Démonstration de la compatibilité des axiomes de la théorie de la déduction, in: Annales de la Société Polonaise de Mathématique 3, 1925, S. 149; Paul Bernays, Axiomatische Untersuchung des Aussagen-Kalkuls der »Principia Mathematica«, in: Mathematische Zeitschrift 25, 1926, S. 305-320; John C. C. McKinsey, On the Independence of Hilbert and Ackermann's Postulates for the Calculus of Propositional Functions, in: American Journal of Mathematics 58, 1936, S. 336-344, gekürzte Übersetzung in Berka/Kreiser 1986: 323-328. – Karl Schröter, Die Unabhängigkeit der elementaren prädikatenlogischen Schlußregeln, in: Zeitschrift für mathematische Logik und Grundlagen der Mathematik 2, 1956, S. 218-227.

107 David Hilbert, Mathematische Probleme [1900], in: ders., Gesammelte Abhandlungen, Berlin [2]1970, Bd. 3, S. 290-329, bes. 300. – Zur Widerspruchsfreiheit der Aussagenlogik vgl. Post, Introduction, a.a.O., bes. 172. Zur Widerspruchsfreiheit der Klassischen Prädikatenlogik erster Stufe vgl. Hilbert/Ackermann 1928, S. 65 ff. – Beweise für die Widerspruchsfreiheit des aussagen- bzw. prädikatenlogischen Teils eines Kalküls des natürlichen Schließens finden sich in Lemmon, Beginning Logic, a.a.O., Kap. 2.4 und 4.2.

108 Zum Folgenden vgl. Post, Introduction, a.a.O.; Kurt Gödel, Die Vollständigkeit der Axiome des logischen Funktionenkalküls, in: Monatshefte für Mathematik und Physik 37, 1930, S. 349-360; ders., Über formal unentscheidbare Sätze der Principia Mathematica und verwandter Systeme, in: Monatshefte für Mathematik und Physik 38, 1931, S. 173-198, Nachdruck beider Aufsätze von Gödel in: ders., Collected Works, Oxford 1986 ff., Bd. I, S. 102 ff. und 144 ff.; Lemmon, Beginning Logic, a.a.O., Kap. 2.5; Leon Henkin, Completeness in the theory of types, in: The Journal of Symbolic Logic 15, 1950, S. 81-91, Nachdr. in: The Philosophy of Mathematics, hg. v. J. Hintikka, Oxford 1969, S. 51-63. Eine gute Hilfe zum Verständnis des Unvollständigkeitssatzes bieten Ernest Nagel/James R. Newman, Der Gödelsche Beweis, Wien/München [9]2010; Wolfgang Stegmüller, Unvollständigkeit und Unentscheidbarkeit. Die metamathematischen Resultate von Gödel, Church, Kleene, Rosser und ihre erkenntnistheoretische Bedeutung, Wien 1959, 3., verb. Aufl. 1973.

109 Gerhard Gentzen, Die Widerspruchsfreiheit der Stufenlogik, in: Mathematische Zeitschrift 41, 1936, S. 357-366, Nachdr. in Berka/Kreiser 1986, S. 296-303.

110 Alonzo Church, A note on the Entscheidungsproblem, in: The Journal of Symbolic Logic 1, 1936, S. 40 f. und 101 f., bes. 41. Mit dem engeren Funktionenkalkül ist die Klassische Prädikatenlogik erster Stufe gemeint. Vgl. ferner Post, Introduction, a.a.O.; Wittgenstein, Tractatus, a.a.O., 4.4 ff.; Gödel, Über formal unentscheidbare Sätze, a.a.O.; Alonzo Church, An unsolvable problem of elementary number theory, in: American Journal of Mathematics 58, 1936, S. 345-365; John B. Rosser, Extensions of some theorems of Gödel and Church, in: The Journal of Symbolic Logic 1, 1936, S. 87-91.

Literaturhinweise

1. Abkürzungen

An. post. – Aristoteles, Zweite Analytik (Analytica posteriora)
An. pr. – Aristoteles, Erste Analytik (Analytica priora)
Cat. – Aristoteles, Kategorien (Categoriae)
De int. – Aristoteles, Lehre vom Satz (De interpretatione)
DK – Diels, Hermann / Kranz, Walther (Hg.), Die Fragmente der Vorsokratiker, 3 Bände, 17. Aufl. (= Nachdruck der 6., verb. Aufl. 1951) Berlin 1974.
Met. – Aristoteles, Metaphysik
Phys. – Aristoteles, Physikvorlesung
Soph. – Platon, Sophistes
Soph. el. – Aristoteles, Sophistische Widerlegungen (Sophistici elenchi)
Top. – Aristoteles, Topik

2. Weiterführende Literatur

2.1 Bedeutende Quellentexte

Aristoteles, Analytica priora Buch I, übers. u. erl. von Th. Ebert u. U. Nortmann, Berlin 2007.

Galen, Einführung in die Logik, hg. von J. Mau, Berlin 1960.

Sextus Empiricus, Grundriß der pyrrhonischen Skepsis, eingel. u. übers. von M. Hossenfelder, Frankfurt / M. 1968, 7. Aufl. 2013.

ders., Gegen die Dogmatiker, Adversus mathematicos libri 7-11, übers. von H. Flückiger, Sankt Augustin 1998.

Petrus Hispanus, Logische Abhandlungen = Tractatus / Summulae logicales, übers. von W. Degen u. B. Pabst, München 2006.

Ockham, Guilelmus de, Summa logicae, hg. von Ph. Böhner, St. Bonaventure, N.Y. 1951–54 u.ö.

Jungius, Joachim, Logica Hamburgensis, Hamburg 1638; lat.-dt. hg. von R. W. Meyer, Hamburg 1957.

Arnauld, Antoine / Nicole, Pierre, La logique ou l'art de penser, Paris 1662; krit. Ausg. von D. Descotes, Paris 2011; dt.: Die Logik oder die Kunst des Denkens, übers. u. eingel. von Chr. Axelos, 2. Aufl. Darmstadt 1994.

Frege, Gottlob, Begriffsschrift, eine der arithmetischen nachgebildete Formelsprache des reinen Denkens, Halle / S. 1879; u.d.T. Begriffsschrift und andere Aufsätze, hg. von I. Angelelli, 6. Nachdr. d. 2. Aufl. Hildesheim 2007.

Whitehead, Alfred N. / Russell, Bertrand, Principia Mathematica, 3 Bände, Cambridge 1910-13, 2. Aufl. 1925, Nachdr. 2004.

Hilbert, David / Ackermann, Wilhelm, Grundzüge der theoretischen Logik, Berlin 1928, 6. Aufl. 1972.

Gentzen, Gerhard, Untersuchungen über das logische Schließen, in: Mathematische Zeitschrift 39, 1935, S. 176–210 und 405–431; Nachdruck Darmstadt 1969, 1974.

Beth, Evert W., Semantic entailment and formal derivability, in: Mededelingen – Koninklijke Nederlandse Akademie van Wetenschappen, Afdeeling Letterkunde, N. R. 18, 1955, S. 309-342 (Nr. 13).

Berka, Karel / Kreiser, Lothar, Logik-Texte. Kommentierte Auswahl zur Geschichte der modernen Logik, 4. erw., durchges. Aufl., Berlin 1986.

2.2 Zur Geschichte der Logik

Geschichtlicher Überblick

Bocheński, Joseph M., Formale Logik, 2., erw. Aufl. Freiburg / München 1962; Neudr. 2002.

Kneale, William / Kneale, Martha, The Development of Logic, Oxford 1962, 11. Aufl. 1991.

Scholz, Heinrich, Geschichte der Logik, Berlin 1931; 3. Aufl. u.d.T. Abriß der Geschichte der Logik, Freiburg / München 1967.

Einzelthemen der Logikgeschichte

Ebert, Theodor / Nortmann, Ulrich, Zur Überlieferungs- und Wirkungsgeschichte der Ersten Analytiken, in: Aristoteles, Analytica priora Buch I, Berlin 2007, S. 116–176.

Frede, Michael, Die stoische Logik, Göttingen 1974.

Mates, Benson, Stoic Logic, Berkeley 1953, 2. Aufl. 1961.

Pinborg, Jan, Logik und Semantik im Mittelalter. Ein Überblick, Stuttgart-Bad Cannstatt 1972 [12.–14. Jahrhundert].

Rijk, Lambert Marie de, Logica modernorum. A contribution to the history of early terminist logic, 2 Bände, Assen 1962–67 [12.–13. Jahrhundert].

Risse, Wilhelm, Logik der Neuzeit, Stuttgart-Bad Cannstatt 1964–70 (Bd. 1: 1500–1640; Bd. 2: 1640–1780).

Peckhaus, Volker, Logik, Mathesis universalis und allgemeine Wissenschaft. Leibniz und die Wiederentdeckung der formalen Logik im 19. Jahrhundert, Berlin 1997.

Stelzner, Werner / Stöckler, Manfred (Hg.), Zwischen traditioneller und moderner Logik. Nicht-klassische Ansätze, Paderborn 2001.

Stelzner, Werner / Kreiser, Lothar, Traditionelle und nichtklassische Logik, Paderborn 2004.

2.3 Neuere systematische Darstellungen

Zur assertorischen Syllogistik

Wolff, Michael, Abhandlung über die Prinzipien der Logik. Mit einer Rekonstruktion der aristotelischen Syllogistik, 2., verb. u. erw. Aufl. Frankfurt / M. 2009.

Drechsler, Martin, Interpretationen der Beweismethoden in der Syllogistik des Aristoteles sowie ein logisch-semantischer Kommentar zu den Analytica priora I 1, 2, 4–7, Frankfurt / M. 2005.

Barnes, Jonathan, Proofs and the Syllogistic Figures, in: Günther, Hans-Christian / Rengakos, Antonius (Hg.), Beiträge zur antiken Philosophie. Festschrift für Wolfgang Kullmann, Stuttgart 1997, S. 153–166.

Corcoran, John, Aristotle's Natural Deduction System, in: ders. (Hg.), Ancient Logic and Its Modern Interpretations, Dordrecht 1974, S. 85–131.

Albrecht, Wolfgang, Aristoteles' assertorische Logik, Berlin 1970.

Patzig, Günther, Die aristotelische Syllogistik. Logisch-philologische Untersuchungen über das Buch A der »Ersten Analytiken«, Göttingen 1959, 3., veränd. Aufl. 1969.

Łukasiewicz, Jan, Aristotle's Syllogistic from the Standpoint of Modern Formal Logic, Oxford 1951, 2., erw. Aufl. 1957, Nachdr. 1998.

Zur Klassischen Aussagen- und Prädikatenlogik

Beckermann, Ansgar, Einführung in die Logik, 4., durchges. Aufl. Berlin 2014 (Baumkalkül und Axiomatik als Methoden).

Kamitz, Reinhard, Logik – Faszination der Klarheit. Eine Einführung für Philosophinnen und Philosophen mit zahlreichen Anwendungsbeispielen, 2 Bände, Wien/Berlin 2007 (Baumkalkül).

Hermes, Hans, Einführung in die mathematische Logik. Klassische Prädikatenlogik, Stuttgart 1963, 5. Aufl. 1991 (Sequenzenkalkül, Normalformen, auch Klassische Prädikatenlogik der 2. Stufe, Sätze von Gödel, Robinson, Craig und Beth).

Suppes, Patrick, Introduction to Logic, New York 1957, Nachdr. Mineola, NY 1999 (Regelkalkül).

Quine, Willard van Orman, Methods of Logic, New York 1950 u.ö.; dt.: Grundzüge der Logik, Frankfurt/M. 1969, 15. Aufl. 2011 (mechanische Prüfverfahren für die Aussagenlogik und die einstellige Prädikatenlogik, Regelkalkül).

Zur nicht-klassischen Logik

Priest, Graham, An Introduction to *Non-Classical* Logic, Cambridge 2001, 2. Aufl. 2008 (modale, konditionale, intuitionistische, mehrwertige, Relevanz- und Fuzzy-Logik).

Kreiser, Lothar u.a. (Hg.), *Nichtklassische* Logik. Eine Einführung, Berlin 1988, 2. Aufl. 1990 (mehrwertige, modale, intuitionistische, epistemische, deontische, algorithmische, Kausal-, Entscheidungs- und Präsuppositionslogik).

Rautenberg, Wolfgang, Klassische und *nichtklassische* Aussagenlogik, Braunschweig/Wiesbaden 1979 (mehrwertige, modale, temporale, intuitionistische, intermediäre und konstruktive Aussagenlogik).

Malink, Marco, Aristotle's *Modal Syllogistic*, Cambridge, MA 2013.

Nortmann, Ulrich, *Modale Syllogismen*, mögliche Welten, Essentialismus. Eine Analyse der aristotelischen Modallogik, Berlin/New York 1996.

Blackburn, Patrick u.a. (Hg.), Handbook of *Modal* Logic, Amsterdam/Boston 2007.

Stuhlmann-Laeisz, Rainer, Philosophische Logik, Paderborn 2002 (alethische, deontische und epistemische *Modal*logik, Zeitlogik).

Hughes, George E./Cresswell, Maxwell J., A New Introduction to *Modal* Logic, London 1996, Nachdr. 2004.

Mints, Grigori, A Short Introduction to *Intuitionistic* Logic, New York 2000.
Schütte, Kurt, Vollständige Systeme *modaler* und *intuitionistischer* Logik, Berlin 1968, Nachdr. 2012.
Kamlah, Wilhelm / Lorenzen, Paul, Logische Propädeutik, Mannheim 1967; 3. Aufl. Stuttgart 1996 (*konstruktivistischer* Ansatz).
Lorenzen, Paul, Lehrbuch der *konstruktiven* Wissenschaftstheorie, Mannheim 1987, Teil I.
Blau, Ulrich, Die *dreiwertige* Logik der Sprache, Berlin 1978.
Gottwald, Siegfried, *Mehrwertige* Logik. Eine Einführung in Theorie und Anwendungen, Berlin 1989.
Rescher, Nicholas, *Many-valued* Logic, New York 1969.
Lenzen, Wolfgang, Glauben, Wissen und Wahrscheinlichkeit. Systeme der *epistemischen* Logik, Wien / New York 1980.
Stelzner, Werner, *Epistemische* Logik, Berlin 1984.
Belnap, Nuel D. jr. / Steel, Thomas B. jr., Logik von *Frage und Antwort*, übers. von K. Brockhaus, Braunschweig / Wiesbaden 1985.
Hartmann, Dirk, Konstruktive *Fragelogik*, Mannheim 1990.
Mares, Edwin D., *Relevant* Logic. A Philosophical Interpretation, Cambridge 2004.
Heydrich, Wolfgang, *Relevanz*logik und Situationssemantik, Berlin 1995.
Anderson, Alan Ross / Belnap, Nuel D. / Dunn, J. Michael, Entailment. The Logic of *Relevance* and Necessity, 2 Bände, Princeton 1975-1992.
Bremer, Manuel, Wahre Widersprüche. Eine Einführung in die *parakonsistente* Logik, Sankt Augustin 1998.
Priest, Graham u.a. (Hg.), *Paraconsistent* Logic, München usw. 1989.
Kienzle, Bertram (Hg.), Zustand und Ereignis, Frankfurt / M. 1994 (Aufsatzsammlung zur *Zeitlogik*).
Lambert, Karel, *Free* Logics. Their Foundations, Character, and Some Applications Thereof, St. Augustin 1997.
Böhme, Gert, *Fuzzy*-Logik. Einführung in die algebraischen und logischen Grundlagen, Berlin 1993.

Zur Metalogik

Berka, Karel / Kreiser, Lothar, Logik-Texte, a.a.O., Kap. IX-XII.
Hunter, Geoffrey, Metalogic. An Introduction to the Metatheory of Standard First Order Logic, Berkeley 1971, 6. Aufl. 1996.

Stegmüller, Wolfgang / Varga von Kibéd, Matthias, Strukturtypen der Logik, Berlin 1984, bes. Teil II.

2.4 Anwendungen der Logik

Schenke, Michael, Logikkalküle in der Informatik, Wiesbaden 2013.
Lenski, Wolfgang / Neuser, Wolfgang (Hg.), Logik als Grundlage von Wissenschaft, Heidelberg 2010.
Spohn, Wolfgang u.a. (Hg.), Logik in der Philosophie, Heidelberg 2005.
Rautenberg, Wolfgang, Einführung in die Mathematische Logik. Ein Lehrbuch mit Berücksichtigung der Logikprogrammierung, Braunschweig 1996, 3., überarb. Aufl. Wiesbaden 2008.
Bucher, Theodor G., Einführung in die angewandte Logik, Berlin 1987, 2. Aufl. 1998.
Tarski, Alfred, Einführung in die mathematische Logik, Göttingen 1966, 5. Aufl. 1977.

2.5 Handbücher

Gabbay, Dov M. (Hg.), Handbook of Philosophical Logic, 2. Aufl. Dordrecht 2001 ff.
Gabbay, Dov M. / Woods, John H. (Hg.), Handbook of the History of Logic, Amsterdam / Boston 2004 ff.
Goble, Lou (Hg.), The Blackwell Guide to Philosophical Logic, Oxford 2001, 5. Aufl. 2008.
Kondakow, N. I., Wörterbuch der Logik, Leipzig / Westberlin 1978.

3. Zeitschriften

The Journal of Symbolic Logic, seit 1936.
Studia logica. An International Journal for Symbolic Logic, seit 1953.
Notre Dame Journal of Formal Logic, seit 1960.
Journal of Philosophical Logic, seit 1972.
History and Philosophy of Logic, seit 1980.
Logic Journal of the IGPL, seit 1993.
The Bulletin of Symbolic Logic, seit 1995.

Einige Grundbegriffe der Mengenlehre

Da im Verlauf dieser Logik-Einführung gelegentlich von Begriffen der Mengenlehre Gebrauch gemacht werden musste, seien sie hier im Sinne eines Glossars zusammengestellt.

Eine *Menge* ist die Zusammenfassung von ›Individuen‹ zu einer Einheit. Die Menge, die die Individuen n und o zusammenfasst, wird durch {n, o} dargestellt.

Die Individuen, die zur Menge M gehören, nennt man *Elemente* der Menge M. Die Elemente einer Menge müssen nicht verschieden voneinander sein; zum Beispiel ist {a, b, c} eine Menge, aber auch {a, a, a, a}. Besondere Vorsicht ist geboten, wenn die Elemente einer Menge selbst Mengen sind.

Es kommt vor, dass Mengen gemeinsame Elemente enthalten, wie {a, b, c} und {a, a, a, a}, oder kein gemeinsames Element besitzen, wie {n, o} und {a, b, c}. Mengen der zweiten Art heißen *elementfremd* oder *disjunkt.*

Sind die Elemente einer Menge M allesamt in einer Menge O enthalten, dann heißt M *Teilmenge* (auch ›Untermenge‹) von O; O ist eine *Obermenge* von M. In diesem Sinne ist {a, b} eine Teilmenge von {a, b, c}, {a, b, c} eine Obermenge von {a, b}.

Sind zwei Mengen M und N gegeben, dann heißt die Menge, die genau die Elemente besitzt, die auch in M oder in N enthalten sind, die *Vereinigungsmenge* von M und N. Ist M_1 die Menge {a, b, c} und M_2 die Menge {c, d, e}, dann ist {a, b, c, d, e} die Vereinigungsmenge von M_1 und M_2. – Umgekehrt heißt die Menge, die genau die Elemente besitzt, die sowohl in M als auch in N enthalten sind, die *Schnittmenge* von M und N. Die Schnittmenge von M_1 und M_2 ist {c}. – Bilden wir aus bestimmten Elementen einer Menge M eine Teilmenge N, dann heißt die Menge derjenigen Elemente aus M, die nicht zugleich Elemente von N sind, das *relative Komplement* zu N in M (auch ›Differenzmenge‹ oder ›Restmenge‹). Legen wir die Vereinigungsmenge von M_1 und M_2 zugrunde, dann ist {e} das relative Komplement zur Teilmenge {a, b, c, d}.

Die Menge, die kein Element enthält, heißt *leere Menge*; sie wird durch ø dargestellt. Zum Beispiel ist die Menge der Gegenstände, die unter den

Begriff ›hölzernes Eisen‹ fallen, leer. – Mengen, die nur endlich viele Elemente enthalten (wie die oben angegebenen Beispiele), heißen *endliche Mengen.* Die Menge der positiven ganzen Zahlen {1, 2, 3, ...} ist nicht endlich. Wenn eine Beziehung angebbar ist, die jedes Element einer Menge genau einer positiven ganzen Zahl zuordnet, dann heißt diese Menge *abzählbar unendlich.* Insbesondere ist die Menge der positiven ganzen Zahlen selbst abzählbar unendlich. Georg Cantor wies nach, dass auch die Menge der Brüche (die Menge der rationalen Zahlen) abzählbar unendlich ist, aber nicht die Menge der reellen Zahlen. Solche Mengen heißen *überabzählbar unendlich.*

Symbol- und Fachwortverzeichnis

Syllogistik
a 92
c 106
e 92
i 92
KG 107
m 105
o 92
p 104
r 106
s 104
≈> 99
107

neuere Logik
AB 129, 165
AE 131, 165
äq 241
BA 166
DE 164
DNB 164
DNE 164
EB 135, 165
EE 136, 165
gdw 200
IA 167
IE 214
IS 214
I^2 213
KB 164
KE 164
MP 24, 164
MTP 42 f., 164
MT 59 f., 165
PB 166
PE 166
RAA 167
UE 135
UZ 135
∀ 151, 153
∃ 151, 153, 215
¬ 153
∧ 153
∨ 153
→ 153
↔ 206
↓ 264
| 264
⇒ 218
ø 290
⊢ 167

Abduktion 258
Abhängigkeit 251-253
– syntaktisch 252
Ableitung 167
– bedingt 166, 178-181
– indirekt 167, 173-178
Ableitungsregel 163-167, 213 f.
Absurditätsgesetz 246
Allgemeingültigkeit 245 f.
Allgemeinheit 127 f.
– Beseitigung 129
– Einführung 131
Allquantor 151, 153
– Bedeutung 187
– Beseitigung 164
– Einführung 164
Alternative 195
Analogieschluss 258
Äquivalenz 240-242
Äquivalenzrelation 212
Argumentum
– ad hominem 225
– ex auctoritate 224
– ex consensu gentium 225
– ex maioritate 225
Assoziativität 241
Aussage 147
Aussagenlogik 12, 139
Aussagesatz 82-84
– allgemein 82-84, 128
– assertorisch 76, 83
– bejahend 82, 128
– partikulär 83 f., 132 f.
– syllogistisch 84
– unbestimmt 83 f.
– verneinend 82-84, 128
Axiom 111-113
Axiomensystem 116 f., 265
Bedingung
– hinreichend 199
– hinreichend-notwendig 200
– notwendig 199 f.
Bedingungssatz 21 f.
Begründungslücke 58, 226
Bejahung 28
Beseitigung
– der Allgemeinheit 129
– der doppelten Negation 164
– der Existenzaussage 135
– der Konjunktion 164
– des Allquantors 165
– des Existenzquantors 165
Beweis
– apagogisch 57
– bedingt 166
– indirekt 57, 167
– metalogisch 118-120
Bisubjunktor 206

Circulus vitiosus 226
Conversio 103, 121
– per accidens 103-105
– simplex 103 f.

Deduktion 131, 257
Definition 111-113
– rekursiv 154
Disjunktion 42, 155, 190, 193
– Assoziativität 241
– Einführung 164
– Kommutativität 241
Disjunktor 152 f., 187
Distributivgesetz 241
Drittes, ausgeschlossenes 29 f., 121 f., 194, 247, 256

Einführung
- der Allgemeinheit 131
- der Disjunktion 164
- der doppelten Negation 164
- der Existenzaussage 136f.
- der Identität 214
- der Konjunktion 164
- des Allquantors 165
- des Existenzquantors 165
Ekthesis 119
Element (einer Menge) 290
Enthymem 226
Entscheidbarkeit 270f.
Epagoge 110
Erfüllbarkeit 243
Error fundamentalis 225
Existenzaussage 133, 189
- Beseitigung 135
- Einführung 136f.
Existenzquantor 151, 153
- Bedeutung 187
- Beseitigung 164
- Einführung 164
Extension 142
Extensionalitätsprinzip 190, 255

Fallacia
- aequivocationis 223
- ambiguitatis 223
- consequentis 229
- dictionis 222
- extra dictionem 224
Fehlschluss 222
- der Folge 229
- der Homonymie 223
- syllogistisch 97f.
- der Zweideutigkeit 223

Figur 85-87
- erste 86f., 101
- zweite 87
- dritte 87
- vierte 87-89
Folgerungsindikator 35
Formel
- prädikatenlogisch 154, 158, 213
- prädikativ 154f., 213

Gegenbeispiel 97, 229
Gegensatz
- kontradiktorisch 30, 106f.
- konträr 106
Gesetz, logisches 182
Gesetze von De Morgan 242

Hypothese 111-113, 115

Identität 210-215
- Einführung 214
- Reflexivität 210
- Substitution 214
- Symmetrie 211, 214f.
- Transitivität 211
Ignoratio elenchi 225
Implikation, materiale 22, 207
Indikator 143
Individuenkonstante 149, 153, 186
Individuenvariable 150, 153, 186
- frei 157
- gebunden 157
- indiziert 163
- markiert 162, 168
Individuum 149
Induktion 131, 257
Inkonsistenz 249
Intension 140
Interpretation 187f.

Junktor 152
Junktorenbasis 263

Kalkül, natürliches Schließen 125 f., 161 ff.
Kennzeichnung 150
Kettenschluss 62
Komplement 290
Konjunktion 155, 189
- Assoziativität 241
- Beseitigung 164
- Einführung 164
- Kommutativität 169, 241
Konjunktor 152 f., 187, 193
Konklusion 17, 34, 167
Konsistenz
- semantisch 248
- syntaktisch 249
Konstante, logische 139
Kontradiktion 28, 106 f., 194
Kontraposition 31 f., 247
Konversion s. Conversio

Logik
- deduktiv 131, 257
- induktiv 131, 257
- klassisch 148, 254 f.
- nicht-klassisch 148, 256 f.
Löwenheim-Skolem
- Satz von 244

Mehrdeutigkeit
- semantisch 142
- syntaktisch 141
Menge 290 f.
- abzählbar unendlich 291
- disjunkt 290
- endlich 291
- leer 290
- überabzählbar 291
Mittelbegriff s. Term
Modell 243 f.
Modus 89 f.
- Barbara 93 f., 100, 114-116, 239
- Barbari 99
- Camestres 100
- Celarent 93, 100, 114-116
- Celaront 99
- Cesare 107 f.
- Darii 98, 100, 114 f.
- Dimatis 105 f.
- Felapton 105
- Ferio 98, 100, 114 f.
- Festino 104
- (ponendo) ponens 23 f., 164
- subaltern 99
- tollendo ponens 41-43, 49, 164
- (tollendo) tollens 59 f., 68, 70, 165
- unvollkommen 100
- vollkommen 100
- Zurückführung 102-109
Mutatio praemissorum 105

Nachsatz 21
NAND-Funktion 264
Negation 155, 192 f.
- doppelte, Beseitigung 164
- - Einführung 164
Negator 152 f., 187
Nicht 28
NOR-Funktion 263 f.

Oberbegriff 86
Obermenge 290
Obersatz 89
Objektbereich 186, 190 f.
- allgemeiner 191

- abzählbar unendlich 291
Oder 36-38
- ausschließend 38, 194 f.
- einschließend 38, 190

Paraphrase 196
Petitio principii 226
PL-Formel 157
Prädikat 150
- Stellenzahl 150
Prädikatenlogik 123 ff., 140
- erster Stufe 260
- zweiter Stufe 260 f.
- klassische 126, 148
- mit Identität 213
- - Syntax 213
- Semantik 185 ff.
- Syntax 153 ff.
Prädikator 151, 153
Prädikatorenvariable 260 f.
Prädikatterm 82
Pragmatik 143
Prämisse 17, 34
- Beseitigung 166
- Einführung 166
Prämissentausch 105
Prinzip 110-112
Principium contradictionis 31
Principium exclusi tertii 30

Quadrat, logisches 107
Quantor 151
Quaternio terminorum 101

Reductio ad absurdum 72 f., 167
- ad impossibile 72, 106-108
Regelkalkül 116 f.
Relation
- reflexiv 210
- symmetrisch 211
- transitiv 62, 212

Schluss 17, 36, 79
- assertorisch 76
- gültig 102, 218, 220
- indirekt 57, 106, 121 f.
Schlussfolgerung s. Konklusion
Schnittmenge 290
Semantik 141
- modelltheoretisch 244
Sheffer-Strich 264
Subalternation 99, 278
Subjektterm 82
Subjunktion 155, 190, 193, 257
Subjunktor 152 f., 187
Substitution 162
Syllogismus 78-81
- assertorisch 85
Syllogistik 76 ff., 139, 237-240
- assertorisch 77
- Prinzipien 112-116
Syntax 140

Tautologie 194
Teilmenge 290
Term 82, 149, 153
- mittlerer 86
- singulär 80
Tertium non datur 30
Transitivität 62, 212

Übersetzung 201 ff.
Unabhängigkeit 251-253
- der Ableitungsregeln 265
- der Axiome 265
- der Junktoren 262-264
- der Prinzipien 112-114
- semantisch 252

– syntaktisch 252
Und, Einführung 19
– logisch 18
– relational 18
– Zerlegung 19
Unerfüllbarkeit 245
Unterbegriff 86
Untersatz 89
Unvollständigkeit 268 f.

Vagheit 143
Variable s. Individuenvariable
Vereinigungsmenge 290
Verneinung 28, 128
– doppelte 43 f., 241
s. auch Negation
Vollständigkeit 112, 114, 267-269
Vollständigkeitssatz 246, 268
Vordersatz 21

Wahrheitswert 148, 149
Wahrheitswertfunktion 148
Wahrheitswerttafel 191 ff., 219 ff., 233, 241 f., 243, 245 f.
Wahrheitswertverlauf 192
– kontradiktorisch 194
– tautologisch 194
Widerspruch, ausgeschlossener 30 f., 121 f., 167, 194, 247, 256
Widerspruchsfreiheit 112, 114, 247 f., 265-267, 269 f.
– semantisch 248
– syntaktisch 249
Wirkungsbereich 156
Wissenschaft, beweisende 110-112

Zirkelschluss 226
Zusatzprämisse 173, 179
Zweiwertigkeit 148, 189

Wilhelm Büttemeyer lehrt Theoretische Philosophie an der Carl von Ossietzky Universität Oldenburg. Studium der Philosophie, Mathematik und Musikwissenschaft in Münster, Pavia und Mailand; 1970 Promotion in Philosophie in Bochum, 1978 Habilitation für Philosophie in Oldenburg. Gastdozent in Mailand, Rostock und Bremen, ausländisches korrespondierendes Mitglied der Galilei-Akademie der Wissenschaften und Künste in Padua, Mitbegründer und Vorsitzender der Filosofia Italiana-Stiftung. Buchveröffentlichungen: Roberto Ardigò e la psicologia moderna (1969); Der erkenntnistheoretische Positivismus Roberto Ardigòs (1974); Der Positivismusstreit in der deutschen Erziehungswissenschaft (Mithg., 1979); Roberto Ardigò, Lettere edite ed inedite (Hg., 2 Bände, 1990-2000); Wissenschaftstheorie für Informatiker (1995); Übersetzung – Sprache und Interpretation (Mithg., 2000); Philosophie der Mathematik (Hg., 2003, [3]2009); Ernesto Grassi – Humanismus zwischen Faschismus und Nationalsozialismus (2009, [2]2010).